Desvendando a Cadeia de Valor do Cliente

THALES S. TEIXEIRA

Desvendando a Cadeia de Valor do Cliente

Como o Decoupling Gera Disrupção do Consumidor

ALTA BOOKS
E D I T O R A
Rio de Janeiro, 2019

Desvendando a Cadeia de Valor do Cliente

Copyright © 2019 da Starlin Alta Editora e Consultoria Eireli. ISBN: 978-85-508-1102-4

Translated from original Unlocking The Customer Value Chain. Copyright © 2019 by Thales S. Teixeira. All rights reserved. ISBN 978-1-5247-6308-4. This translation is published and sold by permission of Currency an imprint of Crown Publishing Group, a division of Penguin Random House LLC the owner of all rights to publish and sell the same. PORTUGUESE language edition published by Starlin Alta Editora e Consultoria Eireli, Copyright © 2019 by Starlin Alta Editora e Consultoria Eireli.

Todos os direitos estão reservados e protegidos por Lei. Nenhuma parte deste livro, sem autorização prévia por escrito da editora, poderá ser reproduzida ou transmitida. A violação dos Direitos Autorais é crime estabelecido na Lei nº 9.610/98 e com punição de acordo com o artigo 184 do Código Penal.

A editora não se responsabiliza pelo conteúdo da obra, formulada exclusivamente pelo(s) autor(es).

Marcas Registradas: Todos os termos mencionados e reconhecidos como Marca Registrada e/ou Comercial são de responsabilidade de seus proprietários. A editora informa não estar associada a nenhum produto e/ou fornecedor apresentado no livro.

Impresso no Brasil — 2019 — Edição revisada conforme o Acordo Ortográfico da Língua Portuguesa de 2009.

Publique seu livro com a Alta Books. Para mais informações envie um e-mail para autoria@altabooks.com.br

Obra disponível para venda corporativa e/ou personalizada. Para mais informações, fale com projetos@altabooks.com.br

Produção Editorial	**Produtor Editorial**	**Marketing Editorial**	**Vendas Atacado e Varejo**	**Ouvidoria**
Editora Alta Books	Juliana de Oliveira	marketing@altabooks.com.br	Daniele Fonseca	ouvidoria@altabooks.com.br
	Thiê Alves		Viviane Paiva	
Gerência Editorial		**Editor de Aquisição**	comercial@altabooks.com.br	
Anderson Vieira	**Assistente Editorial**	José Rugeri		
	Maria de Lourdes Borges	j.rugeri@altabooks.com.br		

Equipe Editorial	Adriano Barros	Illysabelle Trajano	Leandro Lacerda	Thales Silva
	Bianca Teodoro	Keyciane Botelho	Livia Carvalho	Thauan Gomes
	Carolinne Oliveira	Larissa Lima	Paulo Gomes	
	Ian Verçosa	Laryssa Gomes	Raquel Porto	

Tradução	**Copidesque**	**Revisão Gramatical**	**Diagramação**
Luciana Ferraz	Jana Araujo	Eveline Machado	Lucia Quaresma
		Fernanda Lutfi	

Erratas e arquivos de apoio: No site da editora relatamos, com a devida correção, qualquer erro encontrado em nossos livros, bem como disponibilizamos arquivos de apoio se aplicáveis à obra em questão.

Acesse o site www.altabooks.com.br e procure pelo título do livro desejado para ter acesso às erratas, aos arquivos de apoio e/ou a outros conteúdos aplicáveis à obra.

Suporte Técnico: A obra é comercializada na forma em que está, sem direito a suporte técnico ou orientação pessoal/exclusiva ao leitor.

A editora não se responsabiliza pela manutenção, atualização e idioma dos sites referidos pelos autores nesta obra.

Dados Internacionais de Catalogação na Publicação (CIP) de acordo com ISBD

T266d   Teixeira, Thales S.
           Desvendando a Cadeia de Valor do Cliente: como o decoupling gera disrupção do consumidor / Thales S. Teixeira, Greg Piechota ; traduzido por Luciana Ferraz. - Rio de Janeiro : Alta Books, 2019.
           352 p. : il. ; 17cm x 24cm.

           Tradução de: Unlocking the Customer Value Chain
           Inclui bibliografia e índice.
           ISBN: 978-85-508-1102-4

           1. Clientes. 2. Consumidor. I. Piechota, Greg. II. Natale, Luciana. III. Titulo.

2018-1589   CDD 658.812
                                                       CDU 658.814

Elaborado por Vagner Rodolfo da Silva - CRB-8/9410

Rua Viúva Cláudio, 291 — Bairro Industrial do Jacaré
CEP: 20970-031 — Rio de Janeiro - RJ
Tels.: (21) 3278-8069 / 3278-8419
www.altabooks.com.br — altabooks@altabooks.com.br
www.facebook.com/altabooks

Origens são importantes. Para meus pais,
João Batista e Assunta Teixeira. E para Iva, minha esposa,
Kalina, minha filha, e Marley, meu filho:
vocês são as três melhores ondas de disrupção
na minha vida. Amo todos vocês!

SUMÁRIO

Agradecimentos ix

Introdução 1

Parte I: A Nova Realidade dos Mercados

1: A JORNADA DE DESCOBERTA 11

2: O QUE *REALMENTE* ESTÁ DESESTABILIZANDO SEU NEGÓCIO? 35

3: QUEBRADA PELO CONSUMIDOR 63

4: COMO CRIAR O DECOUPLING 91

Parte II: Reagindo ao Decoupling

5: CAMINHOS DE REAÇÃO 119

6: AVALIANDO O RISCO E DECIDINDO REAGIR 151

Parte III: Construindo Negócios Disruptivos

7: CONQUISTANDO SEUS PRIMEIROS MIL CLIENTES — 185

8: PASSANDO DE MIL PARA UM MILHÃO DE CLIENTES — 209

9: RECUPERANDO OS CLIENTES PERDIDOS — 229

10: IDENTIFICANDO A PRÓXIMA ONDA DE DISRUPÇÃO — 253

EPÍLOGO — 281

Nota Sobre a Terminologia — 287

Nota Sobre as Diferenças entre Decoupling e Inovação Disruptiva — 293

Nota sobre Cálculo de Mar^{tm} e Tmar^{tm} — 299

Notas — 301

Índice — 331

AGRADECIMENTOS

Devo profundos agradecimentos a muitas pessoas por sua ajuda e encorajamento durante a escrita deste livro. Clay Christensen estava entre os primeiros a verem as ideias iniciais em torno do decoupling e me encorajou a, em suas palavras, "encontrar outros exemplos muito diferentes [da teoria em ação] para determinar sua validade". Por lerem e comentarem os primeiros rascunhos deste livro: David Bell, Pete Caban, Jim Collins, Janika Dillon, Tom Eisenmann, Dan Gruber, Linda Hill, Mark Hill, Joelle Kaufman, Walter Kiechel III, Ryan Newton, Kash Rangan, Camille Tang, Ken Wilbur e Krystal Zell. Eugene Soltes e Iva Teixeira foram extremamente gentis com seu tempo, revisando muitos capítulos e fazendo comentários detalhados sobre cada um. A todos vocês, palavras não podem expressar minha gratidão. Em Harvard, por seu apoio geral a meu trabalho e pelas conversas úteis ao longo do caminho: Bharat Anand, Lynda Applegate, Frank Cespedes, Ben Edelman, Willis Emmons, Ben Esty, Kathy Giusti, Shane Greenstein, Richard Hamermesh, Linda Hill, Felix Oberholzer-Gee, John Quelch Jr., Ryan Raffaelli, Eugene Soltes e Feng Zhu. Em especial, gostaria de agradecer a Dean Nitin Noria e minha ex-diretora de pesquisas, Teresa Amabile, por abrirem portas aparentemente fechadas. Em meu lar acadêmico, a Marketing Unit, gostaria de agradecer a cada um dos meus colegas, especialmente a David Bell, Doug Chung, John Deighton, Rohit Deshpande, Sunil Gupta, Rajiv Lal, Donald Ngwe e Kash Rangan. Tive duas assistentes, Ciara Dugan e Barbara Trissel, cujo apoio no escritório facilitou consideravelmente minha vida e meu trabalho.

Este livro não teria sido possível sem o apoio de líderes empresariais que gentilmente me convidaram para suas empresas e me permitiram explorar. Gostaria de agradecer aos executivos sênior de minhas antigas empresas clientes: Active International, Banco Pan, Bayer, BMW, Coty, The Grommet, Mediabong, Microsoft, Nike, Roland Berger, Siemens, Technos, Thales Group (sem relação comigo), TV Globo, Unilever e YouTube. Gostaria de agradecer também aos anfitriões de empresas onde apresentei meus primeiros trabalhos — Coca-Cola, DFJ Ventures, Disney, Facebook, Google, Grupo Padrão, Netflix, Norwest Venture Partners, Paramount Pictures, Progress Partners, Sephora e Warner Brothers —, bem como às organizações comerciais que me convidaram para apresentar minha pesquisa: ABF, Abinee, Amcham Campinas, ARF, Cannes Lions, Ibvar, Inma, NEFMA e NENPA.

Obrigado também aos CEOs, ex-CEOs e membros do conselho que me concederam gentilmente seu valioso tempo: Katia Beauchamp (Birchbox), Darrell Cavens (zulily), Andre Clark (Siemens Brasil), Scott Cook (Intuit), Charles Gorra (Rebag), Jason Harris (Mekanism), Ron Johnson (Enjoy), Hubert Joly (Best Buy), Yan Liu (TVision), Thiago Picolo (Technos), Jules Pieri (The Grommet), Niraj Shah (Wayfair), Maria Thomas (Etsy) e Sarah Wood (Unruly). Agradecimentos especiais a Anthony Broadbent, da Bright Bridge Ventures, e Asesh Sarkar, da Salary Finance, que me forneceram dados para as análises apresentadas no Capítulo 6. Por fim, gostaria de agradecer a todos os outros líderes de negócios que entrevistei para este livro, e àqueles cujas sábias palavras documentei e citei ao longo do texto. Suas contribuições foram muito apreciadas.

Gostaria de agradecer aos participantes de meu workshop sobre reagir à disrupção digital, com quem tanto aprendi. Eles abrangem executivos de níveis médio e sênior nas empresas AON, Avon, BNP Paribas, Chanel, Christian Dior, Deutsche Bank, Dynamo, Estee Lauder, Hermès, Jaeger-LeCoultre/Richemont, JGP, Kraft Heinz, L'Oréal, Mercaux, Microsoft, Munich Re, Pearson, Renault, Technos, Unilever, Vizient e inúmeras outras. Agradeço também aos ex-alunos da HBS que fizeram meus cursos de estratégia de marketing digital, e-commerce, Introdução ao Marketing e seminários PhD sobre métodos quantitativos de marketing.

Também gostaria de agradecer aos maravilhosos coautores que tive ao longo da última década: David Bell, Morgan Brown, Alison Caverly, Ruth Costas, Rohit Deshpande, Leandro Guissoni, Sunil Gupta, Peter Jamieson, Rana el Kaliouby, Akiko Kanno, Leora Kornfeld, Jura Liaukonyte, Alex Liu, David Lopez-Lengowski, Sarah McAra, Donald Ngwe, Rosalind Picard, Rik Pieters, Matthew Preble, Kash Rangan, Nobuo Sato, Savannah (Wei) Shi, Horst Stipp, Elizabeth Watkins, Michel Wedel, Kenneth Wilbur e Priscilla Zogbi. Todos vocês me ajudaram a desenvolver minhas próprias ideias sobre diversos tópicos. Obrigado!

Então, vem o time estrelado, literalmente, que se mostrou tão decisivo na conceitualização e na realização deste livro. A meu editor, Seth Schulman: você é *o cara*, o melhor de todos. Também não poderia ter pedido um colaborador melhor que meu ex-aluno e coautor, Greg Piechota, um tremendo parceiro de reflexões, e minha agente, Lorin Rees, que entrou em meu escritório um dia como uma total desconhecida e declarou: "Você *tem* que escrever este livro". Obrigado Lorin, Greg e Seth, por sua confiança neste projeto, seu trabalho duro e sua dedicação desde o início. Sou muito privilegiado por fazer parte dessa equipe. Obrigado, também, a meu editor, Roger Scholl, e sua equipe na Crown. Vocês creram o suficiente neste livro para apoiá-lo financeiramente, e investiram inúmeras horas lapidando-o, melhorando a linguagem e apurando o pensamento.

Em uma nota pessoal, gostaria de agradecer a meus pais, João Batista e Assunta Teixeira. Vocês têm sido fontes eternas de paciência desde o dia em que seu filho altamente disruptivo nasceu. Posso não dizer isso sempre, mas sou profundamente grato. A meus próprios filhos: Kalina, tenho muito orgulho de você, desde o dia em que você disse sua primeira palavra, "justchoo" (querendo dizer "isto") enquanto apontava para os objetos na sala, e depois sua primeira frase completa: "Galinhas têm, têm Boston" (Boston tem galinhas, eu acho). Sua mera presença ilumina meu dia. Marley, você é o menino mais amável e carinhoso que já conheci. Um dia você estará sobre os ombros de gigantes, da mesma forma como um dia esteve nos meus ombros, uma pessoa de estatura abaixo da média. Muito obrigado por você existir. Por fim, gostaria de agradecer à minha esposa, Iva, que é o pacote completo: destemida, forte, inteligente, linda, uma verdadeira parceira na vida. Sou imensamente grato por seu apoio total a meu trabalho. Por tudo o que tenho, eu sou, sem dúvidas, *o escolhido*. Eu te amo muito.

Greg Piechota gostaria de agradecer às seguintes pessoas: a primeira e mais importante, sua esposa, Magdalena Królak-Piechota, sem cujo suporte ele jamais teria chegado a este ponto; e segundo, a Ann Marie Lipinski, uma curadora na Nieman Foundation for Journalism em Harvard. Sem ela, Greg e eu jamais teríamos nos conhecido e tido a oportunidade de trabalhar juntos.

Nossa paixão por poderosas novas ideias nos une!

INTRODUÇÃO

A Borders já foi uma das maiores livrarias dos Estados Unidos. Mas em 2011, depois que a Amazon gerou a disrupção de seu modelo de negócios, a empresa faliu. Segundo o CEO, Mike Edwards, a experiência de fechar a Borders foi "humilhante". Os princípios que Edwards havia aprendido ao longo de toda uma carreira repentinamente não valiam mais devido ao que ele descreveu como um "tsunami digital".[1]

A Nokia, ex-líder mundial em celulares, teve que ser vendida em 2013 para evitar a bancarrota, outra vítima da disrupção digital. Seu CEO, Stephen Elop, foi muito honesto ao reconhecer que ele não sabia o que não sabia. Em uma entrevista comovente, que ficou famosa, Elop alegou: "Nós não fizemos nada errado, mas acabamos perdendo."[2]

Mais recentemente, em 2017, a J. Crew, que já foi uma das empresas de vestuário mais sofisticadas do mundo, teve que fechar muitas lojas após uma série de trimestres com quedas nas vendas. Seu fundador e CEO afastado, Mickey Drexler, reconheceu que não soube lidar com o ritmo da mudança digital. "Se eu pudesse voltar 10 anos atrás," disse, "talvez tivesse tomado algumas atitudes antes."[3]

Mas quais, exatamente? Edwards, Elop e Drexler jamais apresentaram quaisquer alternativas às suas estratégias fracassadas. Da mesma forma que muitos outros executivos que viram suas empresas ruírem.

Hoje, a disrupção digital afeta todos os setores, geografias e mercados, e não vai desaparecer. Diferente de um único evento decisivo, a disrupção se tornou uma condição permanente nos mercados modernos. Novos entrantes.

Novas tecnologias. Novos investidores. Novos modelos de negócios. Como empresas grandes e estabelecidas deveriam responder?

Apenas Inovação Não É a Resposta

Inovar, dizem muitos líderes. Se empresas novas e mais inovadoras estão causando disrupção em seus negócios, então os líderes daquelas estabelecidas têm que inovar mais do que essas concorrentes. O argumento parece legítimo, e recebe bastante apoio. Em 1997, Clayton Christensen publicou O *Dilema da Inovação: Quando as Novas Tecnologias Levam as Empresas ao Fracasso*, que equiparou grosseiramente disrupção e inovação. Quando existia um tipo específico de inovação (que nesse livro Christensen chama de "tecnologia disruptiva" e que em seu livro seguinte chama de "empresas, estratégias e produtos disruptivos"), existia também o risco da disrupção do mercado. Onde essa inovação não existia, também não existia disrupção. Inspirado por Christensen, e influenciado por uma avalanche de outros livros sobre inovação, os líderes de empresas dedicaram quantidades enormes de tempo e recursos para ajudar suas empresas a se tornarem mais inovadoras. Se certas "novas tecnologias" adotadas por seus concorrentes "levam grandes empresas ao fracasso", como sugere o subtítulo de Christensen, então faz sentido que as estabelecidas respondam investindo em inovações disruptivas.[4] Mas e se inovação e disrupção não estiverem tão próximas?

Não É a Tecnologia que Está Gerando Disrupção na Maioria dos Mercados

Defendo em *Desvendando a Cadeia de Valor do Cliente*, em especial, que não são as novas tecnologias que estão gerando a maior parte das disrupções atuais. Os consumidores estão. E isso, por sua vez, significa que as empresas estabelecidas precisam de um tipo diferente de inovação para prosperarem — não uma inovação tecnológica, mas uma transformação dos *modelos de negócios*. Um modelo de negócios descreve o modo como uma empresa funciona, como ela cria seu valor e para quem; como ela captura valor e de quem. Inovar seu modelo de negócios exige um conhecimento profundo dos consumidores. Você deve entender o que seus clientes querem e, especialmente, os principais passos ou atividades que eles executam para satisfazer seus desejos. É preciso entender a cadeia de valor *deles*.

Uma vez que se aprende a olhar o mercado da perspectiva do cliente, uma onda totalmente nova de disrupção digital se abre para você, uma que está atingindo setores como varejo, telecomunicações, entretenimento, bens de consumo, indústrias, serviços, transportes e mais. Nesses setores, as empresas tradicionais permitem que os consumidores conduzam a maioria, se não todas, as atividades de consumo em parceria com elas, conforme adquirem bens e serviços. Essas empresas unem em uma "cadeia" única todos os passos que os clientes realizam a fim de adquirir produtos e serviços. Na nova onda de disrupção atual, as empresas de upstart estão quebrando essas cadeias, oferecendo aos clientes a chance de realizar apenas uma ou algumas atividades com elas, e deixando as estabelecidas realizarem o restante. Chamo esse processo de quebrar a cadeia de "decoupling" de consumo. As startups desacoplam para ganhar espaço no mercado, e crescem ao se oferecerem para preencher uma atividade específica para os consumidores — o que chamo de "coupling". Tanto o decoupling inicial quanto o coupling subsequente permitem que as startups dominem rapidamente uma grande parte da fatia de mercado às custas das empresas estabelecidas. Em resumo, as startups se tornam disruptoras.[*]

As (Des)acopladoras Estão Mudando o Jogo

Desvendando a Cadeia de Valor do Cliente examinará muitos exemplos específicos de decoupling. A Amazon, por exemplo, inicialmente destruiu uma

---

[*] Para saber mais sobre os termos-chave deste livro, consulte "Notas sobre Terminologia" no final da obra.

série de atividades que os clientes costumavam realizar a fim de comprar bens duráveis. Os consumidores podiam comprar produtos da Amazon enquanto usavam os varejistas tradicionais como vitrines para descobrirem novos produtos e aprenderem sobre eles. A Netflix rompeu a cadeia de atividades através da qual os clientes consumiam entretenimento em vídeo, oferecendo apenas a entrega do conteúdo, ao mesmo tempo em que deixa que as operadoras de telecomunicações ofereçam infraestruturas que demandam muito investimento para que os clientes conectem suas casas à internet. O Facebook seleciona e distribui notícias, mas não as produz — as organizações jornalísticas tradicionais e os usuários o fazem. Todas essas empresas disruptivas, e muitas outras empresas menos conhecidas que analisaremos, empregam tecnologias inovadoras para viabilizar seus modelos de negócios. Eles, por si só, representam as verdadeiras inovações.

A atual onda de inovações nos modelos de negócios focada no cliente é fundamentalmente nova. Por conseguinte, as empresas estabelecidas que buscam dominá-la devem adotar um novo esquema estratégico. Enquanto esquemas como a análise SWOT,[*] a teoria dos jogos e até mesmo as Cinco Forças de Michael Porter se mostraram muito úteis para as empresas nas décadas de 1980, 1990 e início dos anos 2000, a natureza da competição mudou. A maioria dos setores costumava ter apenas duas, ou no máximo algumas poucas, grandes atuantes globais. Hoje, os setores têm muitas concorrentes, em sua maioria pequenas empresas atuando mundialmente. A teoria dos jogos perde muito de seu valor quando uma atuante grande, e mais previsível, tem que jogar uma "partida de xadrez" estratégica não com uma, ou duas, mas centenas e, em alguns casos, milhares de jogadores pequenos e imprevisíveis. Outras abordagens tradicionais à estratégia são igualmente mal equipadas para lidar com as realidades atuais. Este livro busca complementar esses esquemas existentes.

---

[*] SWOT significa "strengths, weaknesses, opportunities, and threats" (forças, fraquezas, oportunidades e ameaças).

Os Consumidores Interferem nos Mercados

Em geral, essas estruturas estratégicas tradicionais tendem a ser focadas na empresa, direcionadas para aquilo que é melhor para o negócio em relação a suas concorrentes. Mas, como a nova onda de disrupção digital é conduzida pelos consumidores, uma empresa precisa de novas estruturas e ferramentas que se concentrem principalmente *neles*. Em *Desvendando a Cadeia de Valor do Cliente*, traço poderosas reações à disrupção digital focadas no cliente, diferentes daquelas focadas na empresa. Em vez de reagir a cada nova startup potencialmente ameaçadora, aconselho que as empresas estabelecidas criem um sistema de resposta ao *padrão geral* de disrupção produzido pelas variáveis necessidades dos consumidores. Elas devem adotar uma abordagem geral àquilo que é basicamente um problema generalizado.

Escrevi *Desvendando a Cadeia de Valor do Cliente* para gestores e executivos de empresas estabelecidas, mas acredito que também será valioso para empreendedores que desejam aprender como interferir nos mercados de forma mais disciplinada e ordenada, com menos risco. O livro deve ajudar também aos leitores em geral que querem entender como os negócios digitais realmente funcionam. Os consumidores estão efetivamente mudando o panorama empresarial. *Nós* estamos mudando. Ações pequenas, frequentes e espontâneas do nosso dia a dia — ficar em uma casa alugada em vez de em um hotel, chamar um carro particular em vez de um táxi, comparar preços em um aplicativo em vez de ir de loja em loja — podem acabar destruindo setores inteiros. Essas ações, a princípio, parecem inofensivas, mas ganham força conforme mais consumidores adotam o comportamento, novas empresas se lançam em explorá-lo e os clientes debandam para essas startups. É assim que grandes empresas centenárias caem e novas empresas bilionárias nascem.

Dividi *Desvendando a Cadeia de Valor do Cliente* em três partes. A Parte I explica a nova realidade dos mercados, o que mudou e *por que* mudou. Encerro com um capítulo que detalha o processo passo a passo para criar disrupção. Na Parte II, escrita principalmente para as empresas estabelecidas, ou consagradas, ofereço uma estrutura generalizada de resposta à disrupção, bem como ferramentas analíticas para ajudá-lo a determinar a melhor resposta para essa nova classe de disrupção. Destino a estrutura a ajudá-lo a decidir *o que* fazer, bem como concedo ferramentas para ajudá-lo a entender *como* fazer. Na Parte III, aplico a teoria do decoupling ao ciclo de vida das empresas, obtendo novos insights sobre como começar, crescer e evitar a queda de uma empresa disruptiva concentrada no cliente.

O Decoupling Está Acontecendo em Todo Lugar

Formei minha teoria de decoupling ao longo da realização de uma extensa pesquisa sobre disrupção digital. Durante um período de oito anos, visitei empresas de tecnologia como Airbnb, Google, Facebook, Netflix e Wayfair, entre outras, bem como startups menores, como Houzz, Enjoy, Zulily, Tower, Rebag e Birchbox. Visitei também empresas estabelecidas, como Coca-Cola, Disney, Warner, Walmart, Paramount Pictures, Electronic Arts e Sephora, e empresas que não têm sede nos Estados Unidos, como Globo, Nissan, Siemens e Zalora. Em cada caso, conversei com os fundadores ou altos executivos dessas empresas e fiz uma pesquisa profunda com seus clientes — aqueles que as estabelecidas perderam, aqueles que as disruptoras ganharam e aqueles que as estabelecidas e as disruptoras tinham em comum.

Quanto mais eu observava, mais percebia o mesmo padrão comum de disrupção. Estava em todo lugar, afetando muitos tipos de empresas em diferentes setores. Um ponto de vista intersetorial com base em casos me permitiu observar as semelhanças dessa disrupção e construir conceitos, lições e estruturas de aplicação geral. Ao ler os capítulos a seguir, aconselho você a deixar de lado sua perspectiva de um setor específico e manter a mente aberta para pensar sobre como a disrupção que está acontecendo em outros setores pode afetar os desdobramentos recentes do seu próprio setor. Estudos baseados em casos ajudam os tomadores de decisão a formularem diretrizes, sendo especificamente o motivo pelo qual os usamos na Harvard

Business School. Mas tais estudos não testam afirmações casuais restritas (se X acontece, então você deve sempre fazer Y). Se está buscando equações que possam descrever de forma não ambígua algo tão complexo como a disrupção digital, este livro não vai ajudá-lo. Mas se está buscando padrões comuns que possam auxiliá-lo a interpretar esse novo fenômeno, e se gostaria de aprender com os sucessos e os fracassos dos outros, *Desvendando a Cadeia de Valor do Cliente* será um ótimo ponto de partida.

Consciente das agendas lotadas dos executivos e de sua necessidade de ideias novas e práticas, evitei a linguagem altamente técnica encontrada em muitos livros acadêmicos. Ainda assim, há referências sobre a terminologia. Quando uso o termo "disrupção", refiro-me a uma mudança brusca e mensurável das fatias de mercado entre os participantes em um setor. Como sugerido, emprego "decoupling" para me referir à quebra dos elos entre as atividades adjacentes relacionadas ao cliente. Diferente de outras formas de inovação em modelos de negócios, o decoupling ocorre no nível da cadeia de valor do cliente, e não no nível do produto. Defino "cadeia de valor do cliente" (CVC) como a série de atividades que os consumidores realizam para atender suas necessidades e desejos. Essas atividades incluem procura, avaliação, compra, uso e descarte dos produtos. A cadeia de valor do cliente é análoga à cadeia de valor de Michael Porter (a série de atividades como operações, logística e marketing que as empresas executam a fim de criar valor para si mesmas), mas esta reflete o ponto de vista do cliente, em vez do da empresa. Para saber mais sobre esses termos, veja "Nota Sobre Terminologia", no final do livro.

Entenda os Clientes, Então Entenderá a Disrupção

Como acadêmico, é meu dever ser transparente acerca de meu viés intelectual em relação à disciplina de marketing. Durante os últimos oito anos, lecionei cursos em Harvard sobre estratégias de marketing tradicional e digital, análise de mercado e e-commerce. Esses cursos se concentram no comportamento do consumidor, ensinando os alunos a aplicarem uma perspectiva de marketing na solução de problemas empresariais comuns. Ao analisar a disrupção digital a partir da posição estratégica do consumidor, este livro defende indiretamente a utilidade da disciplina de marketing na compreensão da inovação do modelo de negócio. A meu ver, poucos executivos de marketing assumem uma responsabilidade direta pela inovação em grandes empresas. Essa realidade precisa mudar. Como espero que você perceba, os executivos qualificados em comportamento do consumidor são aqueles que estão mais bem equipados para realizarem inovações focadas no cliente.

Desvendando a Cadeia de Valor do Cliente busca oferecer não somente uma perspectiva nova e empolgante acerca da disrupção digital, mas também conceitos e ferramentas que você pode usar para agir de forma significante. Não se torne outra história de alerta como a Borders, a Nokia e a J. Crew. Os líderes dessas empresas tentaram incansavelmente responder à disrupção digital. A Borders tentou ser "uma empresa inovadora", lançando seu próprio site de e-commerce e loja de e-readers e e-books.[5] A Nokia investiu pesado durante anos em smartphones, telas touch e outras tecnologias, ganhando diversos prêmios de inovação. A J. Crew se envolveu com marketing digital, investiu em uma plataforma digital e utilizou diversos tecidos inovadores. Ainda assim, a inovação tecnológica por si só não as salvou, e provavelmente também não salvará seu negócio. Seu destino está nas mãos dos clientes. Dessa forma, é preciso entender a lógica de suas necessidades e desejos. Ao fazer isso, podemos formular estratégias e ferramentas confiáveis para gerenciar diretamente a disrupção para a vantagem deles e, indiretamente, para a sua também.

PARTE I
A Nova Realidade dos Mercados

1

A JORNADA DE DESCOBERTA

Se você é um grande varejista, deseja que suas lojas estejam repletas de clientes. Quanto mais lotadas estiverem, mais vendas conquistará. Bastante óbvio, certo? Bem, nem sempre, aparentemente. No pico das vendas de Natal de 2012, a Best Buy, a maior varejista de eletrônicos do mundo, com quase 1.500 unidades nos EUA, viu suas lojas repletas de gente. Os clientes estavam maravilhados com os televisores de tela plana de 42" da Sharp, se amontoavam para testar os novos notebooks com processadores Intel Pentium da Samsung, e passeavam por Blu-rays das temporadas de *Mad Men*. E, ainda assim, havia uma coisa que as pessoas não estavam fazendo tanto quanto antes: abrindo suas carteiras. As vendas da Best Buy *caíram* quase 4% naquele trimestre.[1]

Em vez de comprar, muitos consumidores mexiam no celular enquanto faziam compras. Digitavam em suas telas, escaneavam códigos de barras de televisores e notebooks ou tiravam fotos de capas de DVDs. Em segundos, aplicativos de comparação de preços em seus smartphones pesquisavam nos catálogos da Amazon.com e de outras concorrentes online, e geralmente retornavam preços que eram de 5 a 10% mais baixos. Com poucos cliques, os usuários faziam compras online e mandavam entregar os produtos diretamente em suas casas.[2] Repetidas vezes os funcionários da Best Buy viram os possíveis clientes indo embora de mãos vazias.

Esses clientes estavam adotando uma prática conhecida como "*showrooming*" (ou seja, examinar mercadorias em uma loja física e realizar a compra online). E em 2012, a Best Buy não foi a única vítima. Aplicativos, como o Price Check da Amazon, transformaram as lojas físicas da Walmart, Bed Bath & Beyond e Toys "R" Us em showrooms para muitos compradores. Conforme relatado pelo Google, mais de seis em cada dez proprietários de smartphone usavam seus celulares nas lojas para auxiliar nas compras.[3] Em pesquisas, os consumidores relataram que suas três principais razões para praticar o "showrooming" eram os melhores preços online, seu desejo de ver os produtos pessoalmente antes de comprar pela internet e a indisponibilidade de itens nas lojas (por ex., por falta de estoque).[4] Pela primeira vez, a tecnologia apresentou o que o ex-diretor de marketing da Best Buy Barry Judge chamou de "uma oportunidade [para uma concorrente] de roubar uma venda bem na hora em que alguém está prestes a tomar uma decisão".[5]

O showrooming, apesar de parecer um problema apenas dos varejistas físicos, é um ótimo exemplo da disrupção digital que desestabilizou muitos setores, de mídias a telecomunicações, de finanças a transportes. No caso da Best Buy, a disrupção teve um custo considerável. Depois da época das vendas de Natal de 2012, a empresa divulgou uma perda de US$1,7 bilhão no trimestre. As vendas continuaram caindo durante os 18 meses seguintes e o preço das ações da gigante despencou ao menor valor dos últimos 12 anos. "Estamos Presenciando a Morte das Grandes Varejistas?", perguntou a manchete de um jornal.[6] Dentro da empresa, a diretoria se debatia. O CEO veterano da empresa se demitiu[7] e seus sucessores discordaram acerca de como reagir. Apesar de o CEO interino querer deter o showrooming logo de cara e colocar um fim na prática, o escolhido da diretoria a princípio duvidou que ela pudesse ser um problema.[8] Acadêmicos, analistas e jornalistas também defendiam opiniões contraditórias. Alguns defendiam que a Best Buy deveria seguir o exemplo da Amazon: aumentar a diferenciação de suas ofertas e vender mais barato online.[9] Outros acreditavam que a varejista deveria se remodelar conforme a Apple, estocando menos produtos e se concentrando em lojas sofisticadas.[10] O cenário da rede era tão ruim que o fundador da empresa interrompeu sua aposentadoria com uma oferta de compra da empresa.[11]

A Best Buy acabou implementando uma série de táticas para evitar que os clientes praticassem showrooming e incentivá-los a comprar na loja. Personalizou os códigos de barra da loja para evitar que os compradores praticassem showrooming usando seus aplicativos; se absteve de colocar códigos de barra em alguns produtos das lojas e utilizou códigos exclusivos no estabelecimento físico para evitar que os compradores encontrassem preços menores através dos aplicativos de comparação de preços em seus celulares.[12] Eles reformaram suas lojas, treinaram as equipes e ofereceram produtos exclusivos, disponíveis apenas na Best Buy, como edições especiais de filmes em Blu-ray.[13] A empresa também foi ao ataque e criou seu próprio aplicativo de compras, entretanto nenhuma dessas táticas pareceu evitar que os clientes praticassem showrooming.

Na primavera de 2013, depois de outra temporada de vendas de Natal perdida, a Best Buy finalmente tomou uma atitude mais enérgica: prometeu equiparar seus preços aos da Amazon e de outros varejistas online. O declínio nas vendas se estabilizou e, ao final do ano, o CEO Hubert Joly anunciou: "A Best Buy aniquilou o showrooming".[14] Mas será? A estratégia era sustentável no longo prazo? Diferente de suas concorrentes online, a Best Buy ainda empregava uma equipe de vendas e mantinha lojas e estoques em diversas localidades. Por causa disso, seus custos eram muito maiores do que os das varejistas online com centros de distribuição centralizados e nenhuma equipe de vendas. A equiparação de preços estancou a debandada de clientes, mas consumiu as margens de lucro sem abordar a principal causa de disrupção do setor.[15]

Você pode pensar que a Best Buy não teve escolha, se não investir tudo em uma única tática. Afinal, a ameaça — o showrooming — não tinha precedentes. Como consequência, os executivos da gigante varejista não tinham dados nos quais se basear e nenhuma estrutura geral ou teoria que pudessem implementar. Eles também não tinham casos de outros setores para estudar e buscar orientações, inspirações ou melhores práticas. O que os fenômenos disruptivos de outros setores tinham a ver com o que eles estavam enfrentando? Ao se sentirem acuados por uma ameaça que parecia vir do nada, tudo o que podiam fazer era se refugiar em seus setores e dar tiros no escuro. É claro que os executivos da rede não estavam sozinhos em sua impotência: seus colegas em outras grandes empresas, inclusive a Comcast (enfrentando a disrupção da Netflix) ou a AT&T (sob a ameaça do Skype), também recuaram, se concentraram no que sabiam e conduziram uma série de campanhas indiscriminadas contra seus desafios digitais.

Hoje, os executivos das empresas estabelecidas se saem um pouco melhor, apesar de continuarem paralisados pela disrupção e em dúvida sobre o que fazer. Mas e se a disrupção for, na verdade, *igual* em todos os setores? E se a ameaça imposta pela Amazon à Best Buy tiver uma *similaridade estrutural* com as ameaças disruptivas em muitos outros setores? E se apenas uma *única* dinâmica desestabilizou os mercados nos últimos anos, um padrão oculto de ataque das upstarts concorrentes? Isso mudaria tudo para os líderes das empresas estabelecidas. Se você entender esse padrão oculto, não andará mais às cegas. Mesmo que a disrupção esteja se intrometendo no seu setor pela primeira vez, você será capaz de reagir de forma metódica através da implementação de uma estrutura generalizada. As ameaças que pareciam exclusivamente suas e de caráter existencial seriam mais compreensíveis, previsíveis e, dessa forma, controláveis. As disruptoras não seriam mais tão, digamos, disruptivas assim.

Intrigado com a Disrupção

Acontece que os diferentes casos de disrupção não são nem de longe tão inéditos quanto a maioria dos executivos imagina. *Existe* um padrão, um que descobri quase que por acaso. Em 2010, um ano depois que comecei a lecionar na Harvard Business School, me sentei para escrever meu primeiro estudo de caso. Eu havia escolhido me concentrar em como os serviços online de streaming, como a Netflix, desafiaram a Globo, a maior empresa de mídia do Brasil. Sendo um conglomerado de estações de rádio e televisão, jornais, sites e outras mídias, a Globo detinha 70% de toda receita em propaganda televisiva na época. Mas seu produto de maior sucesso — as novelas, populares desde a década de 1960 — não estava se saindo tão bem.

Visitei a matriz da Globo e entrevistei cerca de uma dúzia de executivos, inclusive o presidente. Ao escrever esse estudo de caso, relatei como o público mais jovem não assistia mais a tanta TV, especialmente às novelas, que costumavam ser exibidas durante o horário nobre, das 18h às 22h. Em vez disso, esses consumidores entravam na internet para assistir a seus programas favoritos no YouTube ou na Netflix. Orgulhoso de meu trabalho, enviei o estudo de caso finalizado para aprovação da Globo (prática padrão em nossos estudos de caso). Para minha surpresa, meu pedido de aprovação foi negado. E não somente negado: a equipe de comunicações corporativas com quem conversei me disse basicamente que eu não poderia jamais publicar o caso.

Não pude acreditar. Era meu primeiro caso, e tinha investido bastante tempo pesquisando e escrevendo-o. Mas acho que entendi a decisão da empresa. A Globo estava amedrontada pelas ameaças que suas novelas estavam enfrentando e os executivos não queriam "lavar a roupa suja" publicamente. Então deixei para lá.

Segui escrevendo uma série de casos sobre outros assuntos de marketing digital, estudando empresas como PepsiCo, Groupon, Dropbox, TripAdvisor e YouTube. Em 2013, tentei novamente publicar um estudo de caso sobre uma empresa prestes a sofrer disrupção. Dessa vez, a empresa era a Telefónica, a maior companhia de telecomunicações da Espanha. Durante décadas, a Telefónica obteve lucros impressionantes com chamadas internacionais. Então, em 2003, o Skype apareceu e, em menos de uma década, as receitas de chamadas internacionais da empresa espanhola e de outras operadoras europeias despencaram em mais de dois terços.[16] Por que o cliente pagaria 40 centavos o minuto ligando de Madri para Nova York quando era possível falar por Skype com outra pessoa em qualquer lugar do mundo de graça?

Os executivos de telecomunicações perderam bilhões de euros sob sua vista. Novamente, depois de entrevistar quase uma dúzia de executivos da Telefónica e escrever o caso, alguém do topo se recusou a aprovar sua publicação. Depois descobri que o então CEO havia recusado a permissão provavelmente por uma razão semelhante à dos executivos da Globo. A dor era real, e a cura ainda não estava disponível ou sequer era entendida.*

Esses dois revezes me fizeram pensar: por que os executivos tinham tanta dificuldade com a disrupção? Eles sabiam como reagir e só precisavam de mais tempo? Ou estavam realmente confusos, encarando a disrupção como algo absolutamente novo e desconhecido? Decidi abordar diversas empresas grandes que estavam enfrentando disrupção e conversar com elas extraoficialmente. Meu objetivo não era publicar os casos, mas simplesmente entender o que elas enfrentavam e como estavam reagindo. Entre 2013 e 2017, conversei com executivos de diversas empresas: da Sephora, uma varejista de cosméticos que, na época, enfrentava o desafio imposto pela Birchbox; da Best Buy, que estava lutando com a Amazon; e da Electronic Arts, uma produtora de videogames que enfrentou ameaças de desenvolvedores como Zynga, Rovio e Supercell. Em todas elas, descobri que os executivos estavam perfeitamente cientes das ameaças impostas pelas upstarts, porém, inseguros sobre como reagir. Entretanto, eles reagiram, mas em grande parte com táticas pontuais parecidas com as primeiras tentativas da Best Buy de desestimular os compradores a praticarem showrooming.

Durante essas conversas, comecei a perceber um assunto recorrente. Por mais perigosas que as disruptoras fossem para as estabelecidas, elas não estavam substituindo ou desestabilizando *tudo* no negócio dessas empresas, apenas uma pequena parte. A Amazon, como já vimos, não estava dissuadindo os clientes de passearem pelos corredores da Best Buy para descobrir os produtos, testá-los e comparar suas características. O aplicativo da gigan-

---

* Diferente do caso da TV Globo, na Telefónica, os altos executivos tinham algumas opções para combater a nova disruptora.

te online entrava em jogo depois que o cliente terminava a comparação e queria realizar a compra. De certa forma, a Amazon e a Best Buy estavam compartilhando clientes. Esse era um tipo diferente de concorrência, uma em que os executivos das grandes empresas não estavam acostumados a ver e à qual não sabiam como reagir.

Considere a Sephora e a Birchbox. Os clientes visitavam as lojas físicas da Sephora para testar e avaliar os batons da Yves Saint Laurent ou os perfumes da Chanel e fazer compras no ato. Eles podiam, depois, refazer as compras na Sephora tanto pelo site quanto na loja. Em 2010, quando a Birchbox surgiu, ela incomodou a Sephora usando um modelo de "caixa por assinatura". Mediante uma mensalidade, a empresa enviava aos clientes caixas mensais de amostras de produtos. Porém os clientes não podiam escolher o que vinha em suas caixas — a Birchbox fazia isso por eles. Dessa forma, ela tornou desnecessário que os clientes visitassem a Sephora para testar maquiagens, batons, perfumes e cosméticos; agora eles faziam isso na conveniência de suas próprias casas. Os consumidores ficaram encantados. Como relatou uma assinante da Birchbox: "Moro em uma cidade pequena e tenho pouquíssimo acesso às grandes marcas."[17] Para um consumidor como esse, a Birchbox foi uma bênção.

A princípio, a Birchbox entrou no negócio apenas para facilitar a distribuição de amostras, oferecendo amostras de produtos em suas caixas por assinatura. Se os clientes gostassem de um produto específico, podiam então comprar sua versão em tamanho normal na Sephora ou em outra loja.[18] Ao longo do tempo, conforme mais pessoas assinavam as caixas para testar e conhecer novos produtos, menos pessoas entravam espontaneamente nas lojas da Sephora para conhecer as novidades nas prateleiras. A Birchbox havia chegado para ser uma grande ameaça, pois interferia em apenas uma das atividades dos clientes: o teste. Como declarou um executivo do setor: "Você terá cada vez mais clientes jovens que... comprarão seus produtos sem entrar em uma loja."[19]

Da mesma forma, no setor de videogames, desenvolvedores como Zynga, Rovio e Supercell não se concentraram em replicar todo o negócio dos desenvolvedores de videogames tradicionais. O que eles fizeram para dominar a estabelecida Electronic Arts foi simplesmente mudar como os clientes pagavam pelos jogos. Antes dos consoles de jogos com suporte para a internet, os consumidores tinham que pagar uma taxa única adiantada de US$40 a US$80 para comprar um jogo físico antes de poder jogá-lo. Então, novos canais, como mídias sociais e lojas de aplicativos, apareceram e os desenvolvedores upstart começaram a disponibilizar seus jogos gratuitamente. Eles ganharam dinheiro vendendo adicionais baratos aos clientes (alguns por menos de US$1), o que permitiu aos jogadores competir e avançar melhor. Cerca de 98% dos jogadores mobile, os casuais, jogavam gratuitamente. Os outros 2%, os leais, estavam mais do que dispostos a pagar.[20] Essa estratégia funcionou tão bem que, em 2019, a maioria dos desenvolvedores de jogos mobile abandonou o modelo "pague e jogue" em favor dos modelos de cobrança "freemium".

O Conceito de Decoupling

Imaginando como especificamente as disruptoras estavam desestabilizando pequenas áreas do negócio das estabelecidas, eu me voltei a uma estrutura básica que meus colegas e eu ensinamos a nossos alunos: a cadeia de valor do cliente ou CVC.* Uma CVC é composta por etapas específicas que um cliente típico realiza a fim de escolher, comprar e consumir um produto ou serviço. Elas variam conforme as particularidades de uma empresa, setor ou produto. Por exemplo, as etapas cruciais em uma CVC para a compra de uma TV de tela plana envolvem ir a um varejista, avaliar as opções disponíveis, escolher uma, comprá-la e então usar a TV em casa. Para um cosmético, como um creme para a pele, ou um videogame, a cadeia de valor é basicamente a mesma. No caso dos videogames, os jogadores avaliam os jogos disponíveis, escolhem um ou mais, compram e então jogam.

---

* Também chamada de processo de tomada de decisão.

FIGURA 1.1   UMA TÍPICA CADEIA DE VALOR DO CLIENTE (CVC)

Tradicionalmente, os consumidores realizavam todas essas atividades com a mesma empresa de forma conjunta ou acoplada. Para comprar uma TV, eles achavam mais conveniente ir a lojas físicas, como as da Best Buy, escolher umas das opções disponíveis após avaliar todas, e comprar a TV no ato. Mesmo que as pessoas pudessem pesquisar em uma loja e comprar em outra, a Best Buy sabia que a maioria dos consumidores que fossem à loja para comprar uma TV o faria lá se o preço fosse bom. Da mesma forma, um comprador de cosméticos iria a uma loja da Sephora, avaliaria as opções de perfumes, escolheria um, compraria e consumiria. E um jogador faria o mesmo com jogos produzidos e vendidos pela Electronic Arts.

O que percebi, enquanto refletia sobre esses exemplos, foi que as disruptoras representavam uma ameaça ao *quebrar os elos entre algumas das etapas da CVC* e "roubar" uma ou mais etapas para que elas mesmas as realizassem. Para facilitar a comparação de preços, a Amazon criou um aplicativo móvel (app) que permitiu que os compradores pesquisassem, escaneassem os códigos de barra ou tirassem fotos de qualquer produto dentro das lojas físicas para descobrirem rapidamente seus preços em seu site. Isso possibilitou que os clientes da gigante online quebrassem facilmente a conexão entre a *escolha* de um produto e sua *compra*. A Best Buy fazia o primeiro e a Amazon o segundo. De forma similar, a Birchbox permitiu que seus clientes separassem facilmente a etapa de *teste* dos produtos de beleza (cumprida pela Birchbox) das etapas de *escolha* e *compra* (cumpridas por outros varejistas). As upstarts desenvolvedoras de jogos permitiram que os consumidores separassem a *compra* dos jogos do ato de *jogá-los*.

Na verdade, essas empresas roubavam apenas uma parte da CVC, que era oferecida tradicionalmente por uma estabelecida, e construíam todo seu negócio em torno daquilo. As disruptoras estavam *desacoplando* as diferentes atividades que os clientes realizavam, mas não estavam tentando substituir totalmente as estabelecidas, como acontece na concorrência tradicional. Por que fazer isso se podiam roubar um cliente oferecendo apenas uma pequena parte do valor agregado total? Além disso, o custo de substituir totalmente uma estabelecida poderia ser muito elevado para uma startup; bilhões de dólares de investimento em lojas, vendedores, fábricas e outros ativos. As upstarts permitiram que a Best Buy, a Sephora e a Electronic Arts continuassem oferecendo algumas partes da CVC, geralmente aquelas que são caras para replicar. Obviamente, isso não servia de consolo para as estabelecidas. Mesmo a perda de uma etapa principal da CVC causaria estragos no negócio das estabelecidas, especialmente se aquela parte fosse de onde ela mais obtinha receita.

Decoupling, Decoupling, em Todo Lugar

Conforme o conceito de decoupling ganhou destaque, fui pego de surpresa por ele. Best Buy, Sephora e Electronic Arts estavam em diferentes setores varejistas e as upstarts que as desafiavam pareciam fazer isso usando diferentes armas (a Amazon usava um app, a Birchbox uma caixa por assinatura e os desenvolvedores de jogos, como a Supercell, uma estratégia de precificação diferente). Eu entendia por que os executivos dessas empresas estabelecidas consideravam apenas as disruptoras de seus próprios setores ao elaborar suas reações. Ainda assim, a disrupção em todos eles acabava se resumindo ao mesmo processo: decoupling. As upstarts estavam tomando para si uma parte da cadeia de valor dos clientes que costumava ser território exclusivo das estabelecidas e, por causa disso, eram perigosas. As disrupções, portanto, não eram eventos isolados, desconectados. Elas provavelmente eram, na verdade, um fenômeno geral.

Em 2014, eu estava ansioso para contar aos outros sobre a abordagem geral que havia observado. Será que eu realmente tinha descoberto algo? Fui convidado para apresentar alguns dos meus primeiros trabalhos sobre decoupling na National Retail Federation Week, em Nova York. Os executivos na plateia estavam tão curiosos quanto eu com a possibilidade de haver semelhanças entre as disruptoras em todos os setores varejistas. Mais tarde naquele ano, apresentei o decoupling em uma promissora empresa de capital de risco de São Francisco, que investia em empresas disruptivas em diversos setores, não apenas no varejo. Como foi sugerido pelos investidores presentes, o padrão de decoupling poderia se estender para setores como softwares empresariais, mídias e e-commerce, constituindo um verdadeiro fenômeno generalizado. Eles me aconselharam a estudar uma variedade de empresas para verificar se isso era verdade.

Ao longo dos últimos anos, aceitei esse conselho e investiguei a disrupção em setores como alimentação, vestuário, beleza, saúde, hotelaria, transportes, educação, mídias e entretenimento. Em todo lugar eu via evidências de decoupling. Vejamos a televisão. Tradicionalmente, as emissoras exigiam que os espectadores assistissem propagandas para poderem aproveitar seus programas favoritos. É claro que as pessoas podiam trocar de canal, mas não havia garantias de que conseguiriam evitar outros comerciais; e também se arriscavam a perder uma parte do que estavam assistindo ao fazer isso. Durante o início dos anos 2000, a TiVo gerou disrupção no mercado ao lançar os gravadores digitais de vídeo (DVRs), que permitiam que os telespectadores gravassem os programas e adiantassem o vídeo durante os comerciais. Assim, a TiVo desacoplou o ato de assistir programas de TV do de assistir a comerciais. Quinze anos depois, uma startup chamada Aereo prometeu os mesmos benefícios de desacoplar anúncios de programas sem a necessidade de comprar um DVR. Ao assinar seus serviços, você poderia assistir a programas isentos de comerciais, sempre que quisesse, de qualquer lugar.[21]

O decoupling também devastou a indústria automobilística. As pessoas costumavam visitar as concessionárias e comprar carros de montadoras como a General Motors. As empresas de compartilhamento de carros, como a Zipcar, introduziram a primeira geração de decoupling nesse setor, oferecendo aos motoristas acesso a carros sem terem que comprar e manter o veículo, ou assinar diversos contratos de locação. A Zipcar trouxe um serviço por assinatura que oferece acesso a carros de propriedade da empresa em diversos locais em toda a cidade. Seus assinantes pagam uma taxa conforme a quantidade de tempo que utilizarão o veículo, e não se responsabilizam pelo combustível, manutenção ou seguro. A Zipcar quebrou os elos entre comprar e dirigir um carro, bem como entre dirigir e fazer sua manutenção. Para aqueles que preferem um motorista, serviços de viagem por demanda como Uber, Lyft e Didi Chuxing, na China, permitem que os passageiros desacoplem o ato de possuir e dirigir um carro do fato de viajar em um. Quer você prefira dirigir ou ir de carona, existe um decoupling que atende ao seu desejo de evitar comprar e manter um automóvel.

A maioria das pessoas que utiliza esses serviços de viagem para desacoplar o uso de um carro de sua propriedade costuma ser composta pelos residentes mais jovens de centros urbanos muito populosos. Uma maior população de consumidores tem usado esses serviços para gerar disrupção no setor de táxis ao desacoplar o ato de chamar um táxi do de viajar em um. Em muitas cidades ao redor do mundo, chamar um táxi na rua ou chamar um serviço de frete dificilmente garante que realmente haverá um carro disponível na hora e lugar que você precisa. Com seus aplicativos online, a Uber e seus semelhantes suprimem esse elemento de incerteza. Eles tornam os transportes mais fáceis, menos estressantes e mais confiáveis ao permitir que os consumidores viajem em carros particulares.

Nos serviços financeiros, descobri — você adivinhou — mais decoupling. O ato de investir no mercado de ações é, na verdade, um processo de quatro etapas. Primeiro, você cria uma estratégia de investimento (por ex., acredita na tendência de alta nas vendas online). Então, encontra ações compatíveis com sua estratégia (por ex., empresas de e-commerce). Depois, repassa essas informações para um corretor da bolsa, que compra e vende ações de empresas como Amazon, eBay e Wayfair. Por fim, você paga uma taxa de administração a esses agentes.

A Motif, uma startup de tecnologia financeira, desacoplou as duas primeiras etapas desse processo ao permitir que os investidores elaborassem suas próprias estratégias de investimento, chamadas de "motifs" (motivos), sem um consultor. Eles, então, contratam a Motif para adequar suas estratégias a um portfólio de ações. Um investidor pode prever que o setor de biotecnologia crescerá ou que, em algumas décadas, o mundo passará por uma severa falta de água. Usando um algoritmo de adequação, a Motif permite que os investidores apostem em suas visões, identificando as empresas que mais poderiam beneficiá-los, caso suas previsões estivessem certas. A empresa ganha dinheiro cobrando uma mensalidade pela criação e administração dos motifs dos investidores. Como não é ela que cria a estratégia, não recebe uma taxa de desempenho sobre os ganhos de valor das ações — uma prática padrão entre as corretoras tradicionais.[22]

Também podemos observar o decoupling no mercado de câmbio. Nos últimos anos, uma onda de plataformas "ponto a ponto" online inundou os mercados financeiros. Disruptoras como a TransferWise baratearam a transferência de dinheiro entre diferentes moedas. Tradicionalmente, os bancos que ofereciam transferências internacionais de valores precisavam executar três operações. Suponha que você viva nos EUA e queira enviar dinheiro para seu primo na Inglaterra. O banco aceita seu depósito em dólares, faz a conversão da moeda e deposita em libras na conta do seu primo mediante cobrança de uma taxa pelo depósito e uma comissão sobre a conversão da moeda (a taxa spread). Por outro lado, a TransferWise, desacopla essas operações e nem realiza a última. Quando você deposita dólares americanos, ela retém os fundos até que outra transação aconteça no sentido contrário (por exemplo, quando alguém deposita libras para uma pessoa nos EUA). A empresa paga ao destinatário da segunda operação com seu dinheiro, usando as libras da segunda operação para pagar ao seu primo. Como nunca (para ser mais preciso, raramente) precisa converter as moedas, ela não cobra de ninguém as comissões sobre essa conversão. É assim que ela consegue oferecer um serviço mais barato a seus clientes. O único problema com essa abordagem é o eventual risco de a TransferWise ter um depósito excessivo de determinada moeda e não ter uma quantidade suficiente de outra para realizar um pagamento. A solução da empresa é jogar com a taxa de serviço. Se ela possuir um excesso de dólares americanos, a taxa de serviço para depositar essa moeda sobe a fim de desencorajar as pessoas a depositarem dólares. Em contrapartida, se a empresa tem um déficit de libras, diminui a taxa de serviço para depósitos dessa moeda, podendo até eliminá-la. A TransferWise criou um jeito inteligente de desacoplar o recebimento da moeda X do depósito da moeda Y em transferências de moedas estrangeiras.

Prossigamos para um setor totalmente diferente, refeições caseiras, no qual também podemos ver o decoupling agindo. Durante a década de 1950, as famílias americanas de classe média faziam a maioria de suas refeições em casa, onde as mulheres — esposas, mães, empregadas domésticas — costumavam cozinhar. Desde a década de 1960, muitas mulheres começaram a almejar carreiras fora de casa, o que as deixou com menos tempo para cozinhar. Enquanto isso, a maioria dos homens se mostrou irredutível no sentido de realizar tarefas domésticas. Em 2015, 43% dos homens se envolviam em tarefas domésticas, como preparo de refeições ou faxina, em comparação com 70% das mulheres.[23] Como os restaurantes ofereciam refeições baratas, convenientes e de qualidade relativamente boa, mais pessoas começaram a comer fora. Hoje, os americanos fazem mais refeições fora do que em casa: em 2015, as vendas em restaurantes e bares dos EUA superaram pela primeira vez na história as vendas dos supermercados.[24] O fato é que as famílias abriram mão do preparo de comida a tal ponto que agora começaram a sentir falta disso. O desafio é que muitas pessoas já não sabem mais como preparar pratos mais elaborados, pois seus pais não as ensinaram, além de não terem mais tempo para perder a manhã toda preparando o almoço ou a tarde preparando o jantar.

É aí que entram as startups de entrega de kits de refeição — empresas como Blue Apron, Chef'd, HelloFresh e centenas de outras do tipo. Suponhamos que você goste de comida chinesa e tenha visto uma receita de frango kung pao em uma revista. Seria legal prepará-lo para um jantar em família no sábado, e talvez até convidar alguns amigos para participarem. Da forma tradicional, você pegaria a receita, iria ao mercado e passaria uma hora comprando os ingredientes. Depois, voltaria para casa, lavaria e cortaria os ingredientes antes de começar a cozinhar. Empresas como a Chef'd permitem que os chefs amadores desacoplem os atos de encontrar uma receita e comprar os ingredientes para prepará-la. Assine o serviço de entregas deles e você receberá caixas com receitas fáceis de serem seguidas, juntamente com todos os ingredientes previamente cortados, lavados, medidos e prontos para uso. Com preços a partir de US$60 por três refeições para duas pessoas por semana, ficou mais simples ser um herói da cozinha, e os consumidores mais preocupados com a saúde sabem exatamente quais ingredientes estão consumindo.

E se você não gosta de cozinhar, mas quer comer uma refeição feita em casa? Existe uma desacopladora para isso também. Empresas como Hire-A--Chef permitem que as pessoas contratem chefs para cozinhar em suas casas quando quiserem, e pelo preço acessível de US$48 por uma refeição para quatro pessoas. Pessoas mais ricas contratam chefs para cozinhar em suas casas há muito tempo; a Hire-A-Chef permite que os consumidores de classe média possam fazer o mesmo quando quiserem e de forma mais barata. Além disso, os clientes podem escolher o chef em uma lista daqueles que estão disponíveis em determinado dia e horário. Um chef de São Francisco que já passou por diversos restaurantes com estrelas Michelin na Europa sugere pratos como um filé de bisão com tempero indonésio e endívias caramelizadas, picles de limão e alcachofra-girassol com freekeh.[25] A Hire-A-Chief e outras empresas semelhantes desacoplam três estágios básicos da cadeia de valor do cliente — criação da receita, compra de ingredientes e preparo — de um quarto estágio, o consumo em si de uma refeição feita em casa. E, por último, mas não menos importante, os chefs limpam a cozinha!

O decoupling não é um fenômeno exclusivo voltado para o cliente. As empresas estabelecidas B2B (business-to-business) também podem ser desacopladas. Pense na Salesforce.com, a maior empresa de software para vendas e CRM (customer relationship management [gerenciamento de relacionamento com o cliente]). Seu principal produto é uma ferramenta de automação de vendas que fornece aos vendedores de médias e grandes empresas dados, análises e ferramentas de produtividade para que eles entrem em contato com clientes em potencial e fechem negócios. O software é disponibilizado na nuvem e vendido como SaaS (software as service [software como serviço]), o que significa que ele funciona remotamente nos servidores da Salesforce.com, na chamada solução de back-end. E o que os consumidores da Salesforce.com veem é a interface do cliente ou o front-end. A RocketVisor é uma startup fundada por um de meus ex-alunos que permite que os usuários interliguem informações de seus dashboards [painéis de controle] da Salesforce.com com outras informações de potenciais clientes disponíveis em sites como LinkedIn, Google e o próprio site desse cliente. A RocketVisor faz isso através de um plugin de navegador que conecta todas essas informações em uma interface fácil de usar e as sobrepõe no painel da Salesforce.com. Na verdade, o que a RocketVisor fez foi permitir que seus clientes desacoplem a interface de front-end do usuário — o que você vê — do software de back-end que processa tudo o que é mostrado na tela dele. Segundo o fundador da startup, Michael Yaroshefsky, os grandes fornecedores de software não são necessariamente ótimos em criar novos softwares nem em desenvolver a experiência do usuário. Quando eles falham na última parte, uma empresa melhor (a dele) pode chegar e se oferecer para fazer apenas a parte de front-end. Os softwares B2B também podem ser desacoplados.

Em todos esses exemplos, você pode se perguntar *por que* o decoupling ocorreu. Por que isso faz sentido? Por que funciona? A resposta está no valor, o que todos os consumidores querem. Tradicionalmente, as estabelecidas oferecem valor *através* de diversos estágios da cadeia de valor do cliente. No entanto, ele nunca é distribuído igualmente ao longo dos estágios da CVC. Não importa quão bom seja o comercial da TV, ele nunca será tão bom quanto o programa que eu escolhi assistir. E, em alguns casos, as pessoas valorizam diferentes estágios do processo de forma distinta. Ao fazer refeições preparadas em casa, alguns valorizam a oportunidade de escolher a receita, enquanto outros não. Alguns valorizam a chance de escolher os ingredientes ou preparar a comida, enquanto outros valorizam apenas o ato de comê-la. Os clientes debandam para os decouplings das upstarts por verem uma oportunidade de "consumir" a porção criadora de valor de atividades como assistir televisão, jogar videogames, testar eletrônicos, falar ao telefone ou utilizar carros para chegar a algum lugar. Mas existe a parte crucial: com o decoupling, eles são capazes de conseguir valor *sem* as partes da cadeia que *não* criam valor, como descascar cebolas, assistir comerciais, comprar um jogo ou fazer manutenção em um carro. Tendo opções, os clientes certamente separarão as partes que criam valor das que não criam. O que eles têm a perder?

FIGURA 1.2 EXEMPLOS DE ATIVIDADES DESACOPLADAS E SUAS DISRUPTORAS

		PORÇÃO CRIADORA DE VALOR		PORÇÃO NÃO CRIADORA DE VALOR	DISRUPTORAS
Assistir TV	=	assistir programa	+	assistir comerciais	TiVo
Jogar videogames	=	jogar	+	comprar jogo	zynga
Comer refeição caseira	=	cozinhar refeição	+	procurar ingredientes	CHEF'D
Fazer compras	=	testar/ experimentar	+	comprar	amazon
Se comunicar	=	falar/ mandar mensagem	+	conectar	Skype
Dirigir	=	usar	+	fazer manutenção	zipcar

Fonte: Adaptado do artigo de Thales S. Teixeira e Peter Jamieson, "The Decoupling Effect of Digital Disruptors" [O Efeito Desacoplador das Disruptoras Digitais, em tradução livre], *European Business Review*, julho-agosto de 2016, 17–24.

No Fim das Contas, É Tudo Decoupling

Conforme comecei a descobrir o decoupling como um fenômeno geral em todos os setores, recebi convites de empresas como BMW, Nike, Google,

Microsoft e Unilever para lhes explicar o caso. Concentradas mais em seus setores, elas ansiavam por uma abordagem mais ampla que lhes permitisse entender melhor os desafios competitivos que as afligiam. Encontrei-me em uma posição delicada: eu queria aconselhar essas empresas a desconsiderarem outros conceitos que as pessoas estavam usando em relação à disrupção (por exemplo, "economia compartilhada", "webrooming" e "freemium") e verem tudo como parte do mesmo fenômeno: decoupling. Acreditava que focar apenas o decoupling simplificaria a conversa, permitindo que os ocupados executivos se concentrassem na essência da ameaça disruptiva que eles enfrentavam e forjassem estratégias para combatê-la. Por que um executivo precisa de dez termos para descrever a disrupção quando apenas um é suficiente? Mas será que esse um era "decoupling"?

Quanto mais investigava o decoupling, mais eu apreciava o poder explicativo do conceito, que realmente englobava muitos outros termos que as pessoas usavam para falar sobre a disrupção digital. Pense em sites de avaliação, como Yelp e TripAdvisor. Essas antigas startups mudaram drasticamente seus setores. Elas agregam milhões de avaliações de restaurantes e hotéis ao redor do mundo, influenciando as pessoas na hora de escolherem onde comer e se hospedar. No entanto, por outro lado, esses sites simplesmente desacoplaram a ligação entre avaliar e escolher. Eles permitem que os usuários pesquisem e avaliem restaurantes e serviços de viagem, ao mesmo tempo em que fazem suas reservas em outro site.[*] Por que as pessoas se dariam ao trabalho de comparar suas opções em um site e fazer reserva em outro? Bem, porque elas acreditam que os agregadores de avaliações são mais confiáveis e imparciais. Eles não costumam receber comissão das empresas que apresentam e tendem a tratar todas da mesma forma, concedendo-lhes o mesmo espaço e formato de conteúdo. O que distingue alguns restaurantes ou hotéis nos

---

[*] Em outra fase de suas vidas, alguns desses desacopladores acabaram reunindo essas duas atividades para criar uma nova fonte de receita (por ex., TripAdvisor).

sites agregadores são suas características objetivas, bem como as avaliações que clientes de opinião semelhante postam nesses sites.

O decoupling também abrange outra forma de disrupção, o showrooming. Como dito, o showrooming separa o ato de escolher um produto do ato de comprá-lo. Ele também nos ajuda a entender um fenômeno contrário, no qual os consumidores pesquisam online e compram em lojas físicas, o que alguns chamaram de webrooming. As lojas pop-up usadas por varejistas como Warby Parker (óculos) e Bonobos (roupas) desacoplaram o elo entre a compra e o recebimento ao permitir que os clientes vissem e comprassem itens em uma pequena loja, mas não os levassem para casa imediatamente, já que essas lojas quase não têm, quando têm, estoque. Por que os consumidores fariam isso? A resposta é ser mais conveniente ao comprador receber em casa exatamente aquilo que quer, especialmente no caso de itens maiores como móveis ou colchões, ou quando é necessário provar, como no caso dos óculos. Para os varejistas online, é um grande benefício não precisar estocar todos os itens, em todas as cores, formas e tamanhos, em todas as lojas, o que lhes permite ter custos de estoque menores e potencialmente oferecer preços menores aos consumidores.

Atualmente, também ouvimos muito sobre "economia compartilhada"; serviços como Airbnb e Turo que permitem que os clientes tenham acesso a experiências especiais, como viver em um farol de granito do século XIX em uma rocha na costa de Long Island (US$350 por noite no Airbnb) ou dirigir uma Maserati Ghibli 2017 dourada (US$699 por dia no Turo).[26] Aqui também vemos o decoupling acontecendo, dessa vez na forma de elos rompidos entre compra e consumo. Do mesmo modo, a Rent the Runway tem gerado disrupção no setor de alta-costura ao permitir que mulheres usem joias e vestidos caros em ocasiões especiais sem ter que comprá-los: por apenas US$139 ao mês você tem acesso ao equivalente a US$40.000 em roupas de grife ao ano. Esse é outro exemplo de decoupling, a separação das atividades de usar (a parte de criação de valor) e possuir (a parte que não cria valor). As pessoas estão preferindo alugar produtos que jamais alugariam no passado, sobretudo produtos com preços altos, como carros (Turo) e bicicletas (Hubway), ou produtos com alto custo de manutenção, como equipamentos esportivos grandes (Comoodle) e até cachorros (Borrow My Doggy). Modelos de negócios baseados em locação e consumo colaborativo apresentam grandes oportunidades para os clientes reduzirem sua preocupação com a propriedade — graças ao decoupling.

Também podemos encontrar decoupling em dois outros modelos de negócios que têm ganhado destaque online: SaaS e freemium. No modelo SaaS, as empresas oferecem softwares como o Microsoft Office 365 através de assinaturas, em vez de uma licença infinita com um alto investimento inicial. Os usuários domésticos não precisam desembolsar antecipadamente US$149,99 para usar o produto. Pelo contrário, eles podem pagar apenas US$6,99 ao mês. Podemos tratar o SaaS como um caso especial de decoupling de uso e propriedade. Os modelos freemium usados pelo Dropbox, um serviço de armazenamento online, vão ainda mais longe, desacoplando o uso do (pré) pagamento. Os usuários de um software ou serviço básico não precisam pagar adiantado. Apenas aqueles que utilizam muito o serviço, e têm interesse na versão premium, pagam. O decoupling é, de fato, um conceito flexível e multifacetado.

Nos próximos anos, mais negócios de decoupling podem gerar disrupção nas empresas estabelecidas. O decoupling do consumo e de estágios descartáveis continua sendo uma oportunidade potencialmente significativa e inexplorada. Por exemplo, o Spoiler Alert é um aplicativo destinado a empresas de alimentos nos EUA que jogam fora US$165 bilhões por ano em produtos próximos ao vencimento ou estragados. A startup conecta lojas, restaurantes e produtores de alimentos a ONGs próximas a eles que recebam doações ou empresas que fabricam fertilizantes e rações animais.[27] Ao utilizar esse serviço, os restaurantes podem consumir alimentos sem se preocupar com o descarte de sobras e ingredientes não utilizados.

FIGURA 1.3   GENERALIZANDO O DECOUPLING PARA OUTRAS FORMAS DE DISRUPÇÃO

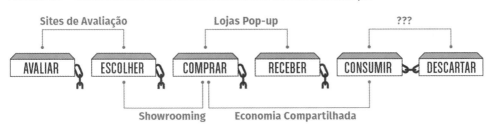

Problemas Comuns Exigem Soluções Comuns

Como sugeri, as disrupções nos setores não são nem de longe tão incomuns quanto parecem à primeira vista. Existe um padrão subjacente que permeia muitas das mais notáveis disrupções no mundo dos negócios atualmente. Esse padrão é o dos consumidores desacoplarem CVCs inteiras atendidas totalmente por empresas estabelecidas. Se olharmos de perto, podemos perceber esse fenômeno nos setores automobilístico, bancário, de bens de consumo e muitos outros. Podemos enxergá-lo também em startups de consumo compartilhado, nos provedores SaaS e nos sites de avaliação. O decoupling se espalhou por todo lugar sem que muitos executivos percebessem.

Eu tive sorte: como professor de uma faculdade de administração que aconselhava muitas empresas grandes e pequenas, meu ponto de vista era mais amplo que o da maioria. É muito difícil ver padrões generalizáveis quando a pessoa atua em apenas um setor e dedica 99% do seu tempo e energia mental a ele. Nossa tendência natural é pensar que os problemas que enfrentamos são exclusivos. Em nossos mundos profissionais altamente especializados, costumamos pensar em nichos, isto é, em campos, disciplinas, funções ou especialidades específicas. Um foco tão restrito tem seus benefícios, mas pode nos impedir de enxergar padrões gerais capazes de nos ajudar a desenvolver reações mais adequadas.

Os executivos que entrevistei se concentravam principalmente em *suas* empresas e nos desafios que enfrentavam. Eles se expunham de forma aprofundada a, no máximo, uma ou duas formas estruturais diferentes de disrupção: as que afetavam suas empresas e as que afetavam suas concorrentes. Talvez soubessem a respeito de disrupções em outros setores, mas não se aprofundavam o bastante para ver o padrão subjacente de decoupling. É demorado perceber que outros têm problemas parecidos e que podemos aprender ao analisá-los, mas vale a pena investir esse tempo e ter a disciplina de enxergar de forma mais ampla. Se você estiver sofrendo disrupção, observe empresas em setores completamente diferentes que estejam em posição parecida. E, antes de buscar soluções, tente procurar problemas em comum. Pelo que as empresas estão passando? O que você pode aprender?

Se não buscar ter uma visão mais ampla, você estará se condenando a, na verdade, reinventar a roda — procurar uma solução que outras pessoas talvez já tenham inventado. Pense na Best Buy. Como vimos, os executivos sênior da empresa, liderados pelo recém-nomeado CEO, Hubert Joly, tentaram muitas abordagens diferentes para combater a Amazon. Primeiro, tentaram evitar que os clientes praticassem showrooming. A empresa tentou oferecer produtos exclusivos que os varejistas online não tinham, mexer nos códigos de barras e pensou até mesmo em usar bloqueadores de radiofrequência dentro das lojas para evitar que os clientes usassem seus celulares para comparar os preços na Amazon. Com isso já se percebe seu nível de desespero.

Então, Joly resolveu oferecer preços baixos que competiam com os da Amazon. Segundo ele, "preços são apostas na mesa"; isso ajudaria a Best Buy a evitar que seus clientes fossem para a Amazon. É óbvio que a equiparação de preços não ajudaria a gigante a gerar mais receita, quanto mais lucros. Por fim, Joly e seus executivos de varejo nos EUA perceberam que a empresa não conseguiria vencer tentando combater o desejo crescente dos consumidores de praticar showrooming, nem competindo no páreo com a Amazon. A única solução foi encontrar, de alguma forma, um modo de *coexistir* tanto com os clientes praticando showrooming quanto com a Amazon. A Best Buy precisava "reaprender" a ganhar dinheiro. E ela conseguiu.

Durante uma reunião com a Samsung, a Best Buy propôs que a fabricante colocasse quiosques da marca em suas lojas. Havia um truque: a Samsung tinha que pagar uma taxa.[28] Sim, a *varejista* estava cobrando da *fabricante* a oportunidade — o privilégio — de ter seus produtos expostos com mais destaque. Do ponto de vista da Best Buy, se seu showrooming de novos produtos se mostrava um serviço valioso para a Samsung, a varejista deveria ser recompensada. Não importava se um cliente que fosse a uma loja da empresa e testasse um eletrônico da Samsung o comprasse na Best Buy, na Amazon ou em qualquer outro lugar, a Samsung estava se beneficiando. A princípio, a fabricante de eletrônicos não queria pagar, mas à luz de dados convincentes que embasavam a alegação da Best Buy, acabou concordando. E, na sequência desse acordo em 2013, a Best Buy fechou acordos semelhantes com outras fabricantes, como LG, Sony, Microsoft e AT&T.[29] Essa era a primeira vez, que eu saiba, que uma varejista de eletrônicos cobrava de uma fabricante uma quantia substancial por um espaço (e não por vendas) na loja. Como veremos nos próximos capítulos, existem alguns precedentes para essa abordagem em outros setores.

Após garantir o acordo com a Samsung, a Best Buy começou a mudar drasticamente seu modelo de negócios, transformando-se de uma varejista comum em uma empresa que servia basicamente como um showroom para grandes fabricantes. Exigindo investimento mínimo da Best Buy, e sem a necessidade de novas tecnologias sofisticadas, esse novo modelo aumentou de forma radical sua lucratividade A partir de 2019, uma parte considerável dos lucros da Best Buy virá das chamadas taxas de espaço pagas pelos fabricantes pela oportunidade de expor seus produtos nos melhores lugares das lojas, longe das concorrentes e com sinalização de marca bem acentuada. Segundo um artigo da revista *Fortune*, a solução foi criada por Joly, um hoteleiro veterano e três outros executivos, dois dos quais haviam feito carreira em outros setores.[30]

Apesar de a Best Buy ter resolvido seu problema de decoupling, ela demorou anos entre tentativas e erros. Como veremos adiante neste livro, o modelo de decoupling mostra uma estrutura poderosa para compreender de forma mais sistemática e, mais importante, reagir a esse tipo de disrupção. Munido de uma visão mais ampla sobre disrupção que transcende seu setor, você será capaz de chegar mais rapidamente a respostas eficazes para as disruptoras, evitando tentativas e erros e boa parte do estresse, caos e incertezas que elas trazem. Um princípio-chave de minha estrutura é fazer exatamente o que a Best Buy acabou fazendo: encontrar meios de coexistir em paz com as desacopladoras e o decoupling, em vez de tentar destruí-los ou comprá-los. Você pode fechar uma startup, mas é só questão de tempo até que apareça outra empresa disruptiva. Da mesma forma, você pode amarrar os clientes para que não levem seus negócios para as startups, mas é só questão de tempo até que eles descubram como se libertar das amarras. O segredo para combater a disrupção é a coexistência! Mais adiante neste livro, vou mostrar como conquistar a coexistência e se posicionar para um futuro mais próspero.

Antes que possamos entender *como* criar um relacionamento mais estável com o decoupling e as desacopladoras, precisamos primeiro ampliar nosso entendimento do fenômeno subjacente. Os executivos têm muita dificuldade em responder à disrupção, em parte, por se perderem no meio do caminho. Existem muitas ameaças no horizonte, muitos desafios e, claro, muitos consultores e especialistas em mídias falando sobre as tendências tecnológicas que podem, segundo eles, decretar a morte de grandes empresas. Curiosamente, porém, o fenômeno de decoupling não tem a ver apenas, nem mesmo principalmente, com tecnologia. Os executivos se concentram tanto em tecnologia que costumam perder a essência do que a maioria das desacopladoras faz: inovar com base no modelo de negócios dominante de um setor. Como veremos no Capítulo 2, a inovação dos modelos de negócios está por todo lado. Nós a negligenciamos e nos colocamos em risco. E se, como a Best Buy, pudermos aprender a dominá-la, bem, cuidado!

2

O QUE *REALMENTE* ESTÁ DESESTABILIZANDO SEU NEGÓCIO?

É 26 de outubro de 1958 e um novíssimo Boeing 707 da Pan American World Air decolou em seu voo inaugural de Nova York para Paris. Para os passageiros a bordo, o 707 é uma maravilha tecnológica. Como o primeiro jato comercial do mundo, ele consegue voar muito mais alto, rápido e longe do que os outros aviões à propulsão. Dentro da cabine, a atmosfera é de alegria. Os cavalheiros vestem paletós e gravatas e as damas estão com pérolas e saltos altos. A atriz Greer Garson está presente, tendo chegado ao avião em um Rolls Royce prateado.[1] As comissárias passam pelos corredores, atendendo às necessidades dos passageiros. Essas pessoas não recebem amendoim e refrigerantes, eles degustam "refeições gourmet de *foie gras* e lagosta ao thermidor com vinho Mouton Rothschild servido pela Maxim's de Paris". É, nas palavras de um historiador, uma baita "festa no céu".[2]

A maioria dos passageiros de hoje mal pode imaginar que um dia voar foi uma luxuosa "festa no céu". Durante a segunda metade do século XX, as viagens de avião se tornaram uma banalidade nas vidas dos americanos de classe média, impulsionadas em parte por tecnologias como os grandes jatos jumbo. A princípio, as companhias aéreas conseguiram manter um pouco do glamour daqueles primeiros voos comerciais, a um custo considerável para suas finanças. A comida era fresca, os coquetéis eram feitos a pedido e algumas companhias ofereciam até beliches para voos mais longos.[3] No entanto, na década de 1980, muitas companhias aéreas tiveram problemas financeiros, e não somente por causa das regalias dos passageiros. Elas eram péssimos negócios há muito tempo — monopólios nacionais altamente subsidiados por normas governamentais, o que incentivou a adoção de novas tecnologias e maior alcance geográfico em detrimento dos lucros. A desregulamentação das companhias aéreas dos EUA e da Europa durante as décadas de 1970, 1980 e início dos anos 1990 aumentou a concorrência e deu início a uma guerra de preços. Bebidas alcoólicas gratuitas e refeições sofisticadas foram os primeiros elementos a sumir.[4]

Nesse panorama tumultuado, uma companhia logo encontraria seu caminho de sucesso. Em 1988, um contador chamado Michael O'Leary se juntou à decadente companhia irlandesa Ryanair para ajudar a recuperá-la. Inspirado pela Southwest Airlines, uma companhia de baixo custo dos EUA especializada em voos curtos e diretos, O'Leary propôs uma nova estratégia. Ele ofereceria voos sem frescuras pela Europa, eliminando de uma vez por todas o excessivo glamour das viagens aéreas de antigamente. Em sua visão, "o transporte aéreo é só uma operação viária glamourizada. Você embarca e quer chegar rápido, com o mínimo de atrasos e de forma barata."[5] Para manter as tarifas aéreas baixas e equiparadas às tarifas de trens e ônibus, a Ryanair cortaria todos os custos não essenciais e cobraria taxas extras por muitos serviços que as companhias tradicionais incluíam no preço da passagem aérea.

Durante as décadas de 1990 e 2000, a Ryanair ganhou fama entre os consumidores por seus preços baixos e serviços enxutos. Como a Southwest, a companhia irlandesa costumava voar para aeroportos menores e mais baratos, muitos dos quais ficavam longe dos principais destinos. O aeroporto que servia ao trecho "Paris-Disney" da Ryanair ficava, na verdade, na cidade de Reims, a até duas horas de ônibus de Paris. Os aviões da empresa não tinham cortinas, assentos reclináveis, bolsos nos bancos, nem mesmo sacos para vômito. Os passageiros que se sentissem mal durante a viagem tinham que se virar sozinhos, da mesma forma que um passageiro de ônibus faria. A companhia também não oferecia marcação de assento, os primeiros passageiros a chegar no portão escolhiam os assentos de corredor ou janela e todos os outros tinham que se apertar nos desconfortáveis assentos do meio. Sem bebidas grátis ou refeições de cortesia, se você quisesse as medíocres refeições aéreas teria que pagar por elas.[6] Por outro lado, o preço das passagens era impressionantemente baixo; em muitos casos, apenas alguns euros por um voo internacional.

Se a companhia cobrava tão pouco, como ganhava dinheiro? É aí que a história da Ryanair fica interessante. Em vez de lucrar vendendo assentos e mantendo os custos baixos, a empresa ganhava dinheiro cobrando por gastos extras. A partir do momento em que os passageiros reservavam suas passagens, a companhia oferecia a eles serviços adicionais, cobrando tarifas difíceis de resistir. Cobrava taxas de cartão de débito e crédito na compra de passagens, taxas de embarque, taxas para despacho de bagagens e, obviamente, taxas por "luxos" como embarque prioritário.[7] Ela também atuava como agente de viagens, vendendo acesso ao estacionamento do aeroporto, a lounges, transfers de ônibus e trens, locação de carros, reservas em hotéis, ingressos para parques temáticos, passeios e atividades. Vendia serviços financeiros, trocando moedas estrangeiras para seus passageiros e também seguros de viagem, residenciais e até mesmo de vida. A bordo, ela oferecia a exibição de filmes e programas de televisão, acesso a bingo online e ingressos para peças de teatro, concertos e eventos esportivos. Os passageiros também podiam comprar relógios, fones Bluetooth, lanternas e afins.

Esse fluxo de receitas adicionais podia parecer pouco, mas se acumulava. Em 2016, a Ryanair perdeu dinheiro em suas operações de transporte, como muitas companhias aéreas ainda perdem. Porém registrou um lucro operacional de US$1,56 bilhão graças ao seu negócio de vendas cruzadas de alto lucro.[8] Depois de décadas nas quais dezenas de companhias aéreas dos Estados Unidos e centenas da Europa faliram ou foram compradas por outras empresas, a irlandesa desafiou todas as probabilidades. Como na maioria das outras companhias aéreas, os clientes reclamam de suas experiências com a Ryanair, mas continuam procurando a empresa em busca de barganhas. Sua lealdade fez dela a companhia aérea mais famosa e lucrativa da Europa.[9]

O incrível sucesso da Ryanair nos alerta para uma verdade importante e contraditória sobre os mercados de consumo. Muitos empresários pensam que produtos e serviços inovadores, e a tecnologia avançada por trás deles, determinam os resultados das fatias de mercado. Se quiser causar disrupção em um mercado na era digital, pensam eles, consiga a tecnologia mais recente que ninguém tem e use-a para desenvolver produtos inovadores. Com base nessas crenças, as empresas investem bilhões em pesquisa e desenvolvimento para garantir patentes de tecnologias próprias.

E ainda assim as tecnologias podem não ser a grande solução que os executivos na era digital costumam acreditar. Fiz uma análise estatística de patentes e receitas de empresas tecnológicas que eram startups em 1995 ou depois. Essas empresas incluíam Google, Amazon, Facebook, Yahoo, Salesforce.com, eBay, LinkedIn, Zynga, PayPal e outras onze. Eu queria descobrir se o acúmulo de patentes levava ao crescimento de receita dessas startups, como se costumava pensar, ou se funcionava ao contrário: o acúmulo de dinheiro das receitas permitia que as companhias de tecnologia investissem em patentes para proteger seus ganhos. Descobri que, em média, o número de patentes concedidas era consequência das receitas, não sua causa.[10] Essa descoberta foi verdadeira em 18 das 20 empresas que analisei.

Apesar de minha análise quantitativa não incluir a Ryanair, é válido notar que a companhia se tornou uma usina de disrupção sem possuir tecnologias ou inovações de produto exclusivas. Seus aviões e sistemas de reservas eram similares aos das outras empresas, e seu produto, a experiência do cliente, era seguramente muito pior. Assim sendo, como a irlandesa conseguiu vencer em um mercado altamente competitivo com um produto inferior? A empresa tinha algo que as concorrentes não tinham: um modelo de negócios inovador. Apesar de inicialmente ganhar dinheiro da mesma forma que as outras companhias, ela abandonou a abordagem padrão de vender passagens a preços altos para transportar passageiros e obter retorno após subtrair os custos. Seu novo modelo de negócios — praticamente único na época — implicava em encher seus aviões e atuar como um monopólio varejista nos céus.[11]

Durante boa parte do século XX, as inovações dos modelos de negócios aconteceram lentamente em muitos setores, remodelando-os ao longo de várias décadas. No entanto, na economia digital, esse tipo de inovação tem acontecido de forma muito mais rápida, tornando-se uma força profundamente disruptiva que separa os ganhadores dos perdedores, os sobreviventes dos mortos, geralmente em apenas alguns anos. Além disso, apareceram três diferentes ondas de inovação em modelos de negócios ao longo das últimas décadas — um fenômeno com implicações enormes para as empresas. As upstarts costumam pegar as estabelecidas de surpresa; as últimas não veem a inovação do modelo de negócio como parte de um padrão. Mas se você conseguir perceber com antecedência suficiente uma onda de inovação nos modelos de negócios, poderá se adiantar a ela, prevendo a possibilidade de as startups entrarem nessa onda e criando uma resposta adequada preventivamente. A habilidade de "prever ondas" é essencial para os executivos que buscam entender e dominar a disrupção digital em seus setores.

O Incrível Modelo de Negócios em Mutação

Antes de examinar o papel que a inovação do modelo de negócios teve na disrupção dos mercados digitais, vamos primeiro definir nossos termos. Embora a escolha de um modelo de negócios seja uma das decisões mais importantes que qualquer empresário toma, os executivos nem sempre refletem muito sobre o que isso realmente é ou faz. Acadêmicos como eu tornaram a tarefa de reflexão mais difícil, oferecendo definições diversas e, muitas vezes, conflitantes.[12] Para nosso objetivo, aqui está uma definição simples que se aplica tanto a grandes empresas com modelos estabelecidos quanto a pequenas startups que estão experimentando e evoluindo seus modelos:

Um modelo de negócios especifica como a empresa cria valor (e para quem) e como capta valor (e de quem).*

Um modelo de negócios, como definido acima, descreve como uma empresa deve funcionar *em teoria*. Embora sejam diferentes umas das outras em suas particularidades (nome, local, número de funcionários, finanças etc.), um modelo nos permite olhar além das particularidades para identificar as similaridades e as diferenças conceituais entre as empresas, atuando ou não no mesmo setor.† Da mesma forma, um modelo nos permite acompanhar a evolução das empresas ao longo do tempo.[13] Veja os supermercados. Tradicionalmente, esses negócios têm *criado valor* para os compradores (e se diferenciado de mercados e lojas de comida menores) proporcionando um serviço completo, permitindo que os clientes comprem muitos produtos em um só lugar em vez de visitar diversas lojas. Entretanto, eles *captam valor* comprando hortifrútis e bens de consumo de produtores e fabricantes de alimentos, e vendendo esses itens aos clientes com lucro. Com base em itens individuais, os supermercados costumam ter margens menores do que as lojas menores que vendem itens semelhantes na mesma região. No entanto, como a maioria das pessoas que visita a loja compra diversos itens, essas margens geram lucros significativos para os donos dos estabelecimentos.

Em 2019, varejistas desde o Walmart a supermercados mais familiares ao redor do mundo ainda ganham dinheiro usando esse modelo. Mas nem todos os grandes varejistas conseguem. Alguns supermercados — a maioria redes nacionais nos Estados Unidos e outros países — criaram uma estratégia para

---

* A definição que apresento não é minha. Ela é compatível com as propostas pela maioria dos autores que escrevem sobre o assunto. Em particular, o livro de Allan Afuah, *Business Model Innovation* ["Inovação no Modelo de Negócios", em tradução livre], opta por essa aqui apresentada. Para obter detalhes sobre as diversas definições apresentadas por acadêmicos, bem como explicações do por quê escolhi esta em especial, veja as notas.

† Segundo estudiosos de estratégias empresariais, os modelos de negócios permitem que seus gestores cumpram três tarefas: classifiquem os negócios com base em suas semelhanças, experimentem mudando investimentos e observando resultados, e repliquem modelos bem-sucedidos. Neste capítulo, abordamos os dois primeiros objetivos. Deixamos o terceiro para o Capítulo 4.

reduzir suas margens e competir de forma mais ofensiva nos preços. Para compensar a redução dos lucros, desenvolveram uma nova fonte de renda: cobravam de seus fornecedores pelo espaço nas prateleiras. Se você fosse a Nestlé e quisesse um espaço de destaque nas esquinas dos corredores para o lançamento de uma nova marca de biscoitos, teria que pagar mais a esses supermercados para ter mais espaço na prateleira. E fabricantes como a Nestlé concordaram em pagar mais, já que assim poderiam oferecer novos produtos sem sacrificar o espaço que já tinham para os itens existentes. Essa prática de vender espaço em prateleira aos fabricantes representou uma classe totalmente nova de modelos de negócios. Os supermercados inovadores *criaram valor* de duas formas diferentes. Como cadeias tradicionais, criaram valor para os clientes ao lhes oferecer um serviço completo e preços baixos. Mas também criaram valor para os fabricantes ao permitir que lançassem novos produtos sem comprometer o desempenho de seus campeões de vendas tradicionais. Diferente de seus predecessores, os novos supermercados *captavam valor* tanto dos fornecedores quanto dos consumidores. Como vimos no Capítulo 1, a Best Buy fez algo parecido para ajudar a resolver seu problema de showrooming. Até o momento em que escrevo este livro, as taxas de espaço eram a maior fonte de receita das cadeias de supermercados dos EUA, exceto o Walmart. As margens sobre os bens vendidos figuram apenas como a quarta maior fonte de receita.[*] Então, da próxima vez que entrar em um supermercado, tire um tempo para admirar o que está vendo. Um supermercado já não é mais um estabelecimento que simplesmente compra mantimentos, adiciona uma margem e vende para você. Visto que atrai e vende atenção às marcas, ele lembra mais uma empresa de mídia do que um varejista.

Novos supermercados não são os únicos varejistas a se distanciar do modelo de negócio tradicional. Décadas atrás, os clubes de descontos, como Costco,

---

[*] Em segundo lugar dentre as maiores fontes de receita estão as aplicações financeiras do caixa. E em terceiro, a especulação imobiliária, tanto dentro quanto em torno da loja. Para saber mais, veja *Inside the Mind of the Shopper: The Science of Retailing* ["Dentro da Mente do Comprador: A Ciência do Varejo, em tradução livre], de Herb Sorensen.

Sam's Club e Makro, na Europa, começaram a ganhar dinheiro oferecendo preços ainda mais baixos em grandes quantidades de bens de consumo. Com os clientes implorando para entrar em suas lojas, esses clubes podiam cobrar uma anuidade dos membros que quisessem comprar ali, e os clientes estavam dispostos a pagar. Como um exemplo desse novo modelo de negócios, a Costco *criou valor* ao oferecer um serviço completo e preços extremamente baixos. Ela *captou valor* através das anuidades (acima de US$60 ao ano),e também das vendas de produtos com lucro.[14] Inicialmente, a maior parte dos lucros da empresa vinha das margens, mas isso mudou gradualmente. Adivinhe qual percentual do total de lucros da varejista em 2016, de US$2,35 bilhões, foi graças às mensalidades pagas por seus membros: 50%? 80%? 100%? Tente 112%.[15] A Costco *perdeu* dinheiro no modelo de varejo tradicional e mais do que compensou a perda com as anuidades. Esse é um exemplo incrível de inovação de modelo de negócios no setor varejista de alimentos.

TABELA 2.1 COMPONENTES DOS MODELOS DE NEGÓCIOS

MODELO DE NEGÓCIO	CRIAÇÃO DE VALOR	PARA QUEM?	CAPTAÇÃO DE VALOR	DE QUEM?
Antigos supermercados	Serviço completo	Comprador	Margens sobre produtos vendidos	Comprador
Novos supermercados	Serviço completo + atenção	Compradores + fornecedores	Margens + taxas de espaço	Comprador + fornecedor
Clubes de descontos	Serviço completo + preços muito baixos	Compradores	Margens + anuidades do clube	Membros do clube

Essas duas variações em inovação de modelo de negócio mostram como até mesmo mudanças relativamente mínimas nos componentes de criação e captação de valor do modelo podem mudar drasticamente a imagem de uma empresa. E eles mostram como nossa simples definição de modelo de negócios pode nos ajudar a enxergar diferenças conceituais entre empresas conforme elas inovam e evoluem. Porém falamos sobre a inovação desse modelo em apenas um setor. O que acontece quando pensamos na evolução dos modelos ao longo do tempo em diversos setores diferentes? E em especial, o que acontece quando observamos modelos de negócios no espaço online?

Inovação em Modelo de Negócios a Todo Vapor

Como mencionado, a criação de novos modelos de negócios costumava acontecer lentamente antes da internet. No setor de supermercados, demorou meio século ou mais para que as taxas de espaço e as anuidades aparecessem como um meio de captação de valor. Mesmo depois que elas apareceram, demorou décadas até que outras empresas dentro do setor as adotassem. No setor aéreo, a Southwest apareceu cerca de 30 anos depois que as primeiras companhias aéreas dos EUA começaram a oferecer viagens, e demorou mais 20 até que a Ryanair aperfeiçoasse o modelo.[16] Acontece algo semelhante em outros setores.

Esse ritmo lento de mudança deixou a vida dos executivos relativamente fácil. Independentemente de qual mercado ou setor você estivesse entrando, a escolha de um modelo de negócios era bem simples. O costume era receber um modelo ou método padrão para criar valor e ganhar dinheiro. Existia, no máximo, uma segunda opção de modelo de negócios. Na mídia, por exemplo, um único modelo para ganhar dinheiro dominou durante boa parte do século XX. As empresas criavam valor para os clientes ao lhes oferecer conteúdos gratuitos, como a exibição de programas de televisão, notícias ou músicas no rádio. Elas captavam valor ao vender a atenção do público aos anunciantes, no que era chamado de modelo com "suporte de anúncios". Com o tempo, canais de televisão a cabo premium, como a HBO, e rádios via satélite, como a SiriusXM, adotaram um modelo diferente de ganhar dinheiro. Eles criavam valor para o cliente da mesma forma — oferecendo conteúdo —, mas captavam valor ao cobrar por assinaturas, o chamado modelo de "mídia paga". Por décadas, existiam basicamente esses dois modelos. Se você quisesse competir, escolheria um dos dois e apostaria nele. Era raro trocar.

Essa situação mudou drasticamente com o advento da internet comercial em meados dos anos 1990. Antes, a internet era usada principalmente por acadêmicos e militares. Conforme milhões de pessoas comuns se interessaram em acessar a World Wide Web, as empresas se apressaram em explorar o espaço online como ferramenta de negócios. A princípio, usavam a web para anunciar produtos e apresentar suas marcas, vendo-a apenas como mais um canal de comunicação semelhante à televisão, à imprensa e ao rádio. Então, começaram a vender itens de varejo online, mantendo os mesmos modelos de negócios básicos que já existiam há muito tempo em seus setores. No final dos anos 2000, o e-commerce evoluiu a ponto de incluir não somente produtos de varejo, mas também serviços cada vez mais complexos com modelos de negócios inovadores, como táxis sob demanda ou serviços de supermercado por assinatura. O que começou como um canal de comunicação se transformou em um canal de vendas pleno.

O renomado especialista em inovação David Teece observou: "A era da internet impulsionou a necessidade de entender e desenhar modelos de negócios inovadores. Ela fez com que muitas empresas repensassem os seus."[17] E elas repensaram. Um estudo de 2015 com 80 empresas do setor criativo do Reino Unido descobriu que as tecnologias digitais proporcionaram "mudanças amplas" nos modelos de negócios,[18] mas muitos executivos de empresas não se atualizaram. Em um estudo global da KPMG em 2016 com 1.300 CEOs, 65% dos participantes se preocupavam com a disrupção causada pelas novas entrantes em seus modelos de negócios, e mais da metade admitiu que suas próprias empresas não estavam causando disrupção suficiente nos modelos de seus setores.[19] No Capítulo 9, vou sugerir alguns motivos pelos quais as empresas estabelecidas costumam se atrasar na hora de gerar disrupção em seus próprios modelos de negócios.

Muitos fatores aceleraram a inovação dos modelos de negócios na era digital, mas três deles merecem maior atenção. Primeiro, a comunidade tecnológica global está muito unida ou *aglomerada*, com empresas *agrupadas* em poucas áreas geográficas, como São Francisco, Nova York, Boston, Tel Aviv, Bangalore, Londres e Berlim. Esse efeito de agrupamento permite que as startups compartilhem serviços, talentos, ideias e outros recursos valiosos. Segundo, existe um enorme *capital* para financiar as startups conforme elas experimentam novos modelos de negócios. Terceiro, existe uma grande *fluidez* na apropriação desses modelos. Quando um novo modelo de negócios parece promissor, é difícil evitar que as pessoas o copiem não somente dentro do mesmo setor, mas em outros também. As pessoas conversam, e os funcionários estão sempre mudando de emprego, transferindo seus conhecimentos a novos empregadores. Temos também um agravante: as inovações nos modelos de negócios são difíceis de proteger legalmente através de patentes ou outras medidas.[20]

Agrupamento, capital e fluidez de pessoas e ideias criam condições ideais para que as inovações dos modelos de negócios se propaguem. E, em muitos casos, a velocidade dessa propagação pode ser vertiginosa. Veja o setor de transporte em carros particulares. Quando a Uber apareceu, chamou atenção ao oferecer um serviço de carros particulares sob demanda que os clientes podiam requisitar por um aplicativo de celular. Conforme o modelo mostrava sinais precoces de sucesso, apareceram cópias. Além dos competidores diretos, como Lyft, nos EUA, Didi Chuxing, na China, e Ola, na Índia, apareceram outras startups oferecendo aplicativos para diversos serviços sob demanda. Havia uma Uber de entrega de fast-food (Valk Fleet), Uber de lavanderia (Lavanda), Uber de bebidas alcoólicas (Drizly), Uber de massagem (Soothe) e meu exemplo absurdo favorito, Uber de combustível (WeFuel). Como anunciado pelo *Wall Street Journal*: "Hoje existe uma Uber para tudo."[21]

O aparecimento de inovações em modelos de negócios e nos setores acontece de forma tão súbita que executivos e empreendedores costumam ter dificuldade em entendê-las. As disruptoras tendem a usar a metáfora do surfe, perseguindo modelos de negócios promissores como grandes ondas do mar. Buscando alcançar e surfar essas ondas, elas as preveem ao olhar na direção na qual costumam aparecer. Quando sentem a iminência de uma onda, se posicionam remando diretamente para ela. É claro que achar a onda certa para surfar exige foco e um pouco de sorte, e ficar no topo da onda quando ela aparece requer aprendizado e paciência. Para as estabelecidas, a disseminação de inovações nos modelos de negócios parece muito menos divertida e muito mais ameaçadora. Elas tendem a pensar em inovações, conscientemente ou não, como incêndios que aparecem do nada, se propagando rapidamente e devastando tudo em seu caminho. Sua reação instintiva é a de apagar o incêndio atacando ou comprando a startup. Se aparecer uma inovação de modelo de negócio no seu setor, ligue a sirene, rápido!

Qual dessas metáforas é mais precisa? A resposta é ambas — e nenhuma. Na sua teoria da relatividade especial, Albert Einstein observou que a luz se comporta tanto como partícula quanto como onda. "Parece que devemos às vezes usar uma teoria e às vezes a outra," o físico afirmou, "enquanto outras vezes não usamos nenhuma... Temos duas realidades contraditórias; separadamente, nenhuma delas explica totalmente o fenômeno da luz, mas juntas, sim."[22] De forma semelhante, podemos pensar em disrupção digital tanto como um incêndio aleatório *quanto* como uma onda previsível. A analogia depende do ponto de vista: estabelecida ou disruptora. Na próxima seção, enfatizarei a previsibilidade da disrupção ao longo do tempo adotando a perspectiva da disruptora.

Desagregação, Desintermediação, Decoupling

Apesar de muitos modelos de negócios digitais promissores terem aparecido em um ou mais setores próximos, alguns se propagaram na maioria dos setores, originando uma onda maior e mais reconhecível de disrupção digital.*

---

* Por exemplo, crowdsourcing, leilões reversos, comunidades de usuários e propriedade fracionada.

Até hoje, a internet viu três grandes ondas.* A primeira, chamada de desagregação, começou em meados dos anos 1990 e foi amplamente discutida por acadêmicos.[23] Como a web é um meio digital, os primeiros empreendimentos comerciais a aderir foram aqueles que vendiam conteúdos facilmente digitalizáveis, como textos, imagens, músicas, anúncios e conteúdos de mídia em geral. Tradicionalmente, as empresas de mídia tinham conteúdo combinado, criando valor para os clientes cobrando menos por pacotes de conteúdo do que se eles comprassem cada produto separado. Essas empresas de mídia captavam valor através da agregação, pois, no conjunto, isso levava os clientes a comprarem mais conteúdo, mesmo que acabassem não consumindo todo o pacote. Jornais físicos como o *New York Times* costumavam ser um pacote de conteúdo, incluindo notícias, classificados e avaliações de restaurantes. A internet permitiu que empresas como Google, Craigslist e Yelp se especializassem em cada um desses tipos de conteúdo respectivamente, *desagregando*, assim, o jornal.[24] Da mesma forma, a televisão a cabo é o equivalente a um pacote de canais. Nessa primeira onda, Hulu, Sony e HBO separaram os pacotes de canais em programas e canais únicos de televisão, e o iTunes desagregou as séries de TV em episódios únicos que as pessoas podiam comprar e consumir separadamente.

A desagregação proporcionada pela internet não foi limitada aos jornais e à TV a cabo. Na música, empresas como a EMI há muito controlavam o acesso a conteúdos ao vender músicas agrupadas em discos compactos (CDs).[25] Serviços digitais, como o iTunes da Apple, desagregaram os CDs ao permitir que os consumidores comprassem as músicas separadamente.[26] Na publicação de livros, empresas como a McGraw-Hill vendem livros didáticos completos mesmo quando os estudantes querem ler apenas capítulos específicos. A Amazon desagregou esses livros ao permitir que os usuários comprassem apenas um capítulo usando seus leitores digitais Kindle.

---

* Como as ondas do mar, essas ondas chegaram em sequência, uma atrás da outra. Diferente das ondas do mar, quando uma onda de disrupção chega, a anterior não some.

Em todos esses exemplos, disruptores digitais agarraram uma oportunidade de distribuir conteúdo online e entregar apenas o que as pessoas queriam consumir, mesmo que isso representasse somente uma pequena parte do conteúdo total. No geral, os clientes compravam menos conteúdo, não porque consumiam menos, mas porque finalmente, pela primeira vez, podiam comprar apenas o que queriam. Esse avanço agradou aos consumidores, mas gerou disrupção nas empresas de conteúdos agregados, devastando a receita das estabelecidas, como *New York Times*, EMI e a divisão de impressão de livros didáticos da McGraw-Hill.[27] Algumas empresas estabelecidas se recuperaram dessa onda, mas outras não. No *Times*, a receita de anúncios caiu 50% entre 1999 e 2016, porém o jornal conseguiu recuperar parte de suas perdas criando um negócio de assinatura digital bem-sucedido.[28] A receita da EMI Records diminuiu em um terço em 15 anos desde 1996. A empresa foi, depois, adquirida por um banco, desmembrada e vendida.[29] O braço educacional da McGraw-Hill perdeu dois terços de sua receita entre 2005 e 2016. Em 2013, a divisão foi retirada das informações financeiras e negócios de mídia da empresa.[30]

No final dos anos 1990, a maioria do conteúdo online que podia ser desagregado de forma lucrativa o foi. Essa primeira onda de inovação em modelos de negócios começou a dar espaço a uma nova onda: a desintermediação de bens e serviços. Por permitir uma maior personalização, a desagregação tornou vantajoso que criadores e distribuidores de conteúdo vendessem diretamente ao consumidor final. Prestadores de serviço em um leque mais amplo de setores, não somente conteúdo, perceberam o potencial da internet como um canal de vendas de baixo custo e longo alcance, e acabaram excluindo o intermediador de suas transações.[31] Antes dela, por exemplo, muitos consumidores usavam agentes de viagem para reservar passagens, hospedagem e atividades para as férias. Essas empresas não prestavam os serviços que vendiam; atuavam apenas como intermediadoras, adquirindo clientes para outros prestadores de serviço (por ex. hotéis, companhias aéreas, locadoras de carros). Os clientes viam os agentes locais como o único meio de ter acesso às diversas opções de viagens que desejavam.

Com o crescimento da internet, as agências já não monopolizavam mais essas opções de viagens. Os clientes podiam se comunicar facilmente com os prestadores de serviço e reservar a viagem sozinhos, dispensando o agente. Eles podiam reservar voos online diretamente com a United Airlines, seus hotéis com a Hilton e seus passeios acessando o site de um guia turístico local.[32] O setor de serviços financeiros viu uma desintermediação semelhante, por exemplo, no aparecimento de sites que permitem que investidores comprem e vendam ações sem um corretor ou conselheiro.[33] Diferente da desagregação, a desintermediação afetou prestadores de serviço tanto online quanto físicos. Portanto, seu impacto foi indiscutivelmente maior, pois atingiu muito mais setores, desde serviços de vídeos (afetado pela Netflix) e reformas domésticas (afetado pela BuildDirect) a serviços de namoro (afetado pela eHarmony).

Essa onda inundou os mercados durante os anos 2000, começando a diminuir em 2010. Como uma empresa estabelecida que foi desintermediada, havia pouco a fazer além de continuar tentando se adequar ao máximo, mas havia mais disrupção chegando. Em 2012, comecei a perceber no horizonte uma terceira onda de inovação em modelos de negócios. As empresas mais inovadoras já não respondiam às mudanças no comportamento dos consumidores desagregando produtos ou desintermediando serviços. Em vez disso, estavam roubando clientes através do "decoupling" de atividades específicas que os clientes geralmente realizavam durante as compras. Como vimos no Capítulo 1, a Birchbox desacoplou as amostras dos produtos de sua compra. A Amazon desacoplou a compra de produtos da procura. A Turo desacoplou o uso de carros de sua compra. Como essa última onda estava afetando as empresas que vendiam produtos físicos, como cosméticos, eletrônicos e carros, além das empresas que vendiam conteúdo e serviços, seu poder devastador era possivelmente ainda maior.

Essa terceira onda digital era diferente das outras duas também, pois agora a disrupção estava acontecendo ao longo da cadeia de valor do cliente. A primeira onda, a desagregação, aconteceu mais no nível do produto e no estágio de consumo: alguns consumidores liam apenas os artigos de jornais, outros, somente os classificados. A segunda onda, a desintermediação, ocorreu dentro da cadeia de suprimentos (por. ex., empresas de celulose vendendo diretamente para jornais, descartando as fabricantes de papel). O decoupling também quebrou elos importantes, mas dessa vez entre atividades do consumidor, e não nos produtos ou nos estágios da cadeia de suprimentos (*veja a Figura 2.1*).

FIGURA 2.1 COMO O DECOUPLING DIFERE DAS OUTRAS DUAS ONDAS DE DISRUPÇÃO DIGITAL

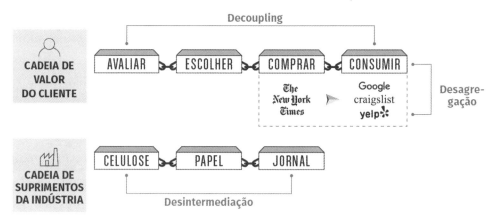

Continuando minha pesquisa com empresas inovadoras, percebi que o decoupling perpetrado pelas startups estava atingindo diversas empresas estabelecidas em muitos setores. Não era um fenômeno isolado. Como relatei no Capítulo 1, os empreendedores com quem conversei não sabiam que estavam "desacoplando".[34] Eles detectaram uma necessidade não atendida do cliente e estavam simplesmente, e de modo intuitivo, fazendo seu melhor para atendê-la. No processo, estavam roubando rapidamente os clientes das estabelecidas. Da mesma forma, os executivos que entrevistei em empresas grandes e estabelecidas, como Four Seasons Hotels, a desenvolvedora de shoppings Westfield, Disney, Paramount Pictures e Microsoft não entendiam o "decoupling" como uma abordagem global. Eles viam a disrupção crescendo ao seu redor e estavam preocupados que seus negócios estabelecidos estivessem ou pudessem logo estar acabados. Sem saber a causa central, eles se apressavam em reagir, geralmente em vão.

OS EFEITOS EM CASCATA DO DECOUPLING

Em alguns setores nos quais o decoupling estava ganhando destaque, os potenciais mercados eram tão grandes que muitas startups buscaram desacoplar as mesmas atividades para os consumidores. Conforme os mercados ficavam mais cheios, essas startups desacoplaram de formas levemente diferentes de modo a se diferenciar umas das outras. Isso criou o que podemos chamar de efeito "cascata" dentro de um setor ou indústria. Veja a indústria automotiva. Historicamente, as pessoas consumiam transportes automobilísticos privados comprando carros de concessionárias locais que representavam as grandes fabricantes. Além de pagar para adquirir o carro, os motoristas assumiam os custos de manutenção, combustível e seguro. Ao mesmo tempo, as concessionárias obtinham grandes lucros vendendo lindos carros novos com uma margem. Em 1999, uma concessionária média dos EUA ganhava 40% de seus lucros com a venda de veículos novos.[35]

Essa época já passou. Hoje, as concessionárias quase não ganham dinheiro com vendas de carros — menos de 10% do lucro líquido total. Em vez disso, seus lucros advêm da venda de financiamentos, seguros, garantias extras e manutenção, que atualmente representam 67% de sua receita líquida.[36] As concessionárias evoluíram e agora se parecem mais com bancos do que com lojas de carros, vendendo tantos serviços financeiros. Não é de se espantar que o famoso investidor Warren Buffett tenha surpreendido o mundo dos investimentos quando, a partir de 2014, decidiu adquirir grandes concessionárias particulares dos EUA.[37] Essas empresas não eram altamente lucrativas, mas para Buffett, esse não era o ponto. Detendo investimentos em diversos bancos de financiamento automotivo locais e nacionais (por ex., Berkshire Hathaway Automotive), companhias de seguros (por ex., Geico) e seguradoras automotivas (por ex., Applied Underwriters), Buffet viu uma oportunidade de garantir outro canal de vendas para suas outras empresas. Por outro lado, foi astuto o bastante para prever o que as inovações nas concessionárias poderiam significar para seus investimentos, caso *não* as controlasse diretamente.

O impacto de toda essa inovação de modelo de negócios sobre os consumidores foi enorme, fazendo com que os compradores de carros arcassem com fardos de financiamento cada vez maiores. Além do preço do carro, agora eles têm que pagar mais para possuir e operar uma máquina de 1,5 tonelada. Felizmente para esses consumidores, outras empresas apareceram com inúmeras soluções diferentes, todas baseadas em variações de decoupling. A Zipcar, como mencionado anteriormente, e outras empresas de locação de carros sob demanda, como a CarShare da Enterprise e a Gig, oferecem aos motoristas acesso a carros sem a necessidade de contratos e reservas. Os preços da Zipcar são razoáveis para curtos períodos, digamos, algumas horas. Mas e se você quiser um carro por mais tempo? Sorte sua: empresas de compartilhamento de carros, como a Turo (antiga RelayRides), permitem que pessoas que não têm automóveis os aluguem diretamente de outras pessoas através de um modelo peer to peer [ponto a ponto].[38] Os preços da Turo tendem a ser mais em conta do que os da Zipcar para períodos mais longos, como um final de semana, porém os clientes devem abrir mão da conveniência a fim de se beneficiar dos custos mais baixos. Esse grupo de disruptoras de compartilhamento de automóveis quebrou o elo entre os atos de comprar e dirigir um carro, bem como aquele entre os atos de dirigir e fazer a manutenção de um automóvel.

A geração seguinte de disruptoras automotivas — empresas de caronas, como Uber, Lyft e Curb (a resposta da Boston Taxi às caronas) — levou o decoupling além, quebrando os elos entre as atividades de dirigir um carro e viajar em um, oferecendo plataformas através das quais proprietários de carros particulares podiam pegar passageiros e lavá-los a seus destinos em troca de tarifas modestas. Anteriormente, os clientes podiam obter esses serviços apenas através de um número limitado de táxis licenciados e serviços de limusine. As soluções desacopladas de empresas como Uber e Lyft fizeram sentido econômico para consumidores em busca de viagens curtas. Para viagens mais longas, a startup francesa BlaBlaCar adaptou o modelo de caronas ao oferecer uma plataforma na qual os passageiros podem combinar viagens de longa distância com bom custo-benefício diretamente com os donos dos carros.[39] Como em um ônibus, os consumidores compram assentos com itinerários definidos. Como passageiros e motoristas combinam datas e horários entre si, os consumidores estão novamente em posição de trocar conveniência por custo. Dado o tamanho do mercado de automóveis de passeio dos EUA, com vendas de US$570 bilhões em carros novos em 2015, podemos esperar que a segmentação dos modelos de decoupling continue nos próximos anos, com efeito cascata em outros mercados (*veja a Figura 2.2*).[40]

FIGURA 2.2 SEGMENTAÇÃO DO DECOUPLING NA INDÚSTRIA AUTOMOBILÍSTICA

	DIRIGIR	CARONA
CURTA	zipcar	UBER lyft curb
LONGA	TURO	BlaBlaCar

Inovação do Modelo de Negócios, Não da Tecnologia

Em muitos casos, as companhias inovadoras que estudei como exemplos de decoupling pareciam estar gerando disrupção em seus setores graças ao uso de tecnologias inovadoras. Afinal, Uber, Amazon e Birchbox são consideradas empresas de tecnologia, certo? Decidi falar com elas e aprender sobre as novas tecnologias que desenvolveram e estavam alavancando. Logo ficou claro para mim que o sucesso inicial dessas empresas não se baseava em tecnologias novas e inovadoras, mas sim no poder das inovações em seus modelos de negócios. Da mesma forma, outras defendiam que mesmo empresas de "tecnologia" renomadas, como o Google, no início não inventaram tecnologias totalmente novas, mas inventaram ou aperfeiçoaram novos modelos de negócios.[41] Essas inovações representaram o *verdadeiro* motor de disrupção. Para ilustrar a ideia, vejamos alguns exemplos menos conhecidos.

Fundada em 2012, a Trov tem tentado gerar disrupção no setor de seguros com um aplicativo para celular que permite que os usuários façam seguros de produtos por prazos específicos.* Os usuários não precisam mais assinar um contrato anual cobrindo todas as suas posses, como as empresas de seguros tradicionais exigem.[42] Por que os consumidores achariam isso interessante? Digamos que você esteja planejando viajar por 10 dias para o Rio de Janeiro e gostaria de fazer o seguro de sua câmera Canon recém-comprada. Com a Trov, é possível fazer seguro apenas para sua câmera e apenas pelo período de 10 dias, diretamente no aplicativo. Além disso, depois de inserir todas as informações sobre o bem que quer assegurar, você pode ativar ou desativar o seguro ao toque de um botão. O aplicativo apresenta os preços instantaneamente com base em uma série de fatores de risco, portanto, se sua câmera quebrar, for roubada ou perdida, você poderá acionar o seguro usando o aplicativo, sem a necessidade de intervenção humana.

No processo tradicional, um cliente comum de seguradoras passa por uma cadeia de valor com sete passos. Você compra um item de valor, sente a necessidade de assegurá-lo, informa-se sobre as diversas companhias de seguros, pede cotação de uma ou mais, espera que a empresa prepare e envie a apólice, compra a apólice por um ano e, em algum momento, cancela a apólice. A Trov permite que os clientes desacoplem a solicitação de cotação (ou seja, ativar o seguro) da elaboração da apólice, além de permitir desacoplar a compra de uma apólice anual de seu cancelamento (ou seja, desativá-lo).

Os consumidores acharam esse decoupling extremamente interessante, tanto que a empresa atraiu cinco rodadas de investimentos, totalizando US$46,3 milhões até o momento.[43] Os millennials estão buscando soluções mais fáceis e convenientes, e esse modelo é um meio de criar valor para eles.

---

* A Trov é um exemplo único que desacopla ao mesmo tempo em que desagrega os seguros, fazendo o segundo através da venda de seguros para bens específicos.

A Trov capta uma parte desse valor não dos consumidores, mas das empresas de seguro, que dão a ela uma parte dos prêmios que os clientes pagam às seguradoras pelas apólices vendidas. Ela é, basicamente, o agente de seguros do futuro, oferecendo seguros sem o comprometimento anual e disponível 24h por dia, instantaneamente.

A Trov parece uma empresa de tecnologia completa. Mas, apesar de a tecnologia ter uma participação no sucesso dela, não tem o papel principal. A companhia se baseia em um aplicativo móvel, mas muitas estabelecidas e startups têm acesso a eles. Na verdade, toda tecnologia que a Trov usa, inclusive softwares comerciais ou personalizados e algoritmos básicos, era bastante comum e estava facilmente disponível quando ela entrou no mercado. Além de um modelo atuarial que permite que a startup avalie os riscos com base em bens individuais, sua real vantagem vem de seu modelo de negócios altamente inovador. A tecnologia padrão *permite* que a Trov preste serviços aos consumidores. O novo modelo de negócios construído em torno do decoupling é o que realmente permite que a empresa se destaque em um mercado saturado.

Esse não é um caso isolado. Pense no setor de pagamentos online. Comprar online pode parecer fácil, mas, em alguns aspectos, não é. A cadeia de valor de uma compra online comum, na verdade, abrange ao menos nove passos: acessar o site de um varejista online, procurar produtos, escolher produtos, colocá-los em um carrinho virtual, acessar sua conta ou criar uma conta no site, inserir as informações do cartão de crédito, inserir o endereço de entrega e outras opções de frete, e confirmar a compra. Apesar de os primeiros passos serem convenientes, a necessidade de inserir informações de pagamento tende a impedir que muitas pessoas finalizem uma compra online. Segundo algumas estatísticas, em média de 69 a 80% dos compradores online abandonam seus carrinhos antes de concluir a compra.[44]

Conheça a Klarna, uma startup sueca de pagamentos online fundada em 2005.[45] A empresa facilita pagamentos online para varejistas de e-commerce, eliminando a necessidade de as pessoas terem um cartão de crédito à mão e inserirem informações de pagamento em cada uma das transações online. Se um site de e-commerce permitir que seus clientes paguem com a Klarna, os compradores só precisarão inserir seus e-mails e CEPs — a startup fará o resto. Ela paga ao varejista imediatamente e cobra do comprador dentro de duas semanas ou depois que ele recebe a compra e decide ficar com o bem. Na verdade, ela oferece um financiamento de curtíssimo prazo aos compradores, captando valor não dos consumidores, mas através da cobrança de taxas dos vendedores (a Klarna justifica essa taxa defendendo que isso reduz riscos e problemas no processo de compra online, aumentando as vendas dos comerciantes ao evitar que as pessoas desistam no último estágio do processo de compra). Assim, a empresa desacopla o ato de comprar do ato de pagar, especialmente no tocante à inserção de informações do cartão de crédito.

Na Suécia, a Klarna gerou disrupção em uma indústria de pagamentos que vinha sendo dominada por grandes bancos, empresas mundiais de cartões de crédito e operadoras de telecomunicação consolidadas. Em 2016, a startup foi responsável por cerca de 40% de todas as vendas de e-commerce do país, recebeu US$332 milhões em investimentos de capital de risco e foi avaliada em US$2,3 bilhões.[46] Como a Trov, no entanto, a Klarna não atingiu seu sucesso por causa de tecnologias revolucionárias. Ela não tinha um novo algoritmo excepcional nem uma interface de usuário sofisticada — toda sua tecnologia já existia. Sua vantagem decisiva se deve a seu modelo de negócios, um no qual ninguém do setor havia pensado antes e cujo centro é o decoupling.

A maioria das outras disruptoras digitais descritas neste capítulo e no anterior também não se baseava em tecnologias revolucionárias. Sim, startups como a Uber e a BlaBlaCar precisavam de aplicativos móveis para seus clientes, acesso a um GPS vinculado a mapas e ferramentas de agendamento online. Sim, a Birchbox e a Trov desenvolveram seus próprios aplicativos. Sim, a Klarna precisava de um algoritmo de avaliação de crédito para decidir a quais compradores conceder crédito. Mas na época em que essas empresas foram fundadas, as tecnologias digitais que elas usavam já eram bastante disseminadas e estavam disponíveis para as estabelecidas e também para outras startups. A maioria era considerada até como tecnologia padrão.

Entre as empresas nas quais a tecnologia digital tem um papel significativo na criação e na captação de valor, muitas *não* são realmente empresas de tecnologia, no sentido de que não desenvolveram as tecnologias novas e inovadoras que são o centro de seu modelo de negócios (pense na Disney, uma empresa que visitei para apresentar minha pesquisa). Em geral, refiro-me a negócios digitais como organizações com fins lucrativos que usam a internet (web, aplicativos móveis etc.) como um canal para atrair clientes e/ou entregar produtos e serviços. Essas empresas são basicamente "usuárias" de inovações tecnológicas e não "criadoras" — uma distinção crucial. Empresas como Apple, Tesla, e algumas divisões da Amazon e Alphabet são inovadoras tecnológicas; mas são exceções na economia digital, não a regra. Em geral, se os negócios digitais são um subconjunto de todos os negócios, podemos pensar nas empresas tecnológicas também como um subconjunto, em vez de negócios digitais (*veja a Figura 2.3*).*

FIGURA 2.3 **ESQUEMA DOS TIPOS DE EMPRESAS**

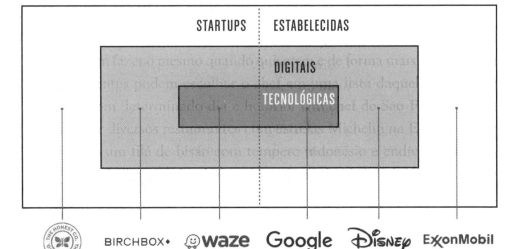

---

* Admito que, na realidade, as linhas que separam essas classes de negócios são um tanto mais embaralhadas do que retratei na Figura 2.3. Ainda assim, essa definição operacional nos ajuda a expressar os conceitos de forma relativamente simples.

Obviamente, algumas inovadoras tecnológicas não estão fazendo negócios no espaço digital. No entanto, essas empresas não são o foco deste livro.

Ao distinguir empresas de tecnologia digital e "pura", não estou de forma alguma sugerindo que a primeira é menos valiosa ou menos inovadora que a segunda. Mas sim que sua fonte de inovação é simplesmente *diferente*. Para a Trov, a Klarna e a maioria dos outros exemplos de decoupling apresentados até aqui, a fonte de sua força disruptiva se baseia na inovação do modelo de negócios. Um novo jeito de criar e captar valor abrange a essência da vantagem competitiva para essas startups, permitindo que elas tenham acesso a capital e conquistem clientes.

De maneira semelhante, e deixando o decoupling um pouco de lado, costumamos pensar que a inovação tecnológica não foi o principal impulsionador que permitiu que atuantes como Ryanair, Costco ou concessionárias gerassem disrupção em seus mercados. Em vez disso, todas essas empresas construíram seu sucesso sobre mudanças importantes nos modelos de negócios que predominavam em seus setores. A inovação dos modelos de negócios é uma força poderosa de mudanças repentinas no nível do mercado, em alguns casos mais poderosa que a tecnologia. A tecnologia, como colocado por Jim Collins há mais de 15 anos em seu best-seller *Empresas Feitas para Vencer*, "é uma aceleradora, nunca uma geradora de ritmo e crescimento."[47] Depois de estudar 28 empresas muito bem-sucedidas, ele concluiu que a tecnologia "não é por si só uma fonte primária de grandeza ou declínio". Da mesma forma, Teece dá muitos exemplos de tecnologias notáveis que fracassaram em trazer sucesso de mercado para seus inventores originais, inclusive a invenção da Xerox do computador pessoal, da EMI da tomografia computadorizada e da Kodak da câmera digital. Esses fracassos aconteceram, em parte, pela falta de um modelo de negócios apropriado que levaria adiante os negócios dessas empresas estabelecidas. Como Teece observa, "A tecnologia sozinha não gera disrupção nos mercados, raramente isso acontece."[48]

Pare de Culpar Sua Limonada

Como vimos neste capítulo, os modelos de negócios ficaram mais diversificados e complexos ao longo do tempo. Isso parece ser um fenômeno global: conforme os mercados se desenvolvem e crescem, o número de modelos de negócios únicos visíveis entre as empresas concorrentes aumenta e os modelos por si só ficam cada vez mais refinados, específicos e diferentes uns dos outros. Como uma analogia, pense nas humildes bancas de venda de limonada que as crianças montam no jardim. O modelo é simples e antigo: obter ingredientes a preços subsidiados (ou seja, gratuitamente dos pais), fazer limonada e vender com uma margem enorme. Crianças em bairros por todos os EUA têm competido dessa forma. Hoje, em muitas indústrias, não se vê mais o equivalente às simples bancas de limonada ganhando. Em vez disso, vemos empreendedores de limonada que distribuem limonada a preços abaixo do custo para que tenham longas filas de clientes cativos em torno de suas bancas, como a Costco faz. Assim, esses empreendedores podem entreter os clientes enquanto eles esperam e, como a Ryanair, vender a eles "adicionais", como lanches ou preferência no banheiro. É aí que mora o lucro *real*. Ou então, os empreendedores da limonada podem convidar uma banda para entreter seus clientes e exigir que a banda *pague a eles* pela oportunidade de se promover para o público cativo, como as empresas de mídia fazem. Os empreendedores podem também ganhar dinheiro vendendo a seus clientes cativos um seguro ou contratos de garantia que ofereçam cobertura para a "garantia de matar a sede", como fazem as concessionárias. Tudo isso parece bizarro, porém uma olhada rápida no mercado mostrará que é exatamente o que está acontecendo.

Apesar de toda essa inovação em modelos de negócios parecer intimidadora para as estabelecidas, ela não precisa ser. Compreender como a inovação desses modelos orienta os mercados pode *fortalecer* as estabelecidas como nunca antes. Se você acreditar que a tecnologia impulsiona a inovação, ficará preso a alguns iluminados do Vale do Silício que alegam entender de tecnologias sofisticadas mais do que ninguém e que acabam lhe vendendo o especial tecnológico do mês. Você achará que, de alguma forma, deve explorar esses visionários da tecnologia e sua sabedoria, e concentrará seus esforços nessa tarefa. Em contrapartida, a disrupção através da inovação dos modelos de negócios — incluindo aquela forma específica de inovação em modelo de negócios conhecida como decoupling — está prontamente acessível a qualquer empresário em qualquer lugar. Como executivo, você já *conhece* os modelos de negócios. Aprendeu a destrinchá-los na escola de administração ou durante sua carreira. Acontece que, para concorrer na era digital, não é preciso ter muito mais expertise tecnológica do que você já tem. Você deve voltar ao básico e refletir sobre como as empresas ganham dinheiro, e como *a sua* empresa *pode* ganhar mais dinheiro.

Esqueça um pouco os acessórios pessoais inteligentes, drones, chat bots, internet das coisas, aprendizado de máquina e realidade virtual ou aumentada. Tudo isso pode ter espaço em sua futura empresa, mas seu papel, como executivo sênior, é entender o lado do *negócio*. Como disse Erik Zingmark, executivo sênior da Nordea, o maior banco dos países nórdicos: "Você não deve esquecer jamais o porquê de estar no [setor de] banco, que é servir ao cliente... Existe o risco de nos concentrarmos muito na tecnologia e em como estar na vanguarda. Podemos nos esquecer qual é o valor do consumidor no que fazemos."[49] Erik deveria saber. Sua empregadora é a estabelecida sofrendo disrupção da Klarna na Suécia.

Da mesma forma, não deixe que o foco excessivo em produtos impeça que você preste atenção em sua empresa. Muitos executivos em empresas estabelecidas, apegados a seus modelos de negócios, reagem à disrupção culpando seus produtos. De seu ponto de vista, todas as novas bancas de limonada modernas estão roubando clientes porque criaram limonadas mais gostosas. Pare de culpar sua limonada![50] O fato é que a limonada das upstarts tem o mesmo gosto que a sua, ou até pior. É o novo modelo de negócios que está roubando seus clientes, e não o produto. É claro que, em alguns casos, startups pequenas, sem experiência, sem dinheiro, sem comprovação e desconhecidas produzem de fato um produto muito superior ao que as grandes empresas estabelecidas oferecem no mercado, mas essa é uma exceção. Como defende o pesquisador da Universidade de Michigan Allan Afuah as inovações mais lucrativas em modelos de negócios têm pouco a ver com o produto em si. Lucrar com a inovação da tecnologia ou do produto exige um modelo de negócios inovador.[51]

Após muitos anos gastos em uma obsessão pela tecnologia, parece que estamos juntos começando a perceber o que realmente importa. Entre 2004 e 2016, as buscas no Google por sites sobre "inovação tecnológica" caíram mundialmente (indexado a partir de um valor de 100 para 2004). Por outro lado, as buscas por "inovação em modelos de negócios" subiram durante o mesmo período. Ainda temos um longo caminho. Em 2016, as pessoas buscaram dez vezes mais por "inovação tecnológica" do que por "inovação em modelos de negócios" (*veja a Figura 2.4*).

FIGURA 2.4 INTERESSE EM DOIS TIPOS DE INOVAÇÃO, PESQUISAS DO GOOGLE DE 2004 A 2016

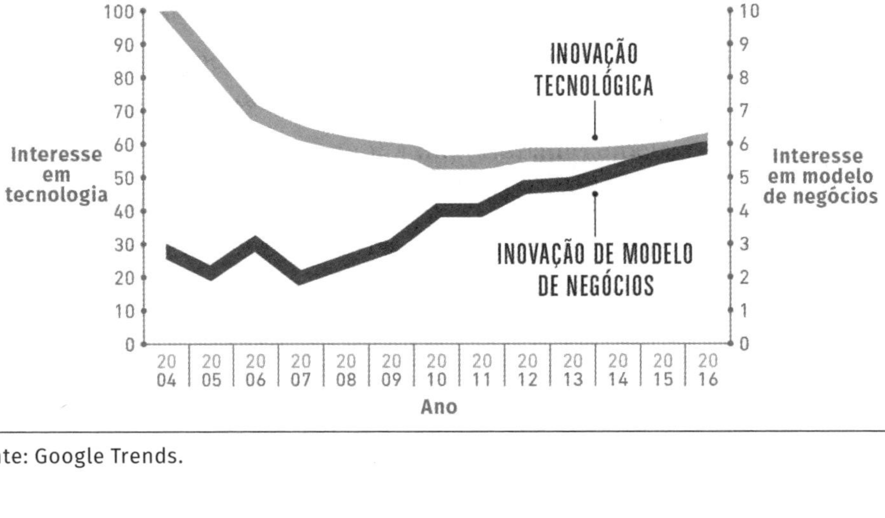

Fonte: Google Trends.

Se ainda está disposto a identificar inovações tecnológicas para sua empresa, então é hora de fazer uma mudança. Você deveria gastar tanto tempo, ou mais, avaliando e desenvolvendo o(s) modelo(s) de negócios de sua empresa quanto passa se preocupando com as novas tecnologias. Afinal, se não se concentrar nas novas ondas de inovação em modelos de negócios e, em especial, no decoupling, outros o farão. Sua primeira tarefa deveria ser entender o(s) componente(s) do seu modelo de negócios que não está(ão) funcionando. A realidade é que as estabelecidas raramente precisam substituir totalmente seus modelos. No Capítulo 3, veremos especificamente como avaliar seu modelo de negócios e identificar as possíveis mudanças. Examinaremos também a lógica interna e os propulsores subjacentes do decoupling. Como defendo, você não deve analisar apenas as startups específicas que estão permitindo que seus clientes o desacoplem. Ao avaliar seu modelo de negócios, é vital chegar no coração do fenômeno: as novas necessidades e desejos do cliente.

3

QUEBRADA PELO CONSUMIDOR

O Airbnb, um dos atuantes mais conhecidos da chamada economia compartilhada, é uma história de sucesso notável. Em 2018, três milhões de pessoas em 190 países estavam usando a plataforma para "compartilhar" ou alugar imóveis inteiros ou apenas quartos por diárias.[1] Havia quase três vezes mais quartos anunciados no Airbnb do que a Marriot, maior cadeia de hotéis do mundo, gerenciava em suas seis mil propriedades em 120 países.[2] No centro do charme do Airbnb estava o decoupling. Do ponto de vista do consumidor, a empresa separou o ato de *usar* um imóvel do fato de *possuí-lo*. Os viajantes não precisavam comprar um apartamento em Barcelona para desfrutar da experiência de viver lá por alguns dias ou uma semana. Eles podiam aproveitar o apartamento de alguém em troca de uma tarifa. Muitas vezes, era mais barato alugar quartos no Airbnb do que ficar em um hotel de qualidade semelhante e, na maioria dos locais, o Airbnb oferecia uma profusão de opções de hospedagem. Em Barcelona, por exemplo, é possível alugar uma cama de beliche em um quarto compartilhado próximo à La Sagrada Família por US$11 a noite, um ensolarado estúdio em La Rambla próximo ao Bairro Gótico por US$100 a noite ou uma mansão modernista com vista panorâmica da cidade e do Mediterrâneo por US$10.000 a noite. Com alguns cliques do mouse, os usuários podiam não somente reservar sua estada em determinada cidade, mas desfrutar dela da mesma forma que os moradores. Não é de admirar que o mercado tenha avaliado o Airbnb pelo valor escandaloso de US$31 bilhões apenas uma década depois do aparecimento da plataforma.[3]

Perguntei-me como as empresas estabelecidas no setor hoteleiro estavam reagindo à ascensão meteórica do Airbnb, assim, encontrei-me com Susan Helstab, então vice-presidente sênior de marketing da Four Seasons Hotels. Segundo Susan, a ascensão do Airbnb se baseou em uma tendência de consumo que ela e seus colegas já viam há cerca de 15 anos antes da fundação da plataforma. Tudo começou, ela contou, em Paris, no início dos anos 2000. Apesar de os turistas de primeira viagem à cidade-luz geralmente preferirem ficar em hotéis, algumas pessoas a visitavam diversas vezes ao ano, a trabalho ou em uma mistura de trabalho e lazer. Ao descobrir as características únicas das dezenas de bairros de Paris, esses viajantes começaram a pedir que os agentes de viagem encontrassem residências particulares em bairros atraentes onde pudessem ficar. Famílias grandes também buscavam residências ao viajar juntas, pois estas costumam ter salas de estar e jantar conjugadas nas quais as pessoas podem passar tempo juntas, um arranjo mais difícil de conseguir em um hotel convencional.

A Four Seasons Hotels não foi a única a enxergar essa tendência — outras cadeias de hotéis estabelecidas também a viram. Preocupadas com perder seus clientes mais valiosos (indivíduos abastados viajando com a família toda), essas cadeias começaram a atender ao desejo dos clientes e oferecer diversos quartos conjugados em um único lugar. E sua primeira grande inovação foi... garantir as reservas de quartos conjugados. Alguns hotéis criaram mais quartos desse tipo instalando portas de conexão entre quatros padrão. Dessa forma, os pais podiam ficar em um quarto e deixar seus filhos ou avós em outro quarto.

Durante o final dos anos 2000, os hotéis começaram a abrir novas propriedades em bairros com ares mais residenciais — locais como Knightsbridge ou Hyde Park, em Londres, ou o distrito de Pudong, em Xangai.[4] Para consumidores mais sofisticados, a Four Seasons criou suítes penthouse com dois, três e quatro quartos que imitavam apartamentos. A Empire Suite do Four

Seasons George V, em Paris, conta com quarto principal, dois banheiros, salas de estar e jantar abertas, escritório, cozinha e um terraço com vista para a Torre Eiffel. Ainda assim, a Four Seasons e outras grandes redes não identificaram necessariamente a *verdadeira* razão pela qual os clientes queriam suítes com mais de um quarto em áreas residenciais de cidades como Paris. Não era só pelo desejo de estar confortáveis ao viajar com suas famílias. Era porque não queriam se sentir como turistas comuns durante sua décima viagem à cidade-luz. Esse desejo se revelou em pesquisas com clientes e foi confirmado por agentes de viagens. Como dito certa vez pelo presidente da Associação de Operadoras de Turismo dos EUA: "Os viajantes querem criar laços mais profundos com as pessoas, as tradições e os costumes dos lugares que visitam, e essas experiências trazem um componente significativo e memorável às férias."[5]

O Airbnb entendeu a ideia. Como seus fundadores perceberam, hotéis, companhias aéreas, restaurantes e atrações tinham a finalidade de oferecer aos viajantes uma imersão na vida local, mas não era isso que aqueles que ficavam em hotéis experimentavam. Quando eles chegavam em um local, encontravam refeições e quartos de hotel padronizados, além de passeios que não ofereciam meios de contato com o estilo de vida local. O Airbnb seria diferente. A plataforma recebeu esse nome (originalmente *Air Bed and Breakfast* [colchão de ar e café da manhã, em tradução livre]) ao oferecer a seus primeiros clientes — universitários sem dinheiro — uma chance de dormir em um colchão de ar no apartamento de alguém, junto com um café da manhã. Com o tempo, a empresa permitiu que as pessoas alugassem quartos privativos, e depois apartamentos e casas inteiros. Hoje, você pode alugar uma casa flutuante de 88 pés atracada próximo ao Gran Casino, em Barcelona, um celeiro na Islândia com vista para a costa de lava e até um castelo medieval próximo a Galway, na Irlanda. Sim, algumas pessoas moram nesses tipos de casas. Como o Airbnb entendeu, os viajantes queriam se adaptar às condições de moradia do lugar, e não o contrário. Em Paris, eles queriam passear por um mercado comum e comprar o pedaço perfeito de *fromage* para o jantar. Em Roma, queriam tomar seu *espresso* matutino em um café de um bairro afastado. Essa autenticidade e proximidade com a vida local eram exatamente o que os hotéis não ofereciam.

Conforme confidenciou Helstab da Four Seasons Hotels, ela mesma às vezes ficava em residências particulares durante as férias. Ela amava a experiência de ver o imóvel alugado pela primeira vez — chegar em um antigo portão coberto de heras, pegar uma comprida chave de metal e inseri-la na fechadura, abrir o portão e entrar em um pátio pitoresco diante da porta da frente da casa. Era igualmente emocionante abrir a porta e ver a decoração interna. Por alguns dias, aquele confortável lar era todo dela. No setor de viagens, o decoupling entre possuir e usar permite experiências de faz de conta, uma oportunidade de fantasiar sobre um estilo de vida alternativo.

A maioria dos executivos de empresas estabelecidas culpa as startups pela disrupção em seus mercados. Eles consideram determinados empreendedores como disruptores abrasivos que forçaram sozinhos uma mudança no status quo. E, em suas avaliações, concentram-se principalmente nos concorrentes grandes e pequenos que ameaçam desestabilizar seus negócios. Esse pensamento é, no melhor caso, incompleto, e, no pior, impreciso. O Airbnb não desestabilizou a Four Seasons Hotels. Os *clientes* o fizeram ao mudarem seus comportamentos para atender seus novos desejos. Os viajantes queriam espaços familiares além dos quartos. Queriam experiências de viagem autênticas. O Airbnb e suas muitas cópias simplesmente conseguiram atender esses pedidos de forma mais rápida e completa do que as dezenas de cadeias internacionais de hotéis ao redor do mundo.[*] Se você observar outros exemplos de decoupling, descobrirá que eles também começaram com os consumidores, e não com as startups ou seus fundadores. Para se antecipar à disrupção, precisamos prestar muito mais atenção aos clientes

---

[*] Serviços de compartilhamento de casas como o Airbnb incluem VRBO, Home Away, House Swap, Guest to Guest e muitos outros. No segmento de propriedades de luxo, o Airbnb compete com serviços especializados como One Fine Stay e Luxury Retreats.

do que já prestamos, e proporcionalmente menos atenção às concorrentes. Precisamos nos disciplinar a olhar os mercados da perspectiva do cliente, não só da empresa, e entender seus novos desejos e comportamentos.

Conquistar Clientes, Não "Ganhá-los"

À primeira vista, os executivos podem não querer mudar o foco de sua estratégia das concorrentes para os clientes. Na minha experiência, muitos executivos se preocupam com os clientes, mas são *obcecados* pelas concorrentes, e isso é compreensível. A estratégia empresarial moderna se concentra diretamente na empresa, na avaliação do panorama competitivo e na resposta às concorrentes. Usando frases como "negócios como competição" ou "negócios como guerra", acadêmicos, consultores e CEOs das estabelecidas se voltaram para a teoria dos jogos e os antigos manuais militares, como *A Arte da Guerra*, de Sun Tzu, escrito no século V a.C., em busca de conselhos sobre como matar a concorrência. Entretanto, esquemas de estratégia competitiva tradicional subestimam o papel crucial dos consumidores. No caso das Cinco Forças de Michael Porter, por exemplo, apenas uma delas tem a ver com os clientes, na forma do seu poder de barganha. Três das outras forças — rivalidade do setor, ameaça dos novos entrantes e ameaça dos substitutos — concentram-se visivelmente em diferentes tipos de concorrentes.[*] Enquanto isso, os modelos de teoria dos jogos criam jogos como se fossem jogados com uma concorrente. Os clientes são secundários, pensados como o "prêmio" pelo qual as concorrentes estão competindo. Uma razão para essa ênfase tradicional na concorrência em detrimento dos clientes tem a ver, sem dúvidas, com a acessibilidade e a interpretabilidade dos dados. É relativamente fácil perceber o que a concorrência está fazendo em determinado mercado, ao mesmo tempo que é consideravelmente mais difícil discernir as motivações e as ações dos

---

[*] A última força é o poder de barganha do fornecedor.

clientes. Por causa disso, as concorrentes permitem a captação de dados claros e inequívocos para o esquema estratégico em questão.

Esse tipo de tática funcionou bem no passado, e pode ainda funcionar em algumas situações, mas se tornou menos aplicável para empresas concorrendo em mercados ameaçados pela disrupção. A estratégia corporativa tradicional pressupunha uma situação na qual as empresas enfrentavam apenas uma ou poucas concorrentes, e na qual as ações dessas empresas eram um tanto previsíveis. Sob tais condições, a concorrência realmente tinha bastante semelhança com uma partida de xadrez ou a guerra. Nos mercados atuais, as estabelecidas de muitas indústrias geralmente não competem com uma ou duas empresas grandes e previsíveis, mas sim com dezenas de desafiantes menores, mais flexíveis e menos previsíveis. Essas entrantes são imprevisíveis pois costumam empregar modelos de negócios inovadores e mudam drasticamente a fim de se adaptar às novas circunstâncias. No setor hoteleiro, no final de 2016, ao menos 62 startups financiadas por capitais de risco dos EUA atacaram as Marriotts e as Four Seasons do mundo ao desacoplar as atividades tradicionalmente oferecidas por elas, como reservas, concierge, realização de eventos e reuniões ou planejamento de casamentos.[6] Ao mesmo tempo, mais de 90 startups financiadas operavam no setor de viagens. No setor de restaurantes, o número subia para 100; no varejo físico, mais de 130; no bancário, mais de 400, e assim por diante. Se planejar para a guerra ou pensar alguns passos adiante como um jogador de xadrez é uma exigência da teoria dos jogos, e isso não funciona mais nesses setores — uma grande razão pela qual os executivos costumam se sentir sobrecarregados e confusos.

Apenas por esses motivos, seria melhor que esses executivos voltassem ao básico do negócio — não "vencer", "superar" ou "derrotar" as concorrentes, mas sim conquistar e reter os clientes. Os empreendedores de startups disruptivas veem o mundo exatamente assim, atentos ao famoso ditado de Peter Drucker: "O propósito de uma empresa é criar um cliente."[7] De fato, os empreendedores perceberam o foco nos clientes como uma qualidade determinante das startups, ao contrário das estabelecidas. Como observou o CEO da Amazon, Jeff Bezos: "Enquanto [executivos de outras empresas] estão no banho matutino, eles pensam sobre como vão superar uma de suas maiores concorrentes. Aqui, no banho, estamos pensando sobre como vamos inventar algo para o bem de um cliente."[8]

Repensando Modelos de Negócios e a Cadeia de Valor do Cliente

Levar o consumidor mais a sério não significa somente pedir ao departamento de marketing para ter mais grupos de discussão ou fazer pesquisas. Significa modificar algumas de nossas definições mais básicas, começando pelo modo como pensamos nossos modelos de negócios. No Capítulo 2, apontei que as empresas existem para criar valor. Uma vez que conseguem isso, pode ser possível que também captem parte desse valor como receita ao cobrar por seus produtos e serviços. Ao direcionar nossa concentração para os clientes, devemos revisitar essa definição. Quando um viajante escolhe entre duas cadeias de hotéis, ele está escolhendo *dentro* do mesmo modelo de negócios básico. Mas, quando considera o Airbnb como opção, escolhe implicitamente *entre* modelos de negócios diferentes. Se os clientes têm que escolher entre alugar uma suíte no Airbnb ou em uma propriedade da Four Seasons, estão na verdade comparando o valor que as respectivas ofertas criam *para eles* e o valor que *eles devem pagar* por cada uma delas. Além disso, as empresas em comparação também costumam criar ineficiências ou desperdícios para seus clientes ao tentarem entregar e cobrar pelo valor. Dessa forma, elas às vezes *desgastam* o valor do cliente. Para nos concentrar novamente no cliente, devemos, portanto, modificar nossa definição de modelo de negócios da seguinte forma:

Um modelo de negócios do ponto de vista do cliente:
"Um modelo de negócios é composto pelo valor que um negócio cria para mim, o que cobra de mim em troca daquele valor e que valor desgasta para mim."

Para qualquer empresa em qualquer setor, podemos adotar nossa definição atualizada de modelo de negócios e sobrepô-la à cadeia de valor do cliente. Fazer isso nos permite determinar claramente se cada atividade cria, cobra ou desgasta valor. Todo cliente se envolve nesses três tipos de atividades durante a interação com as empresas. Aqui estão alguns exemplos:

TIPO DE ATIVIDADE	CRIAÇÃO DE VALOR	COBRANÇA DE VALOR	DESGASTE DE VALOR
DEFINIÇÃO	Uma atividade que cria valor para o cliente.	Uma atividade que é incluída somente para cobrar pelo valor criado.	Uma atividade que não cria valor para o cliente nem cobra pelo valor criado.
EXEMPLOS	Uma refeição.	Pagar US$20 por uma refeição.	Ir a um restaurante para pegar uma refeição e comer em casa.
	Vender um carro usado.	Pagar 2% de comissão no preço de venda do carro.	Tirar fotos e descrever o carro usado em uma página de classificados.
	Ficar em um quarto de hotel.	Pagar US$200 por noite.	Fornecer informações pessoais e de pagamento sempre que reserva um hotel.

Pense, por exemplo, no processo de consumir uma programação de rádio. Você pode escolher ouvir determinada estação porque toca Tears for Fears e outros de seus artistas de R&B favoritos dos anos 1980 (ou seja, cria valor). Mas a cada uma hora ou mais também toca a bendita música do Justin Bieber que você odeia. Para ficar no ar, sua estação de rádio local tem que ganhar dinheiro e um jeito de ganhar dinheiro, além de veicular anúncios, é promover músicas novas e cobrar das gravadoras por tocá-las.* Você pode

---

* Nos EUA, isso é legal contanto que as estações de rádio o divulguem como "horário patrocinado". Em alguns países, isso é mais comum.

abaixar o volume ou mudar de estação quando passar um anúncio ou música do Justin Bieber e voltar um ou dois minutos depois, mas isso exige esforço. Do ponto de vista do ouvinte, a estação entrega valor, cobra pelo valor que criou e desgasta um pouco o valor também.

A iHeartMedia possuía e operava 855 estações de rádio nos EUA até o final de 2016, atraindo cerca de 245 milhões de ouvintes ao mês.[9] A empresa oferecia quatro atividades diferentes para seus ouvintes de forma acoplada. Aqui está o tipo de valor que o consumidor recebia e renunciava ao longo dessas quatro atividades:

FIGURA 3.1 CLASSIFICAÇÃO DE VALOR EM UMA CVC DE OUVINTE DE RÁDIO

Bem, como uma disruptora poderia desacoplar esse arranjo específico de atividades que criam, desgastam e cobram por valor? Não precisamos especular. Fundada em 2000, a Pandora Radio afetou o modelo tradicional de rádios ao desacoplar todos os quatro estágios do que chamo de cadeia de valor do cliente.[10] Através de uma inovação chamada Music Genome Project, a Pandora mapeou e mediu as (dis)similaridades entre uma vasta gama de músicas. A rádio, então, usou esse algoritmo, juntamente com os dados que os usuários inseriam sobre suas preferências musicais, para garantir que oferecesse aos ouvintes suas músicas favoritas, e que quaisquer músicas novas que tocasse tivessem qualidades semelhantes (por exemplo, o mesmo ritmo, estilo ou batida), limitando assim a frequência de músicas não apreciadas. Se você gosta de Tears for Fears e outras bandas de rock estilo anos 1980 como U2, sorte sua — chega de Justin Bieber. A Pandora não promovia músicas pagas para seus ouvintes, e aqueles que pagavam uma assinatura ficavam livres dos anúncios.* Esse decoupling generalizado ajudou a Pandora a chegar a 81 milhões de usuários ativos ao mês e gerar mais de US$1,38 bilhão de receita em 2016.[11] Nada mal para um meio que muitos consideraram morto há alguns anos.

Pare um momento para observar um objeto no cômodo no qual você está. Quem o adquiriu — você, um familiar, um conhecido, um funcionário de hotel ou de avião? Pare um minuto para se solidarizar com essa pessoa e você reconhecerá tudo o que ela passou para comprar o objeto: identificar uma necessidade, avaliar fornecedores, comparar opções, decidir, comprar, pagar, receber, instalar (se necessário) e, eventualmente, descartar. Quer uma oferta seja um produto físico ou um serviço, de consumo ou durável, todas essas atividades podem ser classificadas como criação, captação ou desgaste de valor. A pessoa que comprou o objeto estava implícita ou explicitamente tentando, ao mesmo tempo, obter mais do primeiro, reduzir o segundo e evitar o terceiro. É isso que os clientes fazem. Sempre!

Você consegue imaginar uma startup mapeando essa cadeia de atividades — a cadeia de valor do cliente — e escolhendo entregar uma (ou algumas) dessas atividades de forma mais vantajosa do que o fornecedor original do objeto? Podem existir dezenas ou até centenas de empreendedores fazendo exatamente isso de maneira intuitiva e desestruturada. E adivinha só? Eles estão fazendo isso para os produtos e serviços que a sua empresa também produz. Se seus consumidores descobrirem uma oportunidade de realizar melhor qualquer uma das muitas atividades da cadeia de valor do cliente com outra estabelecida ou entrante, cuidado. Eles podem aproveitar essa oportunidade. Prestar atenção ao valor do ponto de vista do consumidor

---

* A Pandora cobra pelo valor criado ao oferecer aos ouvintes a opção de pagar por uma assinatura sem anúncios ou usar a versão gratuita que toca anúncios de vez em quando.

ajuda você a entender com o que seus clientes realmente se importam e do que eles têm que abrir mão por completo ou em parte para conseguir aquilo. Entretanto também ajuda você a fazer outra coisa: entender as diversas formas pelas quais as inovadoras geram disrupção nos mercados existentes.

TRÊS TIPOS DE DECOUPLING

Se você for um gamer assíduo, provavelmente já ouviu falar de uma empresa chamada Twitch. A Twitch tem um site, Twitch.tv, destinado a exibir gamers experientes jogando ao vivo. Acontece que algumas pessoas amam tanto videogames que estão dispostas a passar inúmeras horas assistindo a outras pessoas jogarem online. E "algumas pessoas" significa *muitas* pessoas. Em 2018, a Twitch tinha mais de 140 milhões de usuários, alguns dos quais passavam em média 95 minutos por dia assistindo aos jogos ao vivo.[12]

Por que alguém passaria tempo assistindo os outros jogarem videogames, e ainda pagaria por isso? Para alguns jogadores, jogar e assistir videogames são atividades criadoras de valor separadas. Assistir videogames pode adicionar valor sozinho ao conceder aos entusiastas desse universo a oportunidade de aprender com outros jogadores experientes, e ao lhes oferecer entretenimento, uma forma de exibição semelhante à oferecida pelos esportes profissionais.

Como os consumidores que adquirem um produto ou serviço realizam apenas três tipos diferentes de atividades, existem apenas três tipos de decoupling. A Twitch exemplifica um subconjunto de negócios disruptivos que desacoplam atividades criadoras de valor. Outros negócios disruptivos desacoplam atividades cobradoras de valor ou atividades desgastadoras de valor.*

O *decoupling criador de valor* inclui empresas que quebram os elos entre duas ou mais atividades criadoras de valor. A desacopladora oferece uma dessas atividades, enquanto a estabelecida que foi desacoplada retém a outra.

---

* Utilizarei o termo "cobradora de valor" como contrário a "captura de valor" para frisar o fato de que os consumidores percebem essa atividade como impositora de custos ou que "cobram" deles.

A Twitch pegou a exibição de videogames para si, mas ela não desenvolve os videogames jogados, deixando essa atividade para estabelecidas como a Electronic Arts. Essa foi a ideia bilionária da Twitch.

No *decoupling desgastador de valor*, as desacopladoras rompem os elos entre as atividades desgastadoras e criadoras de valor. Nos videogames, a Steam permite que os clientes acessem os jogos pela internet, como a Netflix faz com os filmes e programas de TV.[13] Com a Steam, os jogadores não precisam mais sair do sofá e ir até uma loja física (uma atividade desgastadora de valor) para jogar (uma atividade criadora de valor). Para os jogadores, isso é muito importante, e o sucesso da Steam é prova disso. Em 2017, a empresa tinha mais de 200 milhões de usuários, com receita anual de US$1 bilhão e valor aproximado de US$10 bilhões.[14]

O terceiro tipo de disrupção, o *decoupling cobrador de valor*, inclui empresas que desacoplam as atividades criadoras daquelas cobradoras de valor. A desenvolvedora de jogos para celular SuperCell permitiu que os clientes jogassem a maioria de seus jogos gratuitamente, cobrando valores pela venda de bens digitais (compras no app) para os jogadores mais leais à empresa. Na verdade, a companhia rompeu o elo entre a compra de um jogo (cobrança de valor) e o ato de jogá-lo (criação de valor). A SuperCell é famosa por desenvolver títulos como Clash of Clans, um dos jogos de celular mais rentáveis do mundo, com 100 milhões de usuários. Em 2016, a empresa foi avaliada e vendida por US$10,2 bilhões.[15]

FIGURA 3.2 **OS TRÊS TIPOS DE DECOUPLING**

Quando se trata de classificar os tipos de decoupling, o fator crítico não é o tipo de atividade que a disruptora desacopla e assume para si, mas sim a atividade que a desacopladora *deixa para trás* para que a estabelecida ou alguma outra continue oferecendo.* Na indústria de videogames, a Twitch deixa para trás uma atividade criadora de valor, ou seja, a criação de videogames. A Steam deixa para trás uma atividade desgastadora de valor, que é a necessidade de ir a uma loja. E a SuperCell deixa para trás uma atividade cobradora de valor, a cobrança de uma taxa pelo uso do produto. É isso que diferencia essas formas de decoupling. Em cada caso, a desacopladora pega para si uma atividade que cria valor para os consumidores. Ainda bem, pois senão não atrairiam nenhum cliente. Elas também podem se apropriar de atividades que lhes permitem cobrar por seus serviços, mas, como veremos adiante, isso não é estritamente necessário. No início de seus ciclos de vida, as startups às vezes não têm um mecanismo de geração de receita, ou o que costuma ser chamado de monetização. Em algum momento, elas precisam desenvolver tal mecanismo ou correrão o risco de extinção. Em seu início em 2008, o aplicativo de navegação Waze oferecia valor, mas não cobrava por

---

* De alguma forma, essa é uma classificação de tipos de disrupção, e não tipos de disruptoras em si.

seus serviços. Quatro anos depois, a empresa começou a vender publicidade móvel localizada e licenciar seus dados em tempo real para empresas de mídia e governos locais. Hoje, o Waze ostenta 65 milhões de usuários ativos em 185 países[16] e, em 2013, a empresa foi comprada pelo Google por US$96.[17]

O que Realmente Estimula o Decoupling?

O foco no cliente nos ajuda a entender mais profundamente se as startups conseguirão ou não roubar os clientes das estabelecidas nos mercados existentes. Só porque uma disruptora *consegue* desacoplar os estágios da cadeia de valor do cliente, isso não significa que os clientes correrão para substituir a estabelecida desacoplada pela disruptora. Pense nas atividades dos consumidores como vagões de trem. As *forças integradoras* que operam na mente deles fazem com que os vagões fiquem ligados uns aos outros, já as *forças de especialização* fazem com que eles se separem. Para que o decoupling aconteça, as forças de especialização devem superar as forças de integração. Em outras palavras, os consumidores devem perceber que se beneficiam mais da especialização — de buscar mais de um fornecedor para um conjunto de atividades — do que da condução de todo o processo com um único fornecedor.

Pense na indústria de varejo. A maioria dos grandes varejistas utiliza uma entre duas políticas de preços. Algumas redes, como J. C. Penney ou Sears, nos EUA, alternam entre preços altos e preços de liquidação muito baixos. Outras redes, como o Walmart, precificam os produtos de forma mais consistente a preços baixos, oferecendo um "preço baixo do dia" com pouca ou nenhuma periodicidade na oferta de grandes descontos. Os compradores dos EUA amam preços baixos do dia, como comprovado pelo crescimento enorme do Walmart das últimas décadas, pois a compra em um único lugar economiza tempo. Os consumidores brasileiros veem isso de forma diferente. Ganhando apenas 18% do que o americano médio ganha, eles são mais sensíveis aos preços e, assim, menos propensos a fazer todas as suas compras em um só lugar. Se encontram ofertas especiais de determinados itens em outro lugar, ficam mais do que satisfeitos em visitar diversos varejistas e abrir mão da conveniência das compras em um único local. Isso explica parcialmente porque o Walmart é líder de mercado nos EUA, mas está apenas em terceiro lugar no Brasil, apesar de ter lojas semelhantes. Em outras palavras, alguns compradores concentram todas as suas compras em nome da conveniência (uma força integradora), enquanto outros as separam em varejistas especializados em nome da economia, por exemplo (uma força especializadora).

A mesma tensão surge no decoupling. Na indústria da beleza, a Sephora oferece muitos benefícios aos clientes ao manter os estágios de compra acoplados. Os clientes que visitam uma loja da Sephora podem conhecer diferentes produtos, testá-los e comprá-los na própria loja. Após uma primeira compra, eles podem retornar e reabastecer facilmente seu estoque de batom e rímel, comprando mais produtos conforme necessário.

As disruptoras tentaram roubar os clientes da Sephora aumentando as forças de especialização entre cada estágio da cadeia de valor do cliente de cosméticos. Ao enviar aos clientes uma caixa por assinatura contendo amostras de cosméticos, a Birchbox permite que os consumidores testem de forma conveniente no conforto de seus lares os mesmos produtos de beleza vendidos na Sephora. A Amazon seduz os consumidores com produtos em tamanhos normais a preços mais baixos, encorajando as pessoas a testarem os produtos nas lojas da Sephora ou com a Birchbox, mas comprá-los pela Amazon. Em resposta, a Kiehl's, uma divisão da gigante do setor, L'Oréal Paris, permite que consumidores extremamente leais "assinem" determinado creme ou outros produtos, pagando pela assinatura em vez do frasco. Esse serviço reabastece regularmente os cosméticos do cliente pelo correio, garantindo que nunca faltem. Apesar de alguns compradores mais conservadores comprarem o produto primeiro na Sephora, acabam encomendando na Kiehl's para garantir o reabastecimento. Dito de outra forma, a empresa desacoplou o reabastecimento de cosméticos, desviando os compradores frequentes da Sephora.

Podemos representar a tensão entre as forças de integração e especialização na indústria de cosméticos como uma série de benefícios relacionados entre os estágios da cadeia de valor do cliente (*veja a Figura 3.3*). A estabelecida, Sephora, oferece benefícios como simplicidade e expertise, ambos unindo toda a cadeia de valor do cliente. Cada uma das três disruptoras — Birchbox, Amazon e Kiehl's/L'Oreal (sendo a última uma estabelecida na fabricação, mas entrante no varejo) — oferece benefícios como conveniência, preço e confiança, que compensam as forças de integração. Os clientes que valorizam conveniência, preço e confiança mais do que valorizam simplicidade e expertise tendem a desacoplar essas três atividades de consumo.

FIGURA 3.3 **AS FORÇAS DE INTEGRAÇÃO DA ESTABELECIDA E AS FORÇAS DE ESPECIALIZAÇÃO DAS DESACOPLADORAS**

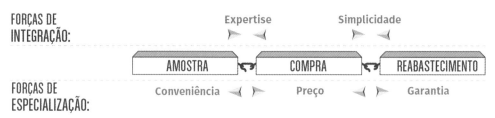

Uma advertência: ao avaliar como as concorrentes entregam as forças de especialização e integração, é importante realizar uma comparação equiparada. Na concorrência padrão, a empresa A tentará ganhar fatias de mercado oferecendo um produto muito melhor (ou diferente) que o da empresa B. O sucesso da Tesla ao ganhar mercado das grandes montadoras não envolveu o decoupling. Em vez disso, a companhia buscou competir oferecendo um produto qualitativamente diferente: um carro elétrico sofisticado. Em contrapartida, suponho até então que as desacopladoras e as estabelecidas oferecem atividades de qualidade basicamente iguais.[*] Por exemplo, usar o

---

[*] Isso não significa que a experiência geral do cliente com o produto ou o serviço precisa ser exatamente a mesma, mas sim que cada atividade do mesmo tipo (por ex., testar um batom, dirigir um carro) tem qualidade experimental semelhante, apesar do custo.

Turo ou a Uber para andar em um Toyota Prius em vez de comprar e dirigir seu próprio Prius *é* um caso de decoupling, presumindo que o objetivo final do cliente seja ir do ponto A ao ponto B e que as viagens nesses carros sejam de qualidade praticamente igual. Da mesma forma, se a qualidade da experiência de jogo ou dos cosméticos comprados de uma estabelecida ou uma disruptora não for substancialmente diferente, esses são casos de decoupling. Se a diferença na qualidade de um produto ou um serviço for grande o bastante para pesar na escolha do cliente, então o decoupling pode não ser o único fenômeno em jogo.

CUSTOS PARA O CONSUMIDOR

Dada a variedade de benefícios ao consumidor que resultam das forças de integração e especialização em determinado setor, podemos imaginar o que determina a decisão final do cliente. A resposta é: *custo*. Os consumidores têm custos em todos os estágios da CVC. Os custos abrangem não somente o preço do item, mas também aqueles não monetários, como o esforço necessário para identificar e escolher itens (*custos de procura*), o esforço para encomendá-los e recebê-los (*custos de compra*)[*] e o esforço de usá-los e descartá-los (*custos de uso*). A Amazon diminuiu os custos de busca ao construir seu site em torno da ideia de facilitar a procura, oferecendo uma caixa de pesquisa, recomendações algorítmicas e funções de busca baseadas em voz, imagem e códigos de barras. O Dollar Shave Club, um serviço por assinatura, diminui os custos de compra, dizendo ao cliente: "Não poderia ser mais conveniente. Nós produzimos e entregamos os produtos de barbearia para que você pareça, se sinta e se barbeie como se valesse um milhão de dólares. Tudo entregue em uma caixa mensal."[18] A Turo reduz os custos de uso. Ao locar o carro de alguém quando necessário, os motoristas podem usá-lo quando precisam e descartá-lo ao terminar (ou seja, devolvendo-o). Eles evitam a inconveniência e a despesa de comprar e manter seus próprios carros. Por outro lado,

---

[*] Não confunda com "preço de compra", que é a real quantia paga para adquirir o produto ou serviço.

os proprietários que alugam seus carros pela Turo ou dirigem para a Uber conseguem reduzir seus próprios custos de uso ganhando dinheiro quando os carros não estão em uso.

FIGURA 3.4 CUSTO POR ESTÁGIO NA CADEIA DE VALOR DO CLIENTE

Fonte: Adaptado do artigo de Thales S. Teixeira e Peter Jamieson, "The Decoupling Effect of Digital Disruptors" ["O Efeito Desacoplador das Disruptoras Digitais", em tradução livre], Harvard Business School Working Paper nº 15-031, 28 de outubro de 2014, 6.

Após mapear os custos segundo os estágios da cadeia de valor do cliente, precisamos mensurá-los. Podemos calcular os *custos monetários* mensurados em dinheiro (preço, taxa de empréstimo, cobranças de frete etc.), *custos de tempo* em horas ou dias (por ex., tempo de entrega, tempo gasto na compra) e *custos de esforço* através de processos cognitivos elementares (PCEs), ou seja, passos cognitivos que representam como os consumidores avaliam suas opções, decidem pagar e assim por diante.[19] Por exemplo, digitar o nome de um produto em um campo de pesquisa é um PCE quando você está fazendo compras online. Incluir o nome de um produto ao carrinho virtual é outro, da mesma forma que inserir as informações do seu cartão de crédito ou digitar seu endereço de entrega. (Note que simplicidade, conveniência e serviço completo estão dentro da ideia de redução dos custos de esforço.)

Para entender como diversos tipos de custos entram em jogo em determinada cadeia de valor do cliente, pense no setor bancário. Os clientes podem escolher entre contas de banco que lhes permitem depositar dinheiro, pagar despesas, investir o excedente de seu dinheiro e pegar empréstimos, se precisarem. Para realizar essas e outras tarefas, eles devem visualizar e transferir os saldos entre suas contas corrente, poupança e de investimentos. Tradicionalmente, os grandes bancos de varejo, como o Bank of America (BofA), oferecem todos esses serviços a seus clientes. Há algumas décadas, o PayPal entrou nesse espaço para permitir que clientes paguem suas despesas através de sua plataforma online. Por que não pagar usando o BofA? Porque é mais fácil fazê-lo online com o PayPal.

Mais recentemente, empresas de empréstimo direto, como Lending Tree e Zopa, tornaram mais barato para os clientes emprestarem ou pegarem dinheiro emprestado em suas plataformas. Startups, como Yodlee e Mint.com, permitem que os consumidores vejam todas as suas contas em apenas um local online, mesmo que sejam de diferentes instituições bancárias (*veja a Figura 3.5*). Essa disrupção das chamadas fintechs tornou mais fácil, barato e rápido para os clientes gerenciarem seu dinheiro. Ao mesmo tempo, os consumidores ainda utilizam estabelecidas como o Bank of America para "deixar parado" seu dinheiro em contas de depósito. O problema do BofA e de outros bancos é que os depósitos de dinheiro são altamente regulados, sendo uma parte cada vez menos lucrativa da cadeia de valor do cliente quando oferecidos de forma isolada. Outras atividades até hoje são pouco regulamentadas, pois não implicam necessariamente no depósito de dinheiro por um longo prazo. Se os consumidores continuarem a desacoplar seus serviços bancários usando startups fintech, os problemas do BofA provavelmente crescerão. A capacidade das startups de reduzir os custos para os clientes é atraente demais para não ser aproveitada. Lembre-se, não importa o seu negócio, seus clientes *sempre* lhe pagam com três "moedas": dinheiro, tempo e esforço.

FIGURA 3.5 CUSTOS DE ESFORÇO, MONETÁRIO E DE TEMPO NA CVC BANCÁRIA

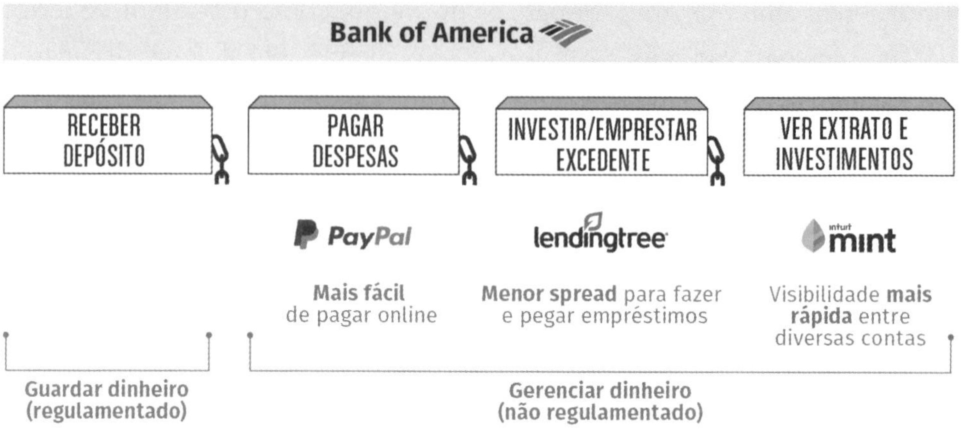

Bank of America

| RECEBER DEPÓSITO | PAGAR DESPESAS | INVESTIR/EMPRESTAR EXCEDENTE | VER EXTRATO E INVESTIMENTOS |

PayPal — **Mais fácil** de pagar online
lendingtree — **Menor spread** para fazer e pegar empréstimos
mint — Visibilidade **mais rápida** entre diversas contas

Guardar dinheiro (regulamentado)
Gerenciar dinheiro (não regulamentado)

Calculando Diferenças de Custo

Examinamos as atividades (por ex., avaliar, comprar e usar) que os clientes realizam e os tipos de custos (monetário, de tempo ou de esforço) que incorrem durante sua busca por produtos e serviços. Se pudermos entender com precisão *onde* os clientes têm custos, podemos encontrar lugares nos quais possam querer desacoplar. Quanto maior o custo, maior a motivação. É claro que os consumidores precisam de uma alternativa para isso, uma startup que ofereça uma oportunidade diferenciada para reduzir os custos deles. Ao comparar as diferenças de custos que os clientes incorrem durante uma atividade acoplada e uma atividade desacoplada, podemos identificar se as estabelecidas enfrentam um risco real de perder a atividade do consumidor para uma disruptora e se as disruptoras estão enxergando uma oportunidade genuína.

Imagine que esteja em uma loja do Walmart e escolheu um refrigerador.[*] Você está considerando se compra da estabelecida Walmart ou da disruptora

---

[*] Presumimos que o refrigerador avaliado na Amazon seja idêntico, ou muito parecido, com o correspondente no Walmart.

Amazon. Primeiro, pensa nos custos monetários. No Walmart, o refrigerador LG custará US$2.188. A Amazon está vendendo por apenas US$2.048. Vantagem para ela. Mas, espera: o Walmart entrega o refrigerador grátis em um dia. A Amazon demora três. Vantagem para ele. E o esforço necessário para comprar em cada um dos fornecedores? Se estiver no Walmart e escolher o refrigerador (um processo cognitivo elementar), você já terá concluído o processo de lidar com um vendedor. O que ainda precisa fazer é pagar pelo item e agendar a entrega (mais dois PCEs). Para praticar showrooming na Amazon, ou seja, desacoplar, você teria que realizar as atividades online equivalentes (três PCEs), e ainda teria que procurar no estoque online do site pela mesma marca e modelo (um PCE adicional). Comprar no Walmart, uma vez que você já está em frente ao refrigerador que quer, é um pouco mais fácil — apenas três PCEs a realizar contra quatro.[*] Em suma, o custo do decoupling (escolher o refrigerador no Walmart, mas comprar pela Amazon.com) é de –US$140 + 2 dias + 1 PCE.

Então, vai comprar o refrigerador no Walmart ou na Amazon? Bem, depende do que você valoriza mais como consumidor. Qual sua sensibilidade a preço, tempo e esforço? Um universitário sensível a preços que está querendo pagar o mínimo possível pode escolher comprar o produto na Amazon. No entanto, uma mãe que trabalha e é menos sensível a preços e mais sensível ao tempo pode escolher pagar um extra para que o novo refrigerador seja entregue o quanto antes. O cálculo esclarece as compensações que os clientes fazem ao comprar bens e serviços de forma acoplada ou desacoplada. Os consumidores avaliam de forma intuitiva ou deliberada os custos monetários, de tempo e de esforço com que podem arcar ao lidar com disruptoras e estabelecidas. É claro que eles podem não avaliar conscientemente suas opções dessa forma, mas, se você fosse a empresa estabelecida, deveria. Assuma o ponto de vista do seu cliente e compare as opções disponíveis para ele. A

---

[*] Vamos presumir que cada um desses passos exige o mesmo esforço independentemente de onde é realizado. Estamos presumindo também que as disruptoras e as estabelecidas estão oferecendo produtos ou serviços basicamente iguais.

menos que conheça todas as mínimas considerações subjetivas que podem influenciar esse cliente, sua melhor aposta é fazer a comparação de forma simples, objetiva e sistemática. Quanto dinheiro, tempo e esforço seu cliente tem que gastar para fazer negócios com sua empresa? Quanto ele deve gastar com uma disruptora? A diferença está a seu favor ou contra você?

FIGURA 3.6 **CÁLCULO DAS DIFERENÇAS DE CUSTOS AO COMPRAR UM REFRIGERADOR**

CUSTO	Walmart	amazon	DIFERENÇA (AMAZON - WALMART)
MONETÁRIO	US$2.188	US$2.048	-US$140
TEMPO	1 dia	3 dias	2 dias
ESFORÇO	3 PCEs	4 PCEs	1 PCE

A princípio, você pode não querer fazer essa análise, pois muitos clientes não comparam opções e custos de forma tão cuidadosa e metódica quanto a descrita aqui. Enquanto departamentos de compras em grandes empresas comparam os custos de forma abrangente, consumidores individuais são mais propensos a pesquisar preços e parar por aí. Ainda assim, o intuito dessa análise não é determinar o que qualquer cliente faria. É entender se aquilo que você oferece em determinado estágio da cadeia de valor será mais ou menos custoso para o cliente do que aquilo que a startup em seu mercado oferece. Se sua geladeira, digamos, é mais ou menos cara, você reagiria de forma diferente a uma entrante tentando abalar seu mercado. No curto prazo, você pode ganhar os clientes *apesar* de ter um custo total maior que o da entrante ou perder uma venda apesar de ter um custo inferior. Porém, definitivamente, as decisões dos clientes estão no nível dos custos subjacentes. O propósito dessa análise é esclarecer essa realidade. Se você calcular os custos, saberá com antecedência quão vulnerável está frente à disruptora em seu território.

ALÉM DOS TRÊS CUSTOS

Os três custos que mencionei — dinheiro, tempo e esforço — não são necessariamente os únicos para os clientes. Outro custo comum é aquele relacionado ao risco (por ex., confiança, confiabilidade, transparência e incerteza). Os consumidores podem conhecer e confiar no Four Seasons Hotels e no Bank of America, mas será que eles confiam que um dono de propriedade do Airbnb garantirá sua reserva ou que o tomador de empréstimo na LendingTree pagará sua dívida? Se não confiarem, essa incerteza pode afetar drasticamente sua decisão entre desacoplar ou não. Um bom jeito de medir a confiança, a confiabilidade e a incerteza sobre as ofertas de uma empresa é apurando seu valor de marca. As estabelecidas podem ter uma melhor percepção de marca do que as startups recém-formadas. Por outro lado, as marcas menores têm vantagem sobre as maiores. Quando os jovens millennials urbanos dos EUA compram alimentos embalados em supermercados estabelecidos, tendem a favorecer marcas novas relativamente desconhecidas em vez de grandes marcas muito conhecidas.[20]

Obviamente existe um limite para marca e valor da marca. Como descobrimos ao aconselhar grandes empresas, executivos de marketing sênior tendem a se esconder atrás das marcas que gerenciam e seu valor superestimado. Do ponto de vista das grandes marcas mundiais, os consumidores jamais as "demitiriam" em favor de uma startup desconhecida, pois elas, as estabelecidas, gastaram centenas de milhões de dólares na construção de suas marcas. Além disso, em muitos casos, a marca conceituada de uma estabelecida reflete, de fato, menores custos monetários, de tempo ou de esforço para os clientes. Você pode não comprar no Walmart, enviar pela FedEx ou ter conta no JPMorgan Chase se não forem transações mais baratas, rápidas e com menos esforço.

Em caso de dúvida, pergunte aos clientes o que eles mais valorizam. Descubra com quais custos eles mais se importam ao tomar decisões de compra — não apenas alguns custos, mas todos aqueles que são importantes. Além de dinheiro, tempo e esforço que investem na realização de suas compras, compradores de carros de luxo podem dizer que a reputação importa para eles. Compradores de carros mais inferiores, por outro lado, podem alegar que a confiabilidade de um carro é crucial. Clientes de serviços financeiros inferiores podem alegar que se importam com acesso, enquanto aqueles que utilizam serviços mais sofisticados buscam exclusividade. Ao avaliar classes adicionais de custos além de dinheiro, tempo e esforço, examine-as com atenção. Certifique-se de que elas realmente impactam a decisão do cliente e de que é possível mensurar esses custos adicionais tanto para sua oferta quanto para a da disruptora. Por fim, verifique se não está duplicando; custos adicionais não devem se sobrepor a nenhum dos três discutidos anteriormente.

Mercados Pelos Olhos do Consumidor

Como vimos, os clientes orientam boa parte da disrupção que vemos acontecer ao nosso redor, e é importante levá-los em conta ao formular uma estratégia para reagir à potencial disrupção. No setor de hospitalidade, quem mais importa quando se trata de disrupção: o Airbnb ou os novos hábitos dos clientes? Se o Airbnb deixasse de existir, não surgiria outra startup para tomar seu lugar? Em outras palavras, a tendência inerente do cliente continuaria igual. Existe um argumento semelhante em inúmeros outros setores nos quais ocorreu disrupção. No caso dos varejistas físicos, os compradores estavam testando e escolhendo eletrônicos nas lojas e indo para casa ou outro lugar para comparar preços mesmo antes de a Amazon entrar nesse espaço. Na categoria de beleza, as mulheres estavam recebendo e usando amostras de cosméticos muito antes de a Birchbox ser fundada. No setor de videogames, os jogadores iam às casas uns dos outros para assistir seus amigos jogando antes de começarem a se inscrever no Twitch. Foi só quando os empreendedores perceberam esse desejo e apresentaram uma oferta que buscava satisfazê-los que uma disruptora bem-sucedida desestabilizou o mercado. Para se adiantar à disrupção, os executivos das empresas estabelecidas precisam dar mais atenção aos clientes e menos às startups que eles consideram como concorrentes.

As empresas têm muito a ganhar ao realizar o tipo de análise focada no cliente que descrevi. Mapeie os estágios da CVC do seu cliente para descobrir onde criar valor, onde cobrar por ele e onde eventualmente desgastá-lo. Depois, se faça três perguntas: (1) É possível entregar mais valor nas atividades criadoras de valor sem cobrar mais? (2) É possível captar menos nas atividades cobradoras de valor mantendo todo o resto igual? (3) É possível reduzir o desgaste do valor do cliente sem diminuir o que você está oferecendo ou captando?

FIGURA 3.7 EXEMPLOS DE NOVOS COMPORTAMENTOS DO CLIENTE

Seja paciente enquanto realiza essa análise. Você pode ficar tentado a considerar de uma vez todas as atividades que oferece, mas pode ficar sobrecarregado, perdido em um emaranhado de ajustes hipotéticos em seu modelo de negócios. Pense: "Se eu quiser mudar isso, precisarei mudar aquilo também. E aquilo. E aquilo. E aquilo." Faça como as disruptoras e pense em uma atividade por vez. Se você fosse a Sephora, por exemplo, poderia imaginar se conseguiria eliminar o desgaste de valor no estágio de amostragem ao lançar sua própria caixa por assinatura. Ou poderia estudar a possibilidade de reduzir o valor cobrado no primeiro estágio de compra — digamos, pela equiparação de preços com a Amazon. Ou pode pensar em como aumentar o valor criado na fase de reposição, talvez, pela reposição automática dos produtos que seu cliente usa com frequência, como a Kiehl's faz.

Ao considerar as opções de sua própria empresa, esteja preparado para resistências. Paulo, o executivo que supervisiona as lojas físicas, pode reclamar que as caixas por assinatura diminuiriam o tráfego nas lojas. Ana, da contabilidade, poderia argumentar que a equiparação de preços diminuiria a lucratividade. E José, da logística, reclamaria dos custos altos do reabastecimento automático. Como você deve responder a eles? Cada uma de suas análises separadas está correta, mas elas presumem implicitamente que sua base de clientes continuará igual quer você implemente, ou não, alguma dessas mudanças. Quando seu cliente tem a opção de desacoplar uma parte da empresa, essa hipótese não se mantém. Analisaremos isso mais detalhadamente nos próximos capítulos.

Por enquanto, pense nisto: por que me concentrei tanto em apenas alguns setores? Pode ser que sua empresa tenha pouco a ver diretamente com qualquer um deles. Será que as lições adquiridas nesses exemplos se aplicam em seu próprio setor? Participantes de workshops que realizei levantaram exatamente essas questões, e aqui estão as respostas que dei: o consumidor da Kiehl's, desacoplando a Sephora, é, na verdade, seu cliente também. Ele compra carro, entretenimento, serviços financeiros, e assim por diante. E, enquanto puder escolher entre diferentes opções em cada caso, ele não terá um processo de raciocínio diferente para escolher. Ele não tem um cérebro para comprar perfumes ou um cérebro separado para comprar carros.

O decoupling pode parecer um fenômeno de setores específicos, mas, como vimos no Capítulo 1, não é. O processo básico do decoupling e sua aplicação na inovação do modelo de negócios não são apenas os mesmos em todo lugar, mas a principal força que os impulsiona — os custos do consumidor — é generalizada. Pense nisto: em 2016, 72% dos adultos americanos usavam pelo menos um dos onze diferentes serviços compartilhados ou sob demanda, como Airbnb ou Uber. O Pew Research Center descobriu que um a cada cinco americanos incorporavam habitualmente quatro ou mais desses serviços em seu dia a dia. O mesmo grupo de clientes está fazendo decoupling em todos os setores.[21] Para entender mais profundamente a dinâmica dessa disrupção, devemos primeiro olhar para fora de nossos setores em busca de ilustrações úteis antes de olhar para dentro.

Vale a pena entender os comportamentos de compra e uso do seu cliente ao longo de *todas* as suas principais opções de compra. Agora, você pode estar se perguntando se alguém consegue, de fato, observar as centenas de milhares de decisões de compra que os consumidores fazem ao longo da vida. A boa notícia é que você não precisa fazer isso. Nos capítulos seguintes, oferecerei um atalho. Por enquanto, apenas lembre-se: tudo começa com o cliente, então você também deve começar por ele.

É claro que essa compreensão mais ampla entre setores nos ajuda apenas até certo ponto. Quando se trata da disrupção em determinado negócio, não sabemos com exatidão o que os consumidores decidirão fazer individualmente. O que sabemos ou podemos descobrir é como eles, como grupo, perceberão as ofertas de uma empresa e as compararão às outras opções. Como sugeri, eles vão considerar os custos de especialização e os comparar aos custos de integração, de forma intencional ou não. Para evitar surpresas desagradáveis, você também deve determinar os custos incorridos por seu cliente em cada estágio da CVC, sejam eles custos monetários, de tempo ou de esforço. Então, faça o mesmo com suas concorrentes e novas entrantes, determinando quais ofertas de quais empresas têm melhor desempenho na visão do cliente. Por fim, a maioria dos consumidores favorecerá as opções que acredita custarem menos, não apenas em termos de preço, mas no geral. São as suas? Ou as das suas concorrentes upstarts?

Este capítulo e os dois anteriores buscaram ajudá-lo a entender a nova realidade da disrupção — o que é, como funciona e suas causas. Existe um padrão comum na onda de disrupção digital mais recente, que é motivada não pela tecnologia, mas pelo desejo dos consumidores de reduzir custos na aquisição de bens e serviços. Isso não significa que a tecnologia não é importante, mas que ela costuma servir como facilitadora da disrupção, em vez de sua principal geradora. No Capítulo 4, apresentarei um mapa que os empreendedores e os executivos das estabelecidas podem usar em praticamente qualquer setor para gerar disrupção através do decoupling.

4

COMO CRIAR O DECOUPLING

Justin Kan estava em um castelo medieval na Toscana, participando do casamento de um dos cofundadores de sua empresa, quando verificou o aplicativo do Bank of America em seu celular, e o que viu o fez cair de joelhos e começar a rir. O acordo para vender sua empresa para a Amazon havia dado certo. A gigante online tinha acabado de transferir o valor de compra para a conta corporativa de Kan — quase um bilhão de dólares.[1] Um bilhão de dólares! "Eu nem sabia que era possível colocar tanto dinheiro no Bank of America", lembrou Kan. "Todos os cofundadores ficaram tipo: 'PQP!'"

Como Kan e seus sócios tinham conseguido atingir um sucesso tão grande? A história começou 10 anos antes, em 2004, quando ele e seu amigo de infância, Emmett Shear, se formaram na Universidade Yale. Diferente de alguns de seus colegas, os dois não sabiam bem o que fazer da vida. Uma opção parecia promissora: eles podiam começar uma empresa. O Vale do Silício estava a todo vapor, startups apareciam em todo lugar e seus fundadores estavam ganhando milhões — igual àquele universitário de Harvard que tinha começado o Facebook no dormitório. Por que não dar uma chance à vida empreendedora?

A primeira ideia de negócios de Emmett e Justin — um aplicativo de calendário online que funcionaria também como um software no computador, mas que os usuários poderiam acessar através de um navegador — não os levou muito longe. Os dois amigos passaram meses criando o código, porém, como admitiram depois, o produto não era tão bom. Eles não usavam muitos aplicativos de calendário e não sabiam o que estavam fazendo. Não sabiam nem como pedir feedback aos usuários.[2]

Em 2006, eles não sabiam qual seria o próximo passo. Por dois meses, ficaram no sofá jogando videogames e conversando sobre sua empresa falida e novos aplicativos que poderiam criar. Então, Justin teve uma ideia maluca: as conversas que eles tinham enquanto jogavam videogame eram interessantes. Não seria incrível gravá-las ou, melhor ainda, exibi-las ao vivo pela internet? E por que parar por aí? Talvez pudessem exibir *toda sua vida* ao vivo. Ninguém tinha feito isso antes.

Outras pessoas com quem eles conversaram acharam que transformar sua experiência minuto a minuto em um reality show infinito e sem cortes era uma ideia bem idiota. Por que as pessoas desejariam assistir à maçante vida diária de Justin? Mas, para a surpresa de todos, alguns investidores em tecnologia ficaram intrigados. Um gostou da estranheza do projeto e da ambição de abalar o entretenimento televisivo tradicional.

Em 2007, com algumas dezenas de milhares de dólares de investidores nos bolsos, Emmett e Justin se mudaram para São Francisco e lançaram um novo site chamado Justin.TV.[3] Dois outros amigos se juntaram a eles: Michael Seibel, um colega de Yale, e Kyle Vogt, um universitário do MIT que Emmett e Justin contrataram para cuidar do hardware. A tecnologia provou ser um grande desafio — o Google Glass ainda não estava disponível, nem o Spectacles do Snap, câmeras de vídeo em smartphones ou banda larga barata. Entretanto os quatro aspirantes a magnatas da mídia deram um jeito. Para garantir banda larga para a exibição e evitar atrasos e quedas, Justin e seus amigos usavam três celulares ao mesmo tempo para se conectar à internet. Ele usava uma webcam presa à sua cabeça e ligada por cabo ao notebook. Em uma mochila, ele levava baterias que garantiam 24 horas de energia. A webcam filmava enquanto o rapaz comia, jogava videogames, ficava de bobeira com os amigos e eventualmente ficava bêbado. Quando queria dormir, ele colocava a câmera em um tripé e a virava em direção à sua cama. O slogan do programa era "Perca tempo assistindo outra pessoa perder tempo".[4]

A mídia amou a novidade — "Nasce uma estrela", anunciou o *San Francisco Chronicle* — e logo Emmett e Justin cresciam em espectadores e anunciantes.[5] Mas não por muito tempo. Algumas semanas depois, os espectadores ficaram entediados de assistir Justin perder tempo, e os fundadores também se cansaram da Justin.TV. Eles perceberam que os usuários mandavam e-mails perguntando como criar suas próprias exibições ao vivo. Por que não modificar seu plano de negócios, permitindo que os usuários exibissem seus próprios vídeos na Justin.TV?

No outono de 2007, Emmett, Justin e sua equipe relançaram a Justin.TV com o apoio de investidores. Eles rapidamente atraíram usuários que exibiam tudo ao vivo, desde demonstrações de comida caseira e apresentações de canto a estripulias divertidas com animais de estimação e jogos de videogame. Novamente seu sucesso foi breve. Os fãs de esportes descobriram como passar o sinal da TV a cabo para os computadores e usaram a Justin.TV para exibir jogos da NFL e lutas pay-per-view do UFC gratuitamente. O tráfego disparou para milhões de usuários, mas as emissoras e as detentoras dos direitos entraram com ações e isso gerou uma controvérsia pública em torno do chamado conteúdo pirateado. Apesar de a justiça não considerar a Justin.TV culpada por "roubar TV a cabo", os anunciantes e os investidores ficaram com receio dos vídeos ao vivo gerados por usuários por causa de sua imprevisibilidade.[6]

Conforme o dinheiro foi acabando, os fundadores tinham que descobrir o que fazer.[7] Eles se perguntaram: quem sentiria falta da Justin.TV se ela acabasse? Havia algo que valia a pena assistir no site? Emmett pensava que sim. Ele amava assistir outras pessoas jogando videogames, como World of Warcraft, StarCraft II ou Minecraft. Apesar de os jogadores representarem apenas 2% dos "streamers", eles se destacavam como um público leal e engajado. Ao entrevistar 40 usuários experientes, Emmett descobriu que os melhores jogadores eram como estrelas dos esportes — outros fãs queriam vê-los jogar. Como lembrou ele: "Se você não ama videogames, imagine algo que ame. Não gosta de assistir às pessoas que são as melhores do mundo fazerem ou falarem a respeito?"[8] Esse é o tipo de prazer que a Twitch oferecia aos fãs de videogame.

Acreditando ter encontrado uma oportunidade de mercado, Emmett convenceu Kevin e os outros a relançarem a startup para atender a esse nicho.[9] Em 2011, a empresa fez exatamente isso, dando um novo nome ao site: Twitch. Eles se concentraram em criar uma comunidade global e vibrante de jogadores e espectadores, e melhorar a qualidade da exibição. Cinco anos depois de entrar na vida empreendedora, Emmett e Justin finalmente acharam ouro. Logo, dezenas de milhões de pessoas estavam assistindo a exibições de jogos de videogame em seu site todos os meses. O incrível é que a Twitch ficou logo atrás da Netflix, Apple e Google no ranking em volume de picos de tráfego nos EUA.[10] Anunciantes como Riot Games, Paramount Studios, HP, Netflix e Kellogg's viam as exibições de jogos como amigáveis e seguras para as marcas, e os espectadores estavam tão engajados que pagavam US$4,99 por assinaturas para assistir a seus jogadores favoritos. Em 2014, alguns jogadores de elite ganhavam US$300 mil ao ano e a Twitch abocanhava cerca de 43% das receitas dos US$3,8 bilhões do setor de conteúdos de jogos.[11] Finalmente eles tinham um modelo de negócios que funcionava. Mais tarde naquele ano, Emmett, Justin e seus amigos venderam o site para a Amazon. Quando Emmett verificou o saldo de sua conta no banco, ali estavam US$970 milhões.[12]

Como esses empreendedores conseguiram isso? A resposta não estava muito clara, nem mesmo para Kan. Anos depois, ele ainda tinha dificuldades em explicar o sucesso que ele e seus cofundadores tinham conseguido. "Na verdade qualquer um podia fazer aquilo", disse ele. "Não somos como Mozart ou algo do tipo."[13]

Na maior parte do tempo, os empreendedores escolhem caminhos longos e tortuosos para o sucesso, com muitos tropeços pelo caminho. O sucesso é tudo, menos simples ou passível de planejar. Mas isso não significa que uma abordagem mais previsível e simplificada à disrupção não seja possível. Em meu estudo de dezenas de possíveis desacopladoras, identifiquei diversos passos da jornada empreendedora que as startups de sucesso têm em comum, e outros que levaram as startups malsucedidas ao fracasso. Acontece que os passos e os ingredientes cruciais para o decoupling bem-sucedido são poucos, notavelmente consistentes em todo setor e abordam os principais propulsores do decoupling que apresentei no Capítulo 3.

A existência desse padrão subjacente carrega implicações enormes tanto para as startups quanto para as estabelecidas. Se você tem uma empresa estabelecida e busca gerar uma disrupção preventiva em seu negócio ou setor através do decoupling, ou é um empreendedor que busca criar uma startup de sucesso, não é preciso percorrer o caminho tortuoso que levou os fundadores da Twitch ao dia do pagamento bilionário. É possível *projetar deliberadamente* a inovação do modelo de negócios e o decoupling. Em outras palavras, existe uma "receita" que ajudará a minimizar os riscos. Longe das atividades acidentais ou incertas que muitas pessoas costumam considerar como disrupção, a inovação dos modelos de negócios pode ser rigorosa e metódica. Vejamos como.

Camadas de Inovação

Como consultor de estabelecidas e startups, tive a chance de ver muitos empreendedores em ação e acompanhar a evolução do seu pensamento. Alguns empreendedores concebem todo seu modelo de uma só vez, em uma grande e única epifania, procedendo de forma intuitiva, em vez de metódica. Os fundadores da Twitch são um bom exemplo. Começaram com uma única "grande" ideia — permitir que as pessoas exibissem ao vivo pela internet suas atividades do dia a dia — que era centrada em tecnologia. Após muitas voltas, eles chegaram a seu eventual modelo de negócios de permitir que os jogadores desacoplem o ato de jogar da atividade de ver os melhores jogando. Outros empreendedores são mais prudentes, começando pela análise do modelo existente em seu setor, então colocando sua própria inovação nele. No entanto, eles ainda agem muito mais por instinto, reagindo oportunamente às circunstâncias conforme elas aparecem.

E se os empreendedores conseguissem proceder de forma mais metódica? Como isso aconteceria? Em meus anos trabalhando com empreendedores criando suas empresas do zero e executivos remodelando as empresas existentes, desenvolvi um modo de pensar que é mais intencional, logo, replicável. Costumo recomendar que empreendedores e executivos adotem o ponto de vista do cliente e organizem seu pensamento em três camadas. A primeira é articular o modelo de negócios atual ou padrão. Afinal, a maioria das startups precisa afastar os clientes dos negócios ou das atividades existentes (por ex., lavagem a seco versus lavagem de roupas feita por você mesmo). Os clientes avaliam a startup *comparando* com aquilo que já têm. Se você quiser entender totalmente uma nova ideia de negócios, deve pegar a realidade atual como fundamento.

A segunda camada é desenvolver o *equivalente digital* do modelo padrão. Quase todos os jovens empreendedores que conheço hoje incorporam a internet em suas ideias de negócios. Ao comparar seus produtos inovadores às melhores opções que já estão disponíveis, as ideias menos elaboradas tendem a se concentrar em simplesmente traduzir ou "portar" um modelo de negócios tradicional para a internet. Como exemplo, os proprietários de casas costumam contratar faxineiras, jardineiros e outros para ajudar com as tarefas domésticas comuns. A TaskRabbit, o equivalente digital, permite que você contrate pessoas através da internet. Da mesma forma, a startup Washio criou um aplicativo de celular que permite solicitar digitalmente que suas roupas sejam coletadas e entregues, evitando que você tenha o trabalho de ir pessoalmente à lavanderia.[14]

Com esse equivalente digital sobreposto ao modelo de negócios padrão, a terceira e última camada para empreendedores e executivos é determinar como *inovar* com base nos modelos de negócios digitais. Alguns empreendedores que conheci entendem que a mera transferência de um modelo de negócios para o mundo online não é suficiente. Ela pode beneficiar os usuários, mas também cria desvantagens. A TaskRabbit acelera o processo de escolha de pessoas para realizarem tarefas para você, porém, ao permitir que pessoas estranhas entrem em sua casa, é também mais arriscado. A Washio oferece conveniência, mas com um preço. Considerando benefícios e custos, os empreendedores inteligentes tentam sobrepor a seus modelos de negócios uma inovação que transcenda a mera digitalização, e isso gera um benefício funcional para os consumidores. Os fundadores da Hello Alfred inovaram com base no modelo da TaskRabbit ao terceirizar o gerenciamento dos trabalhadores da startup para mordomos pessoalmente designados ou "Alfreds". Para os usuários, a presença de um mordomo na cena lhes proporcionou um serviço mais confiável e seguro.[15]

Muitos dos empreendedores com quem trabalhei creem que essa estrutura de três partes permite que eles façam uma distinção clara entre os aspectos novos e os antigos de sua ideia de negócios. Isso também força os pensadores mais intuitivos a articularem, testarem e validarem suas hipóteses, em vez de simplesmente jogar uma ideia na mesa e pedir que os outros reajam a ela. Por fim, o formato esclarece para todas as partes envolvidas — inclusive consultores, investidores e empregados — o valor incremental da ideia de negócios proposta em relação à abordagem tradicional. Além disso, eles revelam as hipóteses ocultas, bem como o valor incremental, de quaisquer tecnologias inovadoras e componentes de modelos de negócios sendo propostos (*veja a Figura 4.1*).

FIGURA 4.1 **AS CAMADAS DE PLANEJAMENTO DOS MODELOS DE NEGÓCIOS INOVADORES**

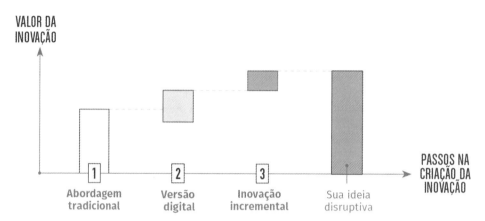

Para entender melhor como esse modelo pode funcionar no mundo real, vamos aplicá-lo à Twitch. Se me dissessem há alguns anos que pessoas de todo o mundo pagariam para assistir a outras pessoas jogando videogames no conforto de seus lares, e que os melhores jogadores, consequentemente, ganhariam salários de seis dígitos, eu diria que estavam delirando. Entretanto, quando vemos a Twitch pelas lentes das três camadas, essa ideia de negócios não parece tão maluca. No passado, as crianças descobriam os jogos, aprendiam a jogá-los melhor e se divertiam indo à casa de amigos para jogarem juntos. Essa era a "abordagem tradicional" de meu esquema (camada um). Quando uma quantidade de crianças se reunia, elas tinham que esperar sua vez de jogar. Enquanto esperavam, conversavam sobre o que viam na tela, aprendendo com os melhores jogadores e ouvindo sobre jogos que ainda não tinham. Essa solução de baixa tecnologia resolvia o problema da maioria das crianças de forma bastante eficiente, mas, se um jogador não tivesse amigos próximos na vizinhança, ou fosse tarde da noite, azar dele. A abordagem tradicional não funcionava.

A Twitch tinha a solução. Ela transportou o modelo tradicional para o mundo online (camada dois), oferecendo o equivalente digital das cinco crianças sentadas na sala assistindo umas às outras jogando e conversando sobre suas experiências. Agora, jogadores de todas as idades, em qualquer lugar, a qualquer hora, podiam ficar online, conhecer novos jogos e descobrir melhores estratégias de jogo. Ainda assim restava um problema. Os espectadores achavam a Twitch útil à medida que viam vários jogos sendo jogados ao vivo. Mas como ela conseguiria fazer os jogadores mais talentosos e interessantes jogarem para os outros assistirem?

Contratar jogadores habilidosos para jogarem o tempo todo para o prazer dos outros custaria muito caro. Felizmente, os fundadores da Twitch chegaram a uma inovação no modelo de negócios (camada três), uma que permitiria que jogadores habilidosos *monetizassem* seu passatempo favorito. Se os jogadores habilidosos ganhassem dinheiro suficiente, continuariam por ali. Os fundadores da startup criaram oportunidades financeiras para os jogadores, dando-lhes uma parte das receitas dos anunciantes geradas pelo site, e isso somou muito dinheiro. Em 2015, 14 mil streamers de destaque, ou jogadores de elite, geraram um montante estimado em US$60 milhões em receitas por meio de anúncios e assinaturas, com os melhores jogadores ganhando US$300 mil por ano.[16] Eles também podiam conseguir patrocínio dos fabricantes de jogos e competir em torneios por prêmios multimilionários. Em 2016, cinco jogadores profissionais chineses ganharam US$9,1 milhões ao vencerem uma única competição do jogo Dota 2 em Seattle.[17] Você já ouviu falar do Dota 2? Nem eu. Essa inovação de modelo de negócios pela criação de um enorme valor monetário para os jogadores permitiu que a Twitch retivesse os melhores e, além disso, atraísse mais espectadores, anunciantes e desenvolvedores de jogos para seu site. E esse é o último e mais importante elemento que permitiu que os entusiastas do videogame desacoplassem o ato de jogar (realizado por algumas pessoas habilidosas) do ato de assistir (realizado por milhões de usuários) (*veja a Figura 4.2*).

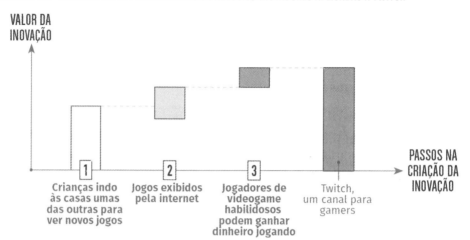

FIGURA 4.2 AS CAMADAS DE PLANEJAMENTO DE NEGÓCIOS INOVADORES APLICADAS À TWITCH

Quando uma nova ideia de negócio funciona logo de cara, não importa como você chegou nela. Infelizmente, a maioria das inovações de negócios não são sucessos instantâneos. Elas exigem muitos ajustes, grandes ou pequenos, antes de começarem a funcionar, se funcionarem. A abordagem em camadas para projetar inovação pode ajudar. É muito mais fácil descobrir por que seu modelo de negócios não está funcionando, e trocar as peças defeituosas, quando você consegue vê-lo camada a camada, diferente de um grande problema monolítico. Ao tentar inovar usando o decoupling, a última camada, a porção incremental de inovação, é a mais importante a ser criada. Sem ela, versões puramente digitalizadas de modelos de negócios tradicionais tendem a conter muitas desvantagens, não somente benefícios. Como as aspirantes a desacopladoras podem criar essa última camada de inovação?

Uma Receita Para o Decoupling

A maioria dos casos de decoupling bem-sucedido começa com empreendedores criando startups (como a Twitch). Mas também existem casos de empresas estabelecidas desacoplando seus setores (por exemplo, a Amazon). Após estudar desacopladoras de todos os tipos, cheguei à conclusão de que as bem-sucedidas realizam cinco passos principais, de forma intencional ou instintiva; as malsucedidas, não. Esses passos foram notavelmente consistentes em todas as desacopladoras em uma grande variedade de setores, inclusive varejo, telecomunicações, educação, transportes, mídias e serviços financeiros. Juntos, esses passos abordam uma necessidade-chave do cliente — chamada de desejo de especializar — ao reduzir seus custos na aquisição de produtos e serviços. Para interferir nos mercados através do decoupling, as desacopladoras bem-sucedidas devem fazer o seguinte:

Passo 1: Identificar um Segmento-alvo e Sua CVC

No Capítulo 3, mostrei que os clientes interferem nos mercados mudando seu comportamento enquanto tentam atender suas novas necessidades e desejos. Quando desacoplam suas atividades de consumo, eles decidem implicitamente que já não desejam mais realizar todas as atividades necessárias para adquirir um produto ou serviço com a mesma empresa. Os clientes podem ainda querer fazer negócios com a estabelecida, porém uma ou mais atividades da CVC estão abertas à disputa. As aspirantes a desacopladoras devem, então, identificar as oportunidades para agarrar uma ou mais atividades da cadeia de valor do cliente antes que as outras concorrentes o façam. O jeito de fazer isso é primeiro entender um grupo de clientes com necessidades semelhantes — um segmento-alvo — e mapear todas as atividades da cadeia de valor típica daquele grupo.

As desacopladoras costumam tropeçar nesse passo de duas formas. Primeiro, elas são muito genéricas na articulação da CVC. Ao mapear o processo de comprar um carro, os executivos da indústria tendem a descrevê-lo da seguinte forma: sentir a necessidade de comprar um carro > conhecer uma marca de carro > desenvolver interesse pela marca > visitar a concessionária > comprar o carro. Esse é um começo, mas não é específico o suficiente. As desacopladoras devem perguntar: quando as pessoas realmente precisam comprar um carro? Como conhecem as marcas de carros? Como se interessam por uma marca ou modelo? E assim por diante. O processo genérico de conscientização, interesse, desejo e compra não é suficientemente específico para ajudar.

As desacopladoras também se perdem ao não identificar todos os estágios relevantes na cadeia de valor. Para o processo de compra de um carro, uma descrição melhor da CVC seria: perceber que o financiamento do seu carro acaba em um mês > sentir a necessidade de comprar um novo > desenvolver um maior interesse por anúncios de carros > visitar sites de fabricantes de carros > criar um conjunto de duas ou três marcas de interesse > visitar sites de carros de terceiros > comparar opções de carros na mesma categoria > escolher um modelo > pesquisar online o melhor preço > visitar a concessionária mais próxima para ver se tem o modelo em estoque > ver se cobrem o melhor preço online > fazer test-drive nos carros > escolher financiamento, garantias e outros opcionais > negociar o preço final > assinar o contrato > retirar o carro > usá-lo > esperar o financiamento acabar novamente. Com essa CVC muito mais detalhada, podemos enxergar totalmente a complexidade do processo de compra de um carro, e quantas opções de decoupling existem.

É muito importante realizar esse primeiro passo corretamente. Na verdade, costumo passar 50% ou mais do meu tempo trabalhando com empresas nesse único passo. A CVC é o esquema da disrupção digital, e deve ser esmiuçada para que seja precisa e abrangente, ou então sua tentativa de disrupção provavelmente não será bem-sucedida.

Passo 2: Classificar as Atividades da CVC

Como vimos, as atividades do consumidor podem ser criadoras, cobradoras ou desgastadoras de valor. As disruptoras precisam pegar uma atividade que crie valor para o cliente, como a negociação do preço ou o test-drive do carro. Elas podem também tentar pegar uma atividade cobradora de valor, como a venda de um financiamento e garantias ou a assinatura do contrato. Se a desacopladora pegar tanto uma atividade criadora quanto uma cobradora de valor, poderá ter um negócio lucrativo. Se assumir apenas uma atividade criadora de valor, precisará inserir alguma cobradora de valor totalmente nova a fim de continuar viável. Um empreendedor ou um executivo interessado na criação de um negócio que permite que os compradores de carros façam o test-drive em carros de diferentes marcas em um só lugar poderia desacoplar essa função das concessionárias tradicionais. Entretanto essa desacopladora precisaria encontrar um meio de ganhar dinheiro, cobrando diretamente dos compradores por esse benefício de valor agregado, cobrando dos fabricantes ou vendendo algo mais para os clientes, como um financiamento ou contratos de serviços. Todas essas são atividades cobradoras de valor.

Passo 3: Identificar Elos Fracos Entre as Atividades da CVC

Os consumidores podem realizar algumas das 18 atividades envolvidas na compra, uso e descarte de um carro financiado com a mesma empresa. Eles podem desejar continuar com uma única empresa ao perceber que uma concessionária local tem o modelo em estoque e fazer o test-drive naquele modelo. É simplesmente mais fácil do que ir a uma empresa totalmente diferente para fazer o test-drive. Em contrapartida, podem querer trabalhar com empresas diferentes ao comparar carros de categoria semelhante entre as marcas e escolher seus modelos preferidos. A Ford conhece bem seus carros, mas sabe pouco sobre os carros da GM. E os clientes não gostariam de usar um site da Ford ao comparar um Mustang com um Corvette, pelo medo de tendenciosidade. Sites de terceiros, como Edmunds, TrueCar, Cars. com e outros centralizadores de informações sobre carros pegaram a atividade de comparação para si — muitos compradores agora fazem uma grande pesquisa online antes mesmo de colocar os pés em uma concessionária. Desacopladoras em potencial devem considerar todos os passos importantes na CVC e identificar aqueles que os consumidores já realizam com uma única empresa, mas, se houver possibilidade, em alguns casos, podem optar por realizá-los com outra empresa. As atividades que esses elos fracos reúnem são as primeiras candidatas ao decoupling.

Passo 4: Quebre os Elos Fracos

O quarto passo é realmente quebrar os elos fracos e fazer valer a pena para os clientes desacoplarem suas atividades das empresas estabelecidas. As desacopladoras bem-sucedidas conseguem isso ao aumentar as forças de especialização que expliquei no Capítulo 3. Elas reduzem o dinheiro, o esforço ou o tempo necessários para que o cliente realize cada atividade de modo que os custos combinados fiquem abaixo daquilo que ele já encontra com a estabelecida. Em nosso exemplo, as concessionárias não costumam cobrar dos clientes pelo privilégio de fazer test-drive nos carros. Os maiores custos com que os compradores arcam são o tempo e o esforço. Para os compradores interessados em fazer test-drive em diversos carros de diferentes fabricantes, esses custos podem ser significativos. As startups poderiam diminuí-los ao, por exemplo, criar um espaço com diversos carros de diferentes fabricantes disponíveis para test-drive, ou levar os carros até a casa do comprador para que ele os teste. No Japão, as concessionárias fazem exatamente isso. Uma startup é capaz de oferecer esse serviço e ainda lucrar? Essa é uma pergunta importante, mas não uma que gere preocupação nas startups nesse estágio inicial. Por enquanto, elas estão simplesmente avaliando as oportunidades de decoupling bem-sucedido.

Passo 5: Prever como as Estabelecidas Reagirão

As disruptoras que desacoplam as atividades das concorrentes tradicionais devem prever como as estabelecidas podem reagir, e então adotar medidas preventivas. Como veremos no Capítulo 5, mesmo que as concorrentes possam reagir de mil modos diferentes, podemos classificá-los, em geral, em duas grandes categorias: reacoplando o que a disruptora desacoplou e desacoplando de forma preventiva, oferecendo diretamente a seus clientes a chance de desacoplar.

FIGURA 4.3 **O PROCESSO DE CINCO PASSOS PARA GERAR DISRUPÇÃO COM DECOUPLING**

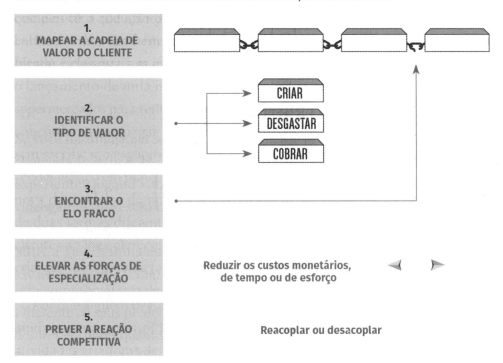

Esses cinco passos captam o que as desacopladoras bem-sucedidas realmente fazem ao desenvolver e aprimorar seus modelos de negócios disruptivos. Os empreendedores em busca de gerar disrupção em um mercado usam esse esquema para criar modelos de negócios de forma mais cuidadosa e intencional. Para os executivos das empresas estabelecidas, ele serve como um meio de entender a lógica por trás das desacopladoras que surgem em um setor. Melhor ainda, resulta em insights que as estabelecidas podem usar ao avaliar as possíveis ameaças. Explicarei a utilidade do esquema como uma estratégia de defesa logo mais, mas primeiro vamos trabalhar um pouco com esses cinco passos. Como qualquer chef amador sabe, tentar uma receita nova nunca é tão simples quanto parece. Se você não for cuidadoso, cozinhará demais os ingredientes ou não saberá prepará-los adequadamente. É bom assistir outras pessoas antes de tentar sozinho. Da mesma forma, nos negócios, é bom ver como as startups trabalharam com o decoupling em seus próprios setores antes de aplicá-lo no seu.

Dois Estudos de Caso Reais

Ex-alunos meus de Harvard e do MIT aplicaram a fórmula de cinco passos em suas próprias startups e eu peguei suas histórias emprestadas para apresentar os dois estudos de caso do setor a seguir. As histórias que conto retratam apenas a versão inicial dos modelos de negócios implementados por essas startups no mercado. Não incluo quaisquer alterações subsequentes que possam ter ocorrido. Em ao menos um caso, devo observar, o(s) fundador(es) não sabia(m) que estava(m) aplicando uma fórmula de decoupling até eu lhe(s) apontar isso.

Ao apresentar essas histórias, não estou validando as escolhas de ideias e decisões dos empreendedores, nem testemunhando sobre seu sucesso. A capacidade de uma startup de obter sucesso no longo prazo depende de muitos fatores além do paradigma de decoupling em cinco passos, incluindo pessoas, dinheiro, habilidades, execução e adaptabilidade. Com essas ressalvas em mente, vejamos como os empreendedores usaram a fórmula de decoupling para desenvolver seus próprios modelos de negócios disruptivos nos setores imobiliário e de vestuário.

IMOBILIÁRIO

Digamos que você esteja começando uma padaria e queira exibir seus produtos para os clientes. Será preciso alugar ou comprar uma loja. Isso significa a necessidade de encontrar o imóvel certo, e talvez até pagar por um local maior do que precisa. Tradicionalmente, você teria que adquirir um imóvel comercial de empresas como a Prologis, uma das maiores estabelecidas nesse setor, com quase 66 milhões de metros quadrados de espaço em imóveis comerciais em 18 países.[18] Em 2012, uma startup de São Francisco, chamada Storefront, buscou resolver esse problema criando uma plataforma online que permitia que os donos de lojas com espaço interno ocioso se conectassem a vendedores de bens não concorrentes sem acesso a imóveis comerciais e alugassem seu espaço extra.[19] Usando esse site de parcerias, a Storefront desacoplou o elo entre possuir um espaço e exibir produtos.[20] Agora, os fabricantes de bens podiam fazer o segundo sem a necessidade do primeiro. Aplicando a fórmula de cinco passos para o decoupling na startup, temos o seguinte:

Passo 1: Identificar um segmento-alvo nessa CVC. Os consumidores-alvo nesse exemplo são pequenos comerciantes buscando vender seus produtos. A fim de conquistar esse objetivo, eles devem realizar quatro atividades como parte de sua CVC: adquirir mercadorias > adquirir (comprar, alugar ou financiar) um espaço comercial de varejo > exibir as mercadorias > vendê-las.

Passo 2: Classificar as atividades da CVC. A atividade de adquirir espaço de varejo não fornece real valor para as lojas. É uma atividade cobradora de valor, um meio de exibir e vender suas mercadorias. As duas últimas são as reais atividades criadoras de valor.

Passo 3: Identificar os elos fracos entre as atividades da CVC. Como mostram os estudos de varejo, o elo fraco na CVC é aquele entre a aquisição de um espaço de varejo e a exibição dos produtos. A primeira é um grande custo para as pequenas lojas, e elas se livrariam dessa atividade com prazer se pudessem.

Passo 4: Romper os elos fracos. A Storefront permite que algumas lojas aluguem espaço interno ocioso para outros comércios. Em troca de uma taxa modesta, esses locadores podem preencher o espaço até então ocioso com suas mercadorias. Ao diminuir os custos para as pequenas lojas adquirirem imóveis, a Storefront desacopla o ato de possuir um imóvel do ato de exibir a mercadoria. Isso remove a atividade cobradora de valor dos promotores de imóveis comerciais tradicionais como a Prologis, e reduz essa despesa para seus clientes, tanto para o dono da loja quanto para o comerciante em busca de um espaço de varejo.

Passo 5: Prever como as estabelecidas reagirão. Como a Prologis reagiria se a Storefront dominasse o mercado e muitos varejistas usassem o serviço para alugar espaços em suas lojas? Ela poderia decidir forçar seus locatários a assinarem um contrato proibindo-os de "sublocar" seus espaços total ou parcialmente. Donos de apartamentos fazem isso para evitar que os inquilinos anunciem seus apartamentos em sites como o Airbnb. A Prologis poderia também aumentar seus aluguéis ou preços de venda a fim de refletir o novo fluxo de renda que os varejistas podem receber da Storefront, captando uma parte dessa renda incremental que os clientes da startup geram ao alugar parte de seus espaços. De uma forma ou de outra, a disruptora precisa descobrir como abordar essas possibilidades antes que ocorram.

VESTUÁRIO

No setor de vestuário, personal stylists online, como Keaton Row, de Nova York, e Trunk Club, de Chicago, estão desacoplando o elo entre a montagem de um traje completo e a compra das peças separadas para o traje.[21] Tradicionalmente, os consumidores tinham que visitar uma loja de departamentos para escolher os itens que compõem um traje. Algumas pessoas gostam desse processo; outras nem tanto. A Keaton Row e a Trunk Club reduziram o fardo daqueles que não gostam de fazer compras lhes indicando quais itens comprar e onde, ou montando e enviando-lhes trajes completos preparados por stylists internos.[22] Essas empresas aumentaram as forças de especialização e desacoplaram o elo entre a escolha e a compra dos trajes. Para expor a lógica subjacente aqui, vejamos os cinco passos:

Passo 1: Identificar um segmento-alvo e sua CVC. As pessoas não precisam apenas comprar itens de vestuário, elas precisam de trajes completos. E, a fim de usar um traje, precisam fazer o seguinte: visitar um varejista que venda diversos itens que possam ser combinados em um traje > escolher um item inicial (por ex., uma blusa) > escolher um segundo item (por ex., uma saia que combine) > escolher um terceiro item (por ex., sapatos) > ... > comprar todos os itens > usá-los juntos em um traje.

Passo 2: Classificar as atividades da CVC. Escolher itens pode ser uma atividade criadora de valor para alguns, mas para outros, ela desgasta valor. A Macy's capta valor quando o cliente compra os itens. Usar o traje, o objetivo final, cria valor para os compradores.

Passo 3: Identificar os elos fracos entre as atividades da CVC. Algumas pessoas amam visitar lojas de departamento como a Macy's para escolher e combinar itens em um traje. Outras consideram isso uma perda de tempo colossal. Pesquisas mostram que uma minoria considerável de compradores dispensaria a compra item por item dos trajes se pudesse. Portanto, temos um elo fraco.

Passo 4: Romper os elos fracos. A Keaton Row e a Trunk Club desacoplam o ato de escolher os itens de um traje dos atos de comprar e usar o traje. Usando personal stylists (Keaton Row) e algoritmos (Trunk Club), essas desacopladoras identificam o estilo dos clientes e fazem o trabalho de busca online por todos os itens de um traje para eles. Os serviços enviam aos clientes os links para as compras (Keaton Row) ou entregam os itens em suas casas (Trunk Club), reduzindo, assim, o tempo e o esforço necessários para escolher os que combinam em um traje.

Passo 5: Prever como as estabelecidas reagirão. Como a Macy's reagiria se essa tendência crescesse? Isso resultaria em menos visitas dos clientes às lojas, ou poderia resultar em stylists procurando online ou visitando as lojas em nome dos clientes. Como a Macy's não perde uma atividade cobradora de valor, a empresa pode não ver isso como uma grande ameaça a seu modelo de negócios. Como consequência, pode decidir se adaptar lentamente à nova clientela de stylists e compradores profissionais, mudando o formato de suas lojas ou se adequando a essa clientela com uma seção especial em seu site. Por outro lado, ela pode ver essa situação como uma grande ameaça a seu modelo de negócios, que se baseia nos clientes fazendo compras em diversos departamentos. Nesse cenário, a Macy's poderia lançar seu próprio programa de comprador stylist, como a Keaton Row, ou um serviço de assinatura de trajes, como a Trunk Club. As desacopladoras precisariam se preparar para essa eventual concorrência.

Esses são apenas alguns exemplos de como as startups aplicaram a receita de decoupling para estabelecer seus modelos de negócios de forma mais intencional e sistemática. Empreendedores e estabelecidas podem aplicar essa receita de cinco passos em quase qualquer setor, tanto em negócios diretamente com o consumidor (por ex., Keaton Row, Trunk Club) quanto em casos B2B (por ex., Storefront, Shelfmint). Esses cinco passos podem ser aplicados em quase qualquer situação em que existem consumidores que realizam uma série de atividades a fim de adquirir um produto, um serviço ou uma ideia. Contanto que uma única empresa ofereça atualmente mais de uma atividade aos consumidores, existe, ao menos teoricamente, uma oportunidade para que uma entrante chegue e desacople essas atividades para eles.

TRÊS VARIAÇÕES, TRÊS VALORES DE MERCADO

Suponha que uma startup ameace desacoplar sua empresa. Isso pode não ser uma ameaça tão grande se ela não tiver fundos suficientes. Como podemos determinar se os empreendedores são capazes de conseguir tal financiamento? Acontece que podemos fazer uma avaliação grosseira quanto à possibilidade de haver interesse dos investidores de uma forma mais rigorosa com base no tipo de decoupling que uma startup escolheu usar para gerar disrupção nos mercados.

Para identificar o tipo mais promissor de decoupling do ponto de vista dos investimentos, avaliei 325 startups baseadas nos EUA para as quais eu tinha avaliações de mercado atualizadas.[23] Entre elas, identifiquei 55 como desacopladoras concentradas em um único tipo de disrupção: criação de valor, cobrança de valor ou desgaste de valor.* Descobri que o mercado de investimentos parece valorizar os três tipos de decoupling de forma bastante diferenciada. Os investidores atribuem um valor de mercado muito maior às desacopladoras criadoras de valor; os menores valores de mercado àquelas desgastadoras de valor e um valor mediano às desacopladoras cobradoras de valor (*veja a Figura 4.4*).

Os mercados tratam as desacopladoras de atividades criadoras de valor de forma mais generosa, como evidenciado pelos acordos lucrativos firmados pela empresa de comunicações online Skype (adquirida pela Microsoft em 2011 por US$8,5 bilhões), a empresa Viber (VoIP) (adquirida pela Rakuten em 2014 por US$900 milhões) e a Twitch (adquirida pela Amazon por US$970 milhões em 2014).† Apesar de essas avaliações variarem muito, o decoupling de atividades criadoras de valor se correlaciona com uma avaliação mediana de US$600 milhões (e uma média de US$2,7 bilhões, devido às exceções mencionadas anteriormente).[24]

Os investidores reconhecem menos uma segunda categoria de desacopladoras, as cobradoras de valor, dando-lhes um valor mediano de US$350 milhões (em média, US$1,6 bilhão). Esses casos incluem a empresa de armazenamento na nuvem Dropbox (avaliada em US$10 bilhões ao arrecadar fundos em 2014), o serviço digital de música Spotify (avaliado em US$8,5 bilhões em 2015 antes de sua comercialização na Bolsa em 2018), a Zynga (uma capitalização de mercado de US$2,1 bilhões em 2016) e a JetSmarter,

---

* Juntamente às outras, ou elas empregam todos os tipos de decoupling em diversos negócios (por ex., Amazon, Google ou Facebook), não usam nenhum decoupling, ou não é possível julgar com base em sua descrição de empresa. Em pouquíssimos casos (por ex., Dropbox, Skype), uma disruptora pode ser classificada como "buscando dois tipos de decoupling". Nesses casos, escolhemos aquele que é mais promissor para os consumidores, aquilo que foi explicado logo de cara nos sites das empresas. Maiores detalhes estão disponíveis nas notas.

† Note que, embora o Skype não cobre pelas chamadas IP–IP, ele cobra pelas chamadas de IP para telefones. Por isso, não se classifica como uma desacopladora captadora de valor como as operadoras de telecomunicações.

um mercado que oferece preços e disponibilidade instantâneos de jatos particulares em todo o mundo (avaliada em US$1,5 bilhão em 2016).[25]

As desacopladoras de atividades desgastadoras de valor são as menos valiosas para os investidores entre as três categorias. A Rent the Runway, uma empresa que aluga roupas de designers online, eliminando, assim, a necessidade de os clientes visitarem as butiques de moda e comprarem itens caros, foi avaliada em mais de US$600 milhões no fim de 2016.[26] O mercado online Fresh Direct, que permitiu que os clientes fizessem compras sem ir ao supermercado, foi avaliado em US$480 milhões em meados do mesmo ano.[27] Uma exceção notável, a Dollar Shave Club, foi adquirida pela Unilever por US$1 bilhão nesse mesmo ano.[28] O decoupling desgastador de valor tem um valor de mercado mediano de US$100 milhões (com uma média de quase US$500 milhões).

FIGURA 4.4 **VALOR DE MERCADO POR TIPO DE DECOUPLING**

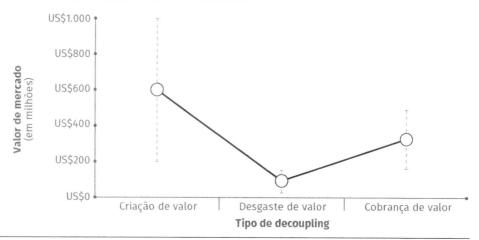

Nota: N = 55 startups B2C com base nos EUA usando o decoupling para gerar disrupção nos mercados, identificadas entre as 325 startups baseadas nos EUA com valor avaliado pelos investidores de US$10 milhões ou mais que tiveram sua última rodada de financiamentos em 2016 (veja mais detalhes nas notas). As linhas pontilhadas verticais representam metade de um desvio-padrão.

O que explica essas diferenças enormes em avaliação nos diferentes tipos de decoupling? Não posso dizer com certeza. O decoupling digital é um fenômeno muito recente, uma nova onda, e não existem exemplos suficientes em cada uma das três categorias para realizar uma análise estatística rigorosa dos fatores de avaliação. A falta de dados disponíveis publicamente não me permite nem mesmo ter controle de outras fontes de avaliação mais conhecidas, como taxa de crescimento, lucratividade, número de empregados, e assim por diante. Quando palestrei para executivos sênior de grandes empresas, alguns conjecturaram que a menor avaliação média para as desacopladoras desgastadoras de valor se dá pelo menor potencial de ganhos existente para os investidores. Uma empresa pode eliminar apenas algumas atividades desgastadoras de valor até não ter mais oportunidades ou começar a eliminar também atividades criadoras de valor. Os executivos também apontaram que esse tipo de decoupling é facilmente copiado por outras startups, bem como por estabelecidas. Por exemplo, depois que a Birchbox eliminou a necessidade de as pessoas irem até uma loja para pegar amostras de cosméticos para testarem, dezenas de startups de amostras e caixas por assinatura copiaram seu modelo.

Os executivos às vezes explicam as avaliações médias maiores das desacopladoras cobradoras de valor apontando que essas empresas podem crescer rapidamente e conquistar clientes, pois oferecem razões claras e atraentes para que eles mudem. O crescimento rápido é muito valorizado pelos investidores. Ao mesmo tempo, não existe garantias de que a desacopladora encontrará uma fonte de receita alternativa para justificar o negócio. Essa incerteza sobre a monetização se reflete na grande variação das avaliações observadas.

Já para explicar a alta avaliação aplicada às desacopladoras criadoras de valor, os executivos apontaram a grande vantagem que surge quando uma startup rouba clientes das estabelecidas e, ao mesmo tempo, conta com elas para entregar valor. Essa vantagem parece mais sustentável e monetizável, e menos propensa a ser copiada (graças à tecnologia da startup ou à vantagem de alto custo da troca). Assim, os investidores veem um grande potencial de vantagem e valorizam mais essas startups. Os membros da plateia costumam citar como exemplo Skype, Twitch e WhatsApp, que tiveram enormes taxas de crescimento inicial.

Como advertência, minhas observações sobre avaliações de mercado são baseadas em uma análise de apenas 55 empresas dos EUA que variam em termos de setor, lucratividade, tempo de entrada no mercado e tamanho. Além disso, incluí na análise acima apenas as disruptoras que tinham um tipo de decoupling único e identificável no momento. Por essa razão, exclui grandes empresas tecnológicas como Amazon, Alphabet e Facebook (dono do WhatsApp, Instagram e Oculus). Assim fica mais fácil tratar essa análise como apenas uma indicação inicial das possíveis diferenças em preferência dos investidores por tipo de decoupling. Conforme mais disruptoras desacoplarem de diferentes formas, seremos capazes de avaliar melhor o relacionamento entre valor de mercado e tipo de decoupling. Ainda assim, parece provável que o tipo de decoupling seja importante para os mercados de capital de risco. Em caso afirmativo, então as estabelecidas terão uma ferramenta útil à sua disposição. Quanto mais valioso o tipo de decoupling para os investidores, mais capital uma startup será capaz de acumular e maior será o arsenal orçamentário à sua disposição quando ela vier atrás do seu negócio. Fique de olho especialmente nas desacopladoras criadoras e cobradoras de valor. As desgastadoras de valor provavelmente serão uma ameaça menor e poderão ser tratadas de forma diferente.

Como as Estabelecidas Podem Reagir

Pergunte aos empreendedores como eles abordam um mercado em disrupção e você ouvirá que as startups parecem ter sucesso com base em tentativas e erro, tropeçando na inovação. No entanto, como vimos, há mais do que isso em uma startup de sucesso quando a startup em questão é uma desacopladora. Tendo observado muitas de perto, desenvolvi uma fórmula que todas as desacopladoras bem-sucedidas seguem de um jeito ou de outro, geralmente, sem perceber. A intenção dos empreendedores no decoupling tende a ziguezaguear sem controle, e nem toda curva pode ser explicada de forma racional (nem mesmo é necessário). Mas a lógica subjacente das bem-sucedidas é sólida, e forma as bases de uma receita para o decoupling. Mesmo que nunca seja uma garantia de sucesso, é possível criá-la.

Comecei o capítulo mostrando que podemos criar uma inovação de modelo de negócios sobrepondo três camadas.* A primeira camada é o jeito tradicional de fazer as coisas, o modelo de negócio padrão. Aqui as estabelecidas desfrutam de uma vantagem em relação às startups, já que conhecem essa camada melhor do que elas. Mesmo que certamente saibam como sua empresa funciona, em muitos casos, jamais saberão tão bem quanto você. É preciso aproveitar essa vantagem, baseando-se em seus pontos fortes. Na próxima camada, digitalização, você pode obter uma vantagem se replicar seu negócio online e entregar mais benefícios do que desvantagens aos clientes ou então as startups que realizam o mesmo processo poderão ter vantagem. Na última camada, a inovação incremental pode pesar a inovação para o lado do que trouxer a adição mais inovadora às duas camadas anteriores. Em alguns casos, a inovação proposta pode ser tão drástica que altera completamente a natureza do negócio. A última camada de inovação da Wikipédia, usando o crowdsourcing para escrever e revisar artigos, difere significativamente das tradicionais enciclopédias impressas, como a Britannica, e até das versões digitais, como a Microsoft Encarta.

Quando a inovação incremental se baseia em decoupling, todas as desacopladoras bem-sucedidas conseguem realizar os cinco passos cruciais descritos anteriormente: elas identificam um segmento-alvo e sua CVC, classificam as atividades da CVC, identificam os elos fracos entre essas atividades, os rompem e preveem como as estabelecidas reagirão. Os empreendedores podem usar essa fórmula para criar modelos de negócios inovadores de forma

---

* Também podemos usar essa abordagem em produtos ou tecnologias inovadores, mas seu maior potencial está na elaboração de modelos de negócios inovadores.

mais sistemática e estruturada, reduzindo, assim, seu risco. As estabelecidas podem usar essa receita para gerar disrupção em seus próprios negócios ou nos de outras estabelecidas.

Se as desacopladoras seguem conscientemente essa receita ou apenas compreendem intuitivamente o raciocínio por trás dos passos cruciais para o sucesso, as estabelecidas devem estar preparadas para a chegada de mais possíveis desacopladoras. Com uma fórmula em mãos, mais empreendedores se tornarão desafios bem melhores. Diferente dos fundadores da Twitch, que tropeçaram no sucesso, essa nova geração de desacopladoras provavelmente cometerá menos erros e obterá sucesso com mais rapidez.

Em vez de observar a trajetória de cada nova ameaça, você pode precisar de um "sistema de radar" para monitorar as ameaças em seu espaço, a fim de acompanhar as desacopladoras que estão entrando e atuando em seu mercado. Será necessário também pensar mais sobre como sua empresa deve reagir a quaisquer ameaças. Comecei a identificar diferentes níveis de risco oferecidos por diferentes tipos de desacopladoras com base em suas capacidades de levantar fundos. Se a potencial perda para sua empresa for nítida e o poder de financiamento delas for alto — e no caso das desacopladoras criadoras de valor, ele é — então soe o alarme e se prepare para reagir. As estabelecidas têm muitas opções entre as quais escolher ao formar uma resposta. Felizmente, podemos analisar as potenciais respostas colocando-as em algumas categorias diferentes, como mostrarei no Capítulo 5.

PARTE II
Reagindo ao Decoupling

Como vimos, uma nova abordagem à disrupção digital tem dominado muitos setores, uma caracterizada pelo rompimento ou "decoupling" dos elos entre as atividades adjacentes do cliente. Muitas pessoas pensam que as startups armadas com novas tecnologias orientam a disrupção, mas o decoupling geralmente surge de inovações de modelos de negócios projetados para ajudar a atender às novas necessidades e desejos dos clientes.

Muitas startups exploraram as necessidades e os comportamentos dinâmicos dos clientes de modo aleatório por meio do decoupling. No entanto, podemos realmente identificar um mapa ou um processo sistemático que qualquer empresa pode usar para deliberadamente planejar essa classe de disrupção. O decoupling tem uma receita. Como uma receita culinária, ela não garante sucesso, mas é inestimável para as novas desafiantes entrando em diversos setores, bem como para as empresas em defesa que precisam formular uma reação.

Os Capítulos 5 e 6 cobrem os dois principais caminhos de resposta ao decoupling. Independentemente do setor ou dos desafios que uma empresa estabelecida enfrenta, existem apenas alguns caminhos amplos para a reação, os quais abordo no Capítulo 5. Antes de decidir qual adotar, é preciso conhecer as opções, suas vantagens e riscos. O Capítulo 6 mostra como identificar o que está em risco e decidir quando é hora de reagir ao decoupling. Uma análise de riscos meticulosa (por ex., risco de perda devido a uma atitude errada versus risco de perda por não agir) é fundamental ao decidir como as estabelecidas deveriam reagir ao surgimento do decoupling em seus setores.

5

CAMINHOS DE REAÇÃO

Era uma manhã de verão em 1895, e um vendedor de tampas de plástico e inventor em série de 40 anos da Pensilvânia chamado King Camp Gillette teve um problema. Ele precisava se barbear e se aprontar para o trabalho, mas sua lâmina estava cega, "além do ponto no qual poderia ser afiada adequadamente", como escreveu depois para sua esposa. Naquela época, a solução para uma lâmina cega era ir a um barbeiro ou a uma cutelaria, onde amolariam a lâmina usando ferramentas profissionais. Mas isso era inconveniente, e não havia garantias de que a amolação seria eficaz. Se a lâmina não pudesse ser recuperada, Gillette teria que gastar até US$1,50 — quase o preço de um par de sapatos — para comprar uma lâmina nova.

Nessa época, Gillette estava obcecado em encontrar uma ideia para um produto que o tornasse rico e famoso. Observando suas tormentas criativas, seu chefe na Crown Cork and Seal Company lhe deu um conselho valioso: "Por que você não tenta pensar em algo que [como uma tampa de plástico], depois de usado, seja jogado fora e o cliente continue retornando para comprar mais?"[1] Ao viajar de trem até seus clientes, Gillette costumava pensar sobre uma longa lista de coisas que as pessoas usavam em massa e poderiam se tornar descartáveis.

Nessa manhã específica, Gillette teve um insight. Por que não criar um *barbeador* descartável? Se ele pudesse colocar no mercado uma lâmina barata, os homens poderiam usá-la até ficar cega e, então, simplesmente a substituiriam por uma nova. Chega de amolar. Chega de visitas ao barbeiro ou à cutelaria.

"Consegui", escreveu Gillette para sua esposa. "Nossa fortuna está garantida."[2] Bem, não necessariamente. Na ausência de uma indústria de capital de risco moderna, o inventor demorou oito anos para conseguir investidores, desvendar a tecnologia e começar a produção. Entretanto ele perseverou e, em 1903, chegou ao mercado, vendendo seu barbeador, junto com 12 lâminas, por US$5, e pacotes com 12 lâminas adicionais por US$1. Durante seu primeiro ano, ele vendeu 51 barbeadores e 14 dúzias de lâminas. No segundo ano, vendeu 91 mil barbeadores e 10 mil dúzias de lâminas. As vendas cresceram acentuadamente a partir de então, atingindo 1 milhão de barbeadores e 10 milhões de conjuntos de lâminas em 1917.

Um desafio que surgiu foram as cópias. Em 1921, com sua patente inicial expirando, Gillette deu entrada em um novo pedido para uma tecnologia de barbeador "melhorada", e vendeu seus barbeadores "antigos" com desconto por menos de um dólar. Resultado: as vendas de seus barbeadores dispararam acima dos 4 milhões. Para a surpresa da empresa, a maior base de usuários gerou demanda por conjuntos de lâminas de reposição, apesar de ainda serem vendidos pelo preço inicial. Lucrando com essa descoberta, a empresa reduziu o número de lâminas em seus pacotes de US$1, aumentando efetivamente o preço por lâmina. Após os subsequentes aumentos de preço, o barbeador ficou mais barato do que um pacote de lâminas de reposição.[3]

Sem perceber, Gillette havia encontrado um novo modelo de negócios poderoso para produtos modularizados. As empresas podiam criar uma base de usuários vendendo barato ou até mesmo dando o componente durável de seu produto, no caso, o barbeador, e ganhar dinheiro vendendo o componente descartável, nesse caso, as lâminas, com uma margem alta. Para Gillette, esse modelo "barbeador e lâminas", como é chamado hoje, serviu como uma fonte de lucros ampla e sustentável. Um século depois, a Gillette era a líder absoluta do mercado de barbeadores com uma fatia de mercado de cerca de 80% nos EUA e 66% em todo o mundo.[4] O modelo também havia entrado e se espalhado por setores não relacionados, incluindo impressoras e cartuchos de tinta, consoles de videogame e jogos, e-readers e e-books.[5]

Por mais poderosa que uma força disruptiva como o modelo "barbeador e lâminas" fosse, dificilmente seria invulnerável. No início de 2011, um empreendedor de trinta e poucos anos chamado Michael Dubin, sem experiência na indústria de barbear, montou um site para oferecer barbeadores online por assinatura. Dizer que o site pegou fogo é eufemismo. Em 2015, incríveis 51% de todas as vendas de barbeadores online vinham do Dollar Shave Club (DSC) de Dubin, eclipsando os 21% em vendas online da Gillette.[6] Como uma líder absoluta da indústria cujo nome é praticamente sinônimo da categoria fica à mercê de uma entrante que não tem nada além de um site e um produto terceirizado por um fabricante na Coreia?[7]

O DSC tinha um produto melhor? Não, o produto era a mesma "limonada", um barbeador plástico comum com cartuchos descartáveis de duas, quatro ou seis lâminas. O DSC divulgava melhor seus produtos? Alguns defendem que a empresa deslanchou depois que um vídeo viralizou com uma frase memorável de Michael: "Se as lâminas são boas? Não, nossas lâminas são boas pra c****lho."[8] Mas a Gillette fazia parte da Procter & Gamble, a maior anunciante do mundo, que, apenas em 2014, gastou *US$10 bilhões* em propaganda. A Gillette tinha acesso à maior carteira, às melhores agências de publicidade e a todos os tipos de mídias. Logo, se não era marketing, será que o DSC entregava mais conveniência a seus clientes? Não passou nem perto. As duas empresas enviavam os barbeadores para seu endereço com fretes semelhantes.

Então, fiz a pergunta para meus alunos, muitos dos quais haviam se tornado assinantes do DSC. Jonathan, um dos meus melhores alunos, tinha uma resposta. Quando criança, contou, ele frequentemente observava seu pai fazer a barba para o trabalho. Seu pai comprava barbeadores Gillette porque eram os melhores, e eram baratos, porém o pai dele também gastava muito com lâminas de reposição. Quando Jonathan cresceu e começou a se barbear, ficou frustrado com o quanto era caro substituir as lâminas da marca. "A

Gillette nos faz de reféns", lembrou de ter pensado, "nos forçando a comprar suas lâminas caras. Essas coisas não devem custar tanto assim para fabricar."

Então apareceu uma startup desconhecida chamada DSC, prometendo o fim do famoso modelo de precificação barbeador e lâminas que nos fazia sentir como reféns. A proposta de valor deles: "Sem custos escondidos. Cancele a qualquer momento. Você nunca estará preso."[9] Após anos vendo seu pai preso, sofrendo com algo que parecia um relacionamento abusivo com a Gillette, Jonathan podia finalmente se libertar. O DSC lhe oferecia a transparência de um modelo "pague o que usar", e ele aceitou. Uma mudança que lhe permitiu economizar centenas de dólares em custos com a barba ao longo dos anos.

Como a história de Jonathan sugere, o modelo de negócio barbeador e lâminas funciona bem em duas situações diferentes. A primeira: funciona quando um cliente míope foca o curto prazo às custas do longo prazo. Esse consumidor compra um barbeador barato da Gillette ou impressora da Lexmark apenas para depois, sem saber, pagar preços exorbitantes pelas lâminas ou pela tinta de reposição. Jonathan, claro, não era uma desses clientes. Após assistir seu pai, ele sabia quão cara era a oferta da Gillette no longo prazo. Infelizmente, antes de o DSC aparecer, o modelo barbeador e lâminas havia reduzido as opções para o consumidor no mercado, afastando outras escolhas (além dos barbeadores elétricos e barbeadores descartáveis baratos) que poderiam agradar a consumidores como Jonathan. Ele não tinha realmente uma opção, e essa é a segunda situação na qual o modelo barbeador e lâminas funciona. Como milhões de outros clientes, Jonathan foi forçado a enfrentar a escassez de alternativas de qualidade semelhante.

Grandes empresas como a Gillette, com modelos do tipo barbeador e lâminas, captaram um valor tão excessivo dos consumidores que têm pouco incentivo para adaptar seu modelo de negócios aos tempos modernos. Francamente, essa é a *última* coisa que elas querem fazer. Em 2004, antes de ser comprada pela Procter & Gamble, a Gillette divulgou impressionantes 60% de margem bruta.[10] Para proteger margens tão altas, empresas como essas investem em patentes de produtos simples, como barbeadores. Elas justificam essas patentes defendendo que gastam centenas de milhões de dólares em pesquisa e desenvolvimento todos os anos, e seu investimento exige proteção. Em julho de 2017, a Gillette detinha quase duas mil patentes, todas concedidas desde 1975. Apenas em 2012, depois de o DSC entrar em cena, a Gillette obteve 125 patentes novas. Lembre-se, não estamos falando de um motor de jato ou um complexo novo modo de administrar vacinas. Estamos falando de um barbeador! Em comparação, a gigante farmacêutica Pfizer recebeu 57 patentes nos EUA em 2015, e os pesquisadores da New York University — todos eles — receberam, ao todo, 63. A Mazda recebeu 63, a Black & Decker, 74, e a divisão de helicópteros da Airbus recebeu 75 (nos EUA).[11] Como pode uma fabricante de barbeadores descartáveis e cremes de barbear requerer tantas patentes a mais do que fabricantes de helicópteros e indústrias farmacêuticas?

Durante o início dos anos de 1900, a Gillette usava as patentes para proteger um produto novo e altamente inovador contra cópias. No entanto, no fim da década de 1900, a empresa estava usando as patentes para proteger até mesmo o menor ajuste em seu barbeador ou lâminas como meio de combater qualquer possibilidade de decoupling. A Gillette sobrecarregava os clientes com inovações incrementais cada vez menores, e lhes cobrava demais por elas; tudo para proteger seu modelo de negócios lucrativo. E, quando isso não foi o bastante, a gigante — como outras estabelecidas — buscou outra tática: adquirir empresas que simplesmente sinalizavam que entrariam no mercado com um modelo de negócios alternativo. Em 2009, por exemplo, a Procter & Gamble gastou US$60 milhões para comprar a sofisticada marca de barbearia The Art of Shaving.[12]

No jargão do setor, essas empresas estabelecidas criam "barreiras", "paredes" ou "fossos" em torno de seus modelos de negócios. Mas existe um grande problema na criação desses fossos em torno do castelo. Não é que a estratégia não funcione. Pelo contrário, ela funciona bem *demais*; até que um dia deixa de funcionar. Para a Gillette, esse dia foi 6 de março de 2012, quando o DSC lançou seu barbeador Executive, um produto de seis lâminas que era tão bom quanto o barbeador de ponta da Gillette.[13] Dali em diante, a fatia de mercado da gigante despencou. Os homens contavam uns aos outros sobre o DSC, e o produto viralizou. Jonathan e outros millennials foram os primeiros a aderir, tornando-se propagadores do produto, "contaminando" seus pais e avôs com a ideia de mudar. Outras startups de produtos para barbear, como a Harry's, entraram na festa em 2013, lançando seus próprios produtos online. E o resto é história.[14]

Perguntei a meus alunos se eles retornariam para a Gillette se a empresa reduzisse seu preço pelas lâminas de reposição para se equiparar aos preços do DSC. Sua resposta: um não quase unânime. Isso é compreensível. Da mesma forma que as pessoas que saem de relacionamentos românticos abusivos relutam em retornar, os consumidores em relacionamentos comerciais abusivos também fazem o mesmo. Ir contra os desejos dos consumidores pode funcionar por um tempo, mas não para sempre. Em algum momento surge uma nova empresa para oferecer aos clientes o que eles realmente precisam. A verdade é simples: não existe risco maior para sua empresa do que ir contra as necessidades e os desejos dos clientes.

Agora que você entende como o decoupling funciona, e como criá-lo, é hora de abordar a pergunta de ouro: *como eu reajo a essa nova onda de disrupção digital?* Apesar de parecer que as estabelecidas têm um número incrível de respostas para escolher, na verdade, existem apenas dois caminhos amplos de respostas instantâneas (apesar de que, como veremos, muitas ações ou táticas podem se enquadrar em cada um). Essa realidade dolorosa deveria vir como um conforto. Não é preciso procurar entre dezenas de possíveis meios de reagir, entretanto é preciso determinar qual dos dois caminhos principais trilhar. O que, afinal, está longe de ser simples.

Os Dois Grandes Caminhos de Reação

Como vimos, o decoupling se desdobra de forma padronizada em todo setor. Isso ocorre em situações em que a empresa estabelecida entrega duas ou mais atividades de consumo ao cliente e cobra pelas atividades acopladas. Diferente dos produtos agregados, as atividades acopladas sempre podem ser separadas em, no mínimo, duas: uma que cria valor (por exemplo, assistir TV, conversar com um amigo ao telefone ou procurar o produto certo em uma loja) e uma por meio da qual a empresa cobra valor (por exemplo, fazer os espectadores assistirem anúncios, se conectarem a uma rede móvel, pagar por uma assinatura ou comprar um produto da prateleira).* As empresas estabelecidas enfrentam uma ameaça real quando uma nova entrante desacopla as duas atividades e tenta entregar uma atividade criadora de valor sem uma cobradora de valor, e quando a desacopladora monetiza isso, cobrando de outros (como anunciantes, varejistas ou usuários assíduos) ou simplesmente cobrando menos. E, se querem sobreviver, devem formar uma reação.

A maioria das empresas estabelecidas geralmente tenta reagir de um dos três jeitos a seguir: imitando a entrante, comprando-a ou tentando sufocá-la reduzindo seus preços drasticamente. Porém essas opções trazem consequências indesejadas para a organização, mesmo que sejam bem-sucedidas. As estabelecidas que imitam as startups podem ter seus lucros muito reduzidos. As pequenas startups podem ser capazes de ganhar dinheiro sobre as receitas significativamente baixas ou margens mais apertadas que o decoupling costuma gerar, mas grandes organizações como NBC, Telefónica e Gillette não têm uma estrutura de custos para suportar isso. Comprar a disruptora também não é garantia de não correr riscos. Além de tal compra consumir as reservas de caixa, uma estabelecida pode ter problemas em integrar de forma suave uma disruptora em seu negócio existente. Muitas aquisições de empresas de tecnologia fracassaram, as mais famosas são a compra da AOL

---

* Como expliquei no Capítulo 3, em alguns casos existe um terceiro tipo de atividade: as desgastadoras de valor.

pela Time Warner (resultando em uma perda de US$99 bilhões), a compra da Autonomy pela HP (uma perda de US$8,8 bilhões) e a compra da antiga queridinha da tecnologia, Nokia, pela Microsoft (uma perda de US$7,6 bilhões). Por fim, reduzir drasticamente os preços para sufocar a disruptora também impacta nos lucros e pode trazer implicações legais se a justiça vir isso como uma prática de concorrência desleal.

Levantadas essas questões, os gestores de empresas estabelecidas devem evitar reagir muito rapidamente. Já que o decoupling é um problema local (em outras palavras, afeta apenas uma parte da cadeia de valor do cliente e alguns consumidores), as estabelecidas deveriam tratá-lo de forma local. A Best Buy viu que os consumidores estavam praticando showrooming em categorias como aparelhos eletrônicos, equipamentos eletrônicos para bebês e brinquedos eletrônicos, mas não em outras categorias, como mídias, eletrodomésticos e acessórios. Ao elaborar uma reação, a varejista não interveio fazendo mudanças que afetassem toda a loja; concentrou-se apenas na seção de eletrônicos.

Imitar, comprar ou começar uma guerra de preços não são intervenções necessariamente locais e isoladas; elas podem afetar toda a organização da estabelecida. Existem outras reações que se concentram apenas no problema central? Acontece que as reações seguem dois grandes caminhos. Para desenvolver uma compreensão clara sobre elas, vamos primeiro considerar um cenário hipotético. Digamos que você gerencie uma empresa que vende bolos com cobertura. Uma nova startup permite que seus clientes mais jovens adquiram apenas a cobertura, deixando você com montanhas de coberturas não vendidas enquanto continua assando e vendendo bolos. O que você pode fazer? Uma opção é forçar todos a comprarem o bolo e a cobertura juntos. A outra é deixar os consumidores comprarem apenas o que quiserem. Em outras palavras, você pode *reacoplar* o bolo e a cobertura novamente, ou pode *desacoplar preventivamente* seus bolos, permitindo que cada parte seja vendida separadamente.* Esses dois caminhos estão disponíveis para todas as estabelecidas, independentemente do setor. Examinaremos uma de cada vez.

RECOUPLING

Em minha experiência, as empresas estabelecidas que enfrentaram o decoupling reagiram inicialmente tentando reacoplar as duas (ou mais) atividades que foram separadas. Elas exigem que os clientes as consumam em conjunto, mesmo que prefiram realizar apenas algumas atividades com a estabelecida e outras com a desacopladora. Se alguém rompe a cadeia de valor do seu cliente, a primeira reação óbvia é conectá-la de volta. As empresas conseguem isso de diversas formas: por meio de contratos com clientes, reduzindo a compatibilidade dos produtos, controlando os padrões de plataforma, usando medidas legais para aplicar os termos de uso e fechando sistemas de software.

As estabelecidas do setor de TV, por exemplo, implantaram diversas táticas de recoupling. Em 1999, fabricantes de DVR, como TiVo e ReplayTV, desenvolveram um hardware para permitir que os espectadores gravassem a programação e pulassem os anúncios. Na verdade, esse hardware permitia que os espectadores desacoplassem a atividade de assistir programas da de assistir anúncios. Em resposta, as emissoras começaram a exibir anúncios durante (e não após) os programas, utilizando posicionamento de produtos, anúncios pop-up nas margens da tela e conteúdos patrocinados por marcas. As empresas de TV também trabalharam com fabricantes de DVR, como a TiVo, para limitar quantos anúncios os espectadores podiam pular, processando outros fabricantes que não respeitassem essa quantidade.

Essas abordagens de recoupling costumavam parecer funcionar, porém sua sustentabilidade em longo prazo ainda é questionável. Os espectadores que realmente detestavam anúncios logo migraram para plataformas de vídeo

---

* Quando falamos sobre dois produtos separados, como bolo e cobertura, a terminologia adequada é "desagregação". Mas uso o exemplo do bolo para explicar a percepção por trás das opções de decoupling, pois é fácil de entender.

online, como Netflix, HBO Now e Amazon Video, que aboliram os comerciais. Frustrados, esses espectadores pararam de assistir televisão tradicional e cancelaram suas assinaturas de TV a cabo. A TiVo acabou tendo que optar entre se unir às emissoras ou apelar para sua base de clientes em potencial que estava abrindo mão das TVs a cabo. Em 2015, a empresa decidiu "mostrar o dedo do meio para os comerciais" (essa é uma citação real de uma nota de imprensa da TiVo), oferecendo um Modo Pular que permitia que os usuários passassem os comerciais automaticamente.[15]

No setor de varejo, vemos muitas tentativas de reacoplar as atividades do consumidor. Vimos que o showrooming — procurar produtos em uma loja física e comparar preços usando um aplicativo móvel — ameaçou tremendamente os varejistas físicos. Muitas lojas não podem competir com vendedores online, que não assumem os altos custos de manter uma loja física ou uma equipe de vendas. Os pequenos varejistas são os mais prejudicados. Para enfrentar essa situação, um pequeno varejista — Celiac Supplies, um mercado especializado em alimentos sem glúten de Brisbane, Austrália — decidiu exigir que todos os clientes dentro da loja fizessem uma compra ou pagassem uma taxa de AU$5 para "só dar uma olhadinha". Pensando que a taxa coagiria muitos clientes a fazerem compras, a Celiac viu a política como um modo de evitar que os varejistas online roubassem toda a demanda de sua loja.[16] Ainda que extrema, a política é a tentativa clara de uma estabelecida para encadear novamente as atividades de procurar e comprar, que haviam sido separadas pela Amazon e outras.

O recoupling poderá funcionar se uma empresa que serviu a seus clientes em diversas atividades puder *aumentar* o custo para realizar essas atividades usando diversas empresas (reduzindo, assim, as forças de especialização, como descrito no Capítulo 3) ou *reduzir* o custo para servir exclusivamente aos clientes em todas as atividades da CVC (aumentando, assim, as forças de integração). A Celiac Supplies, ao implementar essa nova política de cobrança de AU$5, tentou aumentar o custo que os clientes teriam para especializar. Ela estava criando valor para os clientes ao exibir produtos novos e de um nicho que não estava disponível em outro lugar, porém não captava nada desse valor se um cliente conhecesse os produtos na loja, comprasse online e saísse da loja de mãos vazias. A Celiac Supplies precisava ser paga de alguma forma. Então, agiu para fazer isso acontecer, embora tenha sido de forma extrema e insensata.

O que mais a empresa poderia ter feito para implementar melhor o recoupling? Uma abordagem é reconfigurar as atividades cobradoras de valor (que afetam os custos monetários da integração) ou eliminar as atividades desgastadoras de valor (que afetam os custos de esforço e tempo da integração). Outros varejistas obtiveram sucesso com formas mais sutis de recoupling, por exemplo, cobrando taxas de filiação (como a Costco faz) ou cobrando taxas acessórias por facilidades, como estacionamento no local em grandes cidades. No entanto, essas práticas também trazem riscos, pois os clientes podem questionar o valor da atividade central que buscam e talvez decidir abandonar a empresa de vez. Uma alternativa é incluir atividades criadoras de valor. Pergunte-se: "Como posso aumentar o valor total oferecido ao meu cliente, incentivando-o a ficar comigo ao longo de toda a CVC?" Simplificando, o recoupling envolve tornar mais vantajoso para o cliente ficar ou tornar mais caro para ele deixar você, como a Gillette.

Tanto no exemplo da Celiac Supply quanto no da indústria televisiva, as estabelecidas, em sua maioria, logo tentaram reacoplar através de mudanças na cobrança de valor. Essas empresas também podem reacoplar de outras formas mais contundentes. Operadoras de telecomunicações usaram tecnologias como cartões SIM e softwares para evitar que os consumidores trocassem de empresa de telecomunicação após comprar um aparelho celular com elas. Também usaram contratos de dois anos para tentar evitar que os clientes desacoplassem a compra de um dispositivo do uso da rede para comunicações móveis. Desenvolvedoras de software, como Microsoft, Adobe e Oracle, impõem desde sempre contratos de licença do usuário final que os compradores têm que assinar como condição de uso. Algumas cláusulas proíbem a adaptação, tradução e modificação de seu software ou código para a integração em outros softwares. E, por fim, as estabelecidas podem buscar um lobby legal e político como meio de reacoplar.* Pense, por exemplo, nas tentativas do setor hoteleiro de cidades como Nova York, São Francisco e Paris de impedir que os donos de imóveis anunciassem suas casas para aluguéis de curto prazo em sites como o Airbnb. Da mesma forma, editoras dos EUA pediram ao congresso uma isenção antitruste de modo que pudessem negociar coletivamente com plataformas digitais como Facebook e Google, empresas de mídias digitais que desacoplaram a criação e a distribuição de notícias.

Todas essas tentativas de reacoplar as atividades do cliente são um tanto perigosas para as estabelecidas, simplesmente por que a empresa em questão está indo na direção contrária dos desejos dos consumidores. Os consumidores desejam desacoplar, as startups estão oferecendo uma opção para que se libertem e as estabelecidas estão tentando manter as comportas fechadas. Qualquer tentativa de recoupling deveria, então, se atentar a dois problemas: por quanto tempo você, a estabelecida, consegue deixar as comportas fechadas? E quanto custará fazer isso? Nesse sentido, a indústria de impressoras e cartuchos de tinta oferece uma história de alerta.

CUIDADO, REACOPLADORAS

O modelo barbeador e lâminas da Gillette foi tão genial que outras fabricantes de bens de consumo começaram a adaptá-lo em seus negócios. Elas diminuíram os preços de componentes duráveis para captar clientes rapidamente, mesmo que significasse perder dinheiro, e compensaram quaisquer perdas ao captar altas margens no módulo de reabastecimento, subsidiando, desse modo, o componente durável. Como os clientes podiam comprar os componentes duráveis a preços tão baratos, o modelo parecia beneficiar tanto consumidores quanto fabricantes. A Kodak usou o modelo barbeador e lâminas para subsidiar as câmeras, compensando nos filmes com margens

---

* As empresas americanas relatam gastar US$3 bilhões ao ano fazendo lobby, segundo o *Economist* (15 de abril de 2017, 59).

altas. Fabricantes de impressoras como HP, Canon e Lexmark vendiam impressoras subsidiadas, compensando o preço vendendo toners e tintas com altas margens. Mais recentemente, a Nestlé adotou o modelo em sua unidade de negócios superpopular, Nespresso, vendendo sofisticadas cafeteiras de expresso a preços baixos e ganhando mais em suas cápsulas de café.

No entanto, o modelo barbeador e lâminas tem um porém: ele funciona para a empresa apenas se os clientes acoplam seu processo de compra, comprando o barbeador da Gillette, a cafeteira da Nespresso ou a impressora da HP, e comprando as lâminas, as cápsulas e os cartuchos em seguida e repetidamente da mesma empresa. Se os clientes comprarem as partes de reposição em outro lugar, as empresas não conseguirão compensar seus subsídios dos componentes duráveis. É por isso que os grandes fabricantes vão tão longe para garantir que apenas os produtos de reposição que eles fazem sejam técnica e legalmente compatíveis com seus dispositivos (pense nas milhares de patentes da Gillette). Quando as upstarts ameaçam desacoplar a compra de peças duráveis e de reposição, essas estabelecidas dão o troco... e com vontade.

Durante anos, uma pequena empresa familiar chamada Impression Products compra cartuchos de tinta usados, os reabastece e vende aos donos de copiadoras e impressoras a preços de 30 a 50% mais baixos que os cobrados pela Lexmark por um novo. A Impression Products estava respondendo ao persistente desejo dos clientes por um cartucho mais barato. Como um comediante disse: "Ou as tintas de impressora são feitas com sangue de unicórnio ou nós estamos sendo enganados [pelas fabricantes de impressoras]".[17] A fim de garantir que os cartuchos de tinta usados funcionassem, a pequena empresa desabilitava neles um chip que detectava quando estivessem sendo reutilizados e bloqueava seu uso. Assim, as impressoras Lexmark não detectavam esses refis, e os clientes podiam utilizá-los para imprimir de forma mais barata.

A Lexmark não ficou nem um pouco feliz com o negócio de cartuchos da Impression Products. Em 2013, a empresa os processou, alegando que a cobertura das patentes sobre suas impressoras lhes permitia aplicar a proteção contra o uso não autorizado de seus componentes, como cartuchos não aprovados. A empresa familiar rebateu alegando que as patentes de produtos não deveriam restringir o uso do produto pelo consumidor *após* a compra. Uma vez que as pessoas compram um produto, alegou ela, devem poder fazer o que quiserem com ele. Os observadores perceberam que um veredito nesse caso reverberaria muito além da indústria de impressoras. Segundo um artigo da *Fortune*, se os donos de patentes tivessem uma grande capacidade de impor controle sobre o uso dos produtos por parte dos clientes após a compra, então "uma [detentora de patente poderia vender] produtos farmacêuticos 'que só podem ser engolidos inteiros' ou um rádio 'para uso apenas aos domingos' e processar alguém que parta as pílulas ou esqueça o dia da semana por quebrar a patente". Na indústria automobilística, os fabricantes poderiam derrubar todo o mercado ao vender carros com uma condição de "não revenda". Onde quer que você olhasse, observou o artigo, os donos de patentes poderiam alegar que "certo uso de um produto não é autorizado e o proprietário deve pagar pelos danos".[18]

Conforme o caso subiu para a Suprema Corte dos EUA, empresas de muitos setores se enfileiraram de ambos os lados. Empresas como Costco, a fabricante de celulares HTC e a Intel apoiaram a Impression Products, enquanto a fabricante de chips para celular Qualcomm e diversas fabricantes farmacêuticas e empresas detentoras de patentes defenderam a Lexmark. Foi, nas palavras de uma agência de notícias, "um caso de patentes que afeta a todos"; uma batalha entre desacopladoras e reacopladoras, travada sobre a questão de os consumidores poderem desacoplar o modelo de negócios "barbeador e lâminas". Em 2017, após quatro anos de litígio, a Suprema Corte decidiu a sete votos contra um a favor da Impression Products. Conforme relatou a decisão da Corte, a Lexmark havia esgotado seus direitos de patente ao vender suas impressoras e cartuchos, e não podia impor quaisquer restrições de uso sobre os consumidores ou fornecedores de segunda mão.[19] Essa decisão reforçou o direito dos consumidores de desacoplar a compra de um módulo durável (por ex., impressora, barbeador, carro) do reparo e o uso de módulos de reposição (por ex., tinta, lâminas, peças de carro) de outros fornecedores. Poder ao povo!

Se você for uma estabelecida, essa decisão pode servir como um alerta. Seus consumidores podem se sentir supermotivados a desacoplá-lo. E essa motivação pode dar origem a startups que implantam novos modelos de negócios, tecnologias ou legislações para driblar suas tentativas de recoupling. Você é capaz de manter as comportas fechadas à força, contra a vontade dos seus clientes? Por quanto tempo? E a que custo? Antes de optar pelo recoupling, pense bem em cada uma dessas perguntas, e não subestime o custo para sua empresa de reacoplar à força. Entre 2013 e 2016, enquanto o processo da Lexmark estava correndo, a receita total da empresa em sua divisão de impressoras caiu 7% enquanto as receitas de outras grandes empresas subiu. Enquanto a Lexmark estava ocupada tentando reacoplar impressora e tinta por meios legais, as grandes concorrentes do mercado se empenharam em seus negócios.[20]

DECOUPLING PREVENTIVO

As estabelecidas têm uma alternativa viável para reacoplar que também é minimamente invasiva. Elas podem fazer exatamente o contrário e abrir as comportas por si próprias ao *desacoplar preventivamente* duas ou mais atividades. Voltando à nossa analogia dos bolos, em vez de forçar os clientes a comprar e comer seus bolos com cobertura, uma confeitaria pode decidir vender apenas o bolo ou a cobertura, conforme o desejo do cliente. Levando isso ao extremo, as estabelecidas de qualquer setor podem decidir permitir que os clientes escolham e optem por qualquer subconjunto de atividades que elas ofereçam em uma cadeia de valor do cliente.

Pode ser que seu modelo de negócios atual não suporte uma mudança tão drástica. Se você desacoplar as atividades que criam valor daquelas que o captam, corre o risco de oferecer atividades que cobram valor sem aquelas que o criam. Por que, por exemplo, alguém desejaria ligar a TV apenas para assistir comerciais? Você também corre o risco de oferecer atividades criadoras de valor sem as cobradoras de valor; uma situação ainda pior. Por que uma empresa de telecomunicações permitiria que as pessoas usassem sua rede de celular sem pagar por ela na forma de uma assinatura ou plano pré-pago? Obviamente, desacoplar nem sempre faz sentido.

Para desacoplar preventivamente de modo que recompense tanto aos clientes quanto à empresa e seja, portanto, sustentável, você pode precisar mudar seu modelo de negócios. Para entender como, faremos um experimento mental rápido. Digamos que você seja o dono do Wholeana, um sofisticado restaurante fictício localizado em Boston, Massachusetts. Você realiza quatro atividades na CVC do restaurante: fazer uma reserva, ocupar uma mesa, consumir alimentos e bebidas, e realizar o pagamento. Em geral, seus clientes realizam todas as quatro de maneira acoplada, ou seja, com você.

Vamos imaginar que uma nova startup tenha gerado disrupção no mercado de jantares sofisticados de todas as formas possíveis. Ela criou uma tecnologia que permite que os clientes reservem mesas em qualquer lugar, quer o restaurante permita isso quer não. Fazendo lobby com políticos, ela conseguiu a aprovação de leis que permitem que as pessoas ocupem mesas de restaurantes sem consumir nada e tragam de fora a comida que quiserem. Se este último cenário lhe parece muito absurdo, pense que essa legislação em diversas ocasiões garantiu a separação de produtos e serviços. Os exemplos incluem energia na União Europeia (as casas são livres para trocar de fornecedor de energia), livros didáticos nos EUA (os estudantes são livres para vender seus livros usados e os compradores não podem ser impedidos de forma alguma de usá-los) e serviços de manutenção automobilística na Polônia (fabricantes de peças e concessionárias podem produzir peças e realizar serviços de manutenção de qualquer marca de carro que quiserem).

Além disso, imagine que essa disruptora criou um aplicativo sob demanda que permite que os clientes peçam comidas e bebidas de qualquer outro estabelecimento ao toque de um botão. Um cliente poderia reservar uma ótima mesa em seu lindo estabelecimento usando o aplicativo. Ele poderia chegar ao local e se sentar ali com seu grupo, então poderia sacar o aplicativo e pedir bebidas de um bar e comidas de outro restaurante, e tudo seria entregue em sua mesa no Wholeana. Seu grupo jantaria e se divertiria e, quando você, o proprietário, trouxesse a conta, esse cliente lhe pagaria apenas o que ele e seu grupo consumiram da cozinha do Wholeana.

Nesse exemplo, a tecnologia e a legislação o proíbem de reacoplar as diversas atividades do cliente. Então, em vez disso, você decide desacoplar todas as quatro atividades para seus clientes de modo que possam escolher livremente e optar pelas atividades que quiserem que o Wholeana realize. Para que isso comece a fazer qualquer sentido econômico, você deve seguir uma lei crucial da decomposição do modelo de negócios: reequilíbrio.

 Reequilíbrio: Criar valor em todos os pontos dos quais você tenta captar valor e captar valor em todos os pontos nos quais tenta criar valor.

Se o Wholeana permitir que as pessoas reservem mesas através de seu sistema de reservas e não pedir sua comida, então o restaurante precisará cobrar por essa atividade criadora de valor. Afinal, os clientes se beneficiam por ter mesas prontas para eles quando chegam. Se o Wholeana permite que seus clientes utilizem outro sistema para reservar uma mesa no local ou se permite que eles peçam bebidas e comidas de fornecedores externos, então o estabelecimento precisa cobrá-los pela atividade de ocupar uma de suas mesas. Todas essas atividades criam valor para os clientes. Em uma CVC totalmente desacoplada, o Wholeana precisa cobrar por cada uma das atividades criadoras de valor se, e especialmente quando, os clientes as realizam.[*] No que diz respeito à última atividade, pagar a conta no final da refeição, o restaurante pode abolir o pagamento da conta e redistribuir isso em atividades cobradoras de valor ao longo da experiência no local. Se decidir

---

[*] O cliente não precisa pagar fisicamente a todo momento em que recebe valor, mas pode ser cobrado por ele no final.

cobrar no final, o Wholeana precisa construir algum valor para o cliente nessa última atividade cobradora de valor, por exemplo, permitindo que apreciem música ao vivo ou alguma outra forma de entretenimento. Esse processo de casar cuidadosamente as atividades que criam valor com aquelas que cobram valor é o que chamamos de reequilíbrio.[21] É um jeito quase infalível de evitar vazamento de valor, como explicaremos na próxima seção.

EXEMPLOS DE REEQUILÍBRIO

Você pode se perguntar por que o decoupling preventivo exige o reequilíbrio. Zynga, SuperCell e outros desenvolvedores de jogos para celular desacoplaram a indústria dos videogames ao permitir que os jogadores jogassem sem pagar antecipadamente os mais de US$60 para adquiri-los. Skype, Google Hangouts e outros provedores de VoIP desacoplaram as empresas de telecomunicação ao oferecer telecomunicações gratuitas ou a preços muito mais baixos em relação aos cobrados pelas empresas tradicionais, que ainda precisavam criar e manter suas redes. A Amazon desacoplou ao permitir que os compradores se beneficiassem da pesquisa em lojas físicas e ainda conseguissem um preço mais barato na Amazon.com. Essas disruptoras podiam oferecer serviços altamente valiosos e não cobrar por eles como as estabelecidas faziam, pois operavam em modelos de negócios diferentes que contavam com uma combinação de outras fontes de receita, níveis de preço menores e custos marginais menores. As estabelecidas que considerassem se juntar a essas desacopladoras e desacoplar a si mesmas não poderiam simplesmente copiar suas concorrentes; precisavam adaptar seus modelos de negócios para desacoplar de maneira economicamente sustentável. É *isso* que o reequilíbrio busca atingir.

Pense na Best Buy e sua resposta ao decoupling como um exemplo bem-sucedido de reequilíbrio. Ao permitir que as pessoas interajam fisicamente com os produtos, os varejistas criam valor para elas. Agindo dessa forma, os varejistas físicos acumulam altos custos fixos acoplados à manutenção de uma loja física e uma equipe. Para a Best Buy, simplesmente equiparar os preços aos da Amazon funcionou por um tempo, mas não foi uma solução em longo prazo. A gigante varejista decidiu, então, cobrar dos fabricantes pelo direito de exibir seus produtos nas lojas. Como concluiu, ela há muito tempo criava valor para as fabricantes (que não se importavam onde os clientes compravam seus produtos), mas não estava captando esse valor. Assim, a Best Buy *reequilibrou* ao captar valor através dos pagamentos dos fabricantes (conhecidos como taxas de espaço) no exato momento em que esse valor era criado (ou seja, quando os clientes testavam os produtos). Essa ação diferia drasticamente do modelo de negócios de varejo tradicional da Best Buy, o qual costumava se basear em margens sobre os produtos vendidos. Agora, a empresa ganha dinheiro independentemente de os consumidores comprarem uma televisão vendida em suas lojas ou não.

Ao incluir as taxas de espaço como fonte de receita em seu modelo de negócios, a Best Buy se colocou em uma posição invejável. Ela não foi contra o desejo dos consumidores, como faria ao reacoplar. Se os compradores valorizavam tocar e testar os eletrônicos antes de comprá-los, então os varejistas deviam encorajá-los a fazê-lo. Impedir que utilizassem aplicativos para comparar preços online seria, no máximo, uma solução paliativa. Além disso, a Best Buy ajustou cuidadosamente sua política de preços para se equiparar aos novos concorrentes, instituindo uma política de equiparação automática e permanente. Como resultado, a maioria dos produtos na loja era vendida a preços semelhantes aos de qualquer loja online.* Essa política garantiu que a Best Buy não perdesse vendas para as concorrentes online simplesmente por causa de preços.

Se uma mudança na política de preços em reação à nova entrante se traduz em uma receita mais baixa, como quase sempre acontece, as estabelecidas devem encontrar outras fontes de receita. Apesar de se sentirem tentadas a começar pelo lançamento rápido de novos serviços, aconselho as empresas a,

---

* Durante conversas comigo, o CEO Herbert Joly revelou que marketplaces como eBay e Amazon Marketplace eram excluídos da política de equiparação de preços.

em vez disso, buscarem novas receitas sistematicamente ao mapear a cadeia de valor do cliente e enxergar atividades que criam valor e pelas quais as estabelecidas ainda não cobram.

Em certos contextos, identificar atividades não remuneradas não é um exercício simples. Caso seja um varejista, empresa de mídia ou plataforma digital, você tem mais de um cliente (por ex., consumidor e fornecedor) e deve realizar essa análise separadamente para cada tipo. A Best Buy percebeu que seus fornecedores estavam obtendo um "serviço gratuito" quando a empresa exibia seus novos eletrônicos nas prateleiras, os compradores os viam e testavam na loja, e depois compravam online. A varejista decidiu transformar essa atividade em uma pela qual cobrava valor. A fim de garantir o cumprimento da primeira parte da regra de reequilíbrio, a Best Buy formulou um meio de criar mais valor ao ponto de poder captar valor. Ela construiu prateleiras sofisticadas e independentes, colocou-as em uma parte central da loja, longe dos concorrentes, e chamou atenção para elas através de sinalizações grandes e luminosas. Ao executar essa tática, a Best Buy pegou emprestado o conceito de "loja dentro da loja", comumente usado pelas lojas de departamento.

Ao lucrar com a tendência de prática de showrooming, a Best Buy conseguiu se desacoplar com eficiência, podendo agora coexistir de forma bem pacífica tanto com os novos hábitos de compras dos clientes quanto com sua disruptora, a Amazon. A Best Buy não está sozinha no reequilíbrio bem-sucedido de seu negócio. Em meados dos anos 2000, os chamados aplicativos de celular OTT (over-the-top), como Skype, WhatsApp e Viber, estavam corroendo as receitas da empresa de telecomunicações espanhola Telefónica. Muitos dos assinantes da empresa que tinham planos de celular reduziram seu uso de voz e texto ao mínimo para diminuir suas contas de telefone, então usaram os OTTs para suas principais necessidades de comunicação.* Os fornecedores de OTTs haviam desacoplado a conectividade que era necessária para

---

* Diferente dos EUA, em 2014 muitos países ainda operavam em uma base de pagamento por voz e texto conforme o uso.

que qualquer uma das partes falasse — uma atividade ainda fornecida pela Telefónica — da comunicação real entre pessoas, o que os aplicativos móveis de voz e mensagem ofereciam. Infelizmente para a espanhola, seu modelo de negócios original dependia muito das receitas recorrentes dos serviços de comunicação baseados em voz e não da conectividade, que a Telefónica subsidiava parcialmente em alguns países.

A princípio, a empresa europeia e outras operadoras de telecomunicações pelo mundo tentaram reacoplar. Elas tentaram bloquear o uso de suas redes pelos aplicativos OTT, implantando tecnologias para evitar que os assinantes acessassem o Skype e o WhatsApp. Depois que os clientes encontraram alternativas, as operadoras tentaram aprovar leis que proibissem o comportamento oportunista dos OTTs. A maioria dos governos europeus não aceitou aprovar tais leis, percebendo que os OTTs beneficiavam os consumidores.

Confrontada pelo fato de que nem o comportamento dos consumidores nem os OTTs desapareceriam, a Telefónica mudou sua estratégia para o reequilíbrio. A empresa mudou sua política de preços, cobrando mais pela conectividade, uma atividade que criava valor para os clientes, mas que antes era oferecida gratuitamente ou por preços altamente subsidiados. Ao mesmo tempo, a operadora cobrava bem menos por comunicações de voz e texto, alterando-as para taxas fixas em vez de cobrar conforme o uso. Em um estudo de caso que elaborei em 2012, descrevi como a Telefónica implementou essa mudança de política de preços de formas diferentes em cada um dos 24 países onde operava, considerando as diferenças de comportamento de uso. Em alguns países com alto uso dos OTTs, a espanhola começou cobrando uma taxa fixa de voz ou texto ilimitados. Essa nova política de preços reduziu drasticamente os incentivos monetários dos clientes para usarem os OTTs. Eles ainda os utilizam, mas não tanto como antes. (Desde então, as empresas de telecomunicação tiveram problemas para acompanhar as constantes inovações dos serviços de OTT, em parte por causa do crescimento contínuo desses serviços.) Ao criar valor para o consumidor (reduzindo os custos de chamadas e mensagens) e cobrar pelo valor em outras partes (conectividade), as operadoras de telecomunicações como a Telefónica reequilibraram seus modelos de negócios, um ato que lhes permitiu coexistir lucrativamente com os novos comportamentos dos clientes e as sagazes desacopladoras do setor.

Reequilibre Seu Modelo de Negócios

Reacoplar difere fundamentalmente de desacoplar a si mesmo no sentido de fazer sua empresa ir contra os desejos predominantes dos clientes. Às vezes, seus clientes *querem* se especializar, e não querem que uma empresa estabelecida — a sua — os force a realizar todas as atividades da CVC com a mesma companhia. Eu gosto de pensar nos desejos de decoupling dos clientes como análogos ao conceito de entropia na física. Os sistemas físicos, como elétrons, estrelas e o quarto da minha filha, se tornam naturalmente mais desorganizados ao longo do tempo. Seu nível de entropia, uma medida de desorganização dos sistemas, cresce. Você pode resistir à lei da entropia, mas apenas gastando energia (no caso do quarto da minha filha, muita energia) para tornar determinado sistema mais ordenado e reverter a tendência no sentido da desorganização. Da mesma forma, o decoupling torna um mercado mais caótico, porque agora os clientes se fiam em diversas empresas para realizar várias atividades que antes faziam de forma organizada e lucrativa com uma única. As empresas podem resistir aos desejos dos clientes, porém isso exige esforço — todo aquele tempo, atenção e dinheiro preciosos destinados a desenvolver novas tecnologias de recoupling, elaborando e impondo contratos restritivos, fazendo lobby com políticos, e assim por diante. Ir contra o cliente certamente custará caro. Por outro lado, ir a favor dele por meio do reequilíbrio pode não custar, se feito corretamente.

Examinaremos uma ferramenta que você pode usar para ajudar a entender *onde* reequilibrar, caso decida buscar o decoupling preventivo.

VAZAMENTO

Ao aconselhar empresas estabelecidas acerca do reequilíbrio, gosto de começar mapeando toda a CVC dos consumidores do meu cliente da forma mais detalhada possível. Especifico todas as atividades que consigo identificar que se relacionem com o modo como um consumidor realmente conhece o produto ou o serviço do meu cliente, avalia-o, compara com outros produtos e serviços, escolhe, paga, usa, reutiliza e descarta (se for um produto físico). Penso na CVC como um grande oleoduto do qual cada segmento é uma atividade. Em um processo acoplado, todos os segmentos são soldados firmemente e o óleo (ou seja, o valor) flui continuamente do começo ao fim.

Depois, procuro entender como meus clientes podem separar esses segmentos do oleoduto e ainda garantir que o valor flua de forma contínua e uniforme de uma ponta a outra. Isso só acontece, claro, se não há vazamentos em qualquer ponto do sistema. Se ocorreram vazamentos, então a empresa criou uma oportunidade de uma concorrente entrar, colocar um balde sob ele e captar boa parte do valor sem precisar construir a caríssima infraestrutura de perfuração e o oleoduto que meu cliente criou.

Compete a nós entender o vazamento com mais detalhes. Podemos defini-lo, formalmente, da seguinte forma:

$$\text{Vazamento}_t = \text{Valor criado}_t - \text{Valor cobrado}_t$$

Antes de aconselhar as empresas a desacoplarem, procuro atividades na CVC nas quais possa encontrar uma diferença entre o valor sendo criado em algum ponto e o valor que a empresa está cobrando até aquele ponto. É isso que chamo de "vazamento". Quando ele existe, as desacopladoras têm um incentivo para interromper e captar um pouco do valor ainda não captado. A Amazon fez exatamente isso com varejistas como Toys "R" Us, Circuit City e Radio Shack — ela captou o vazamento de showrooming. Da mesma forma, o Skype captou o vazamento de conectividade móvel da Telefónica, a Impression Products captou o vazamento de impressão da Lexmark e a TiVo captou o vazamento de visualização de programas da NBC. Cada uma dessas disruptoras encontrou uma seção no oleoduto de entrega de valor na qual o valor era criado, mas cobrado apenas em algum ponto posterior do processo. Deixar dinheiro na mesa é o que alimenta essas desacopladoras oportunistas. O único jeito de coexistir com elas, sem gastar reservas enormes para esmagar cada uma quando aparecem, é minimizar seus incentivos. O reequilíbrio consegue isso, permitindo que você capte valor em todos os pontos da CVC nos quais o cria. Então, antes de desacoplar preventivamente, e como condição prévia para mudar de forma bem-sucedida seu modelo de negócios através do reequilíbrio, calcule o vazamento que existe nele. Descubra o que você está deixando na mesa e reivindique esse valor antes que as desacopladoras construam um negócio ao redor dele.

CALCULANDO O VAZAMENTO

Para ver como podemos calcular o vazamento, voltaremos ao nosso restaurante hipotético, o Wholeana. Suponha que os clientes do Wholeana precisem reservar uma mesa para jantar lá, e para desencorajar o não comparecimento, o restaurante cobre dos clientes uma taxa de reserva de US$4. Os clientes obtêm algum valor, suponhamos que seja de US$5, ao saber que uma mesa cobiçada estará à sua disposição. Eles também obtêm valor ao ocupar a mesa, digamos que seja um valor de US$25. O valor das bebidas e dos pratos do jantar somam US$70. Esse não é o valor que os clientes pagam, mas sim o valor monetário que uma refeição tem para eles. Quando a conta chega, o Wholeana cobra US$75 por todo o serviço, além da taxa de reserva de US$4.

A *Figura 5.1* ilustra as atividades criadoras e cobradoras de valor que surgem quando um cliente escolhe realizar todas as quatro atividades com o Wholeana. Com essa figura em mente, por que as pessoas com esses valores específicos para as quatro atividades jantam no restaurante? Objetivamente, os clientes recebem o equivalente a US$100 em valor, mas pagam apenas US$79. A diferença, de US$21, é o que os economistas chamam de "excedente do consumidor". Conceitualmente, uma pessoa comprará um bem ou um serviço apenas se o valor para ela exceder seu preço.

FIGURA 5.1 **EXEMPLO DE VALOR CRIADO E COBRADO NO RESTAURANTE WHOLEANA**

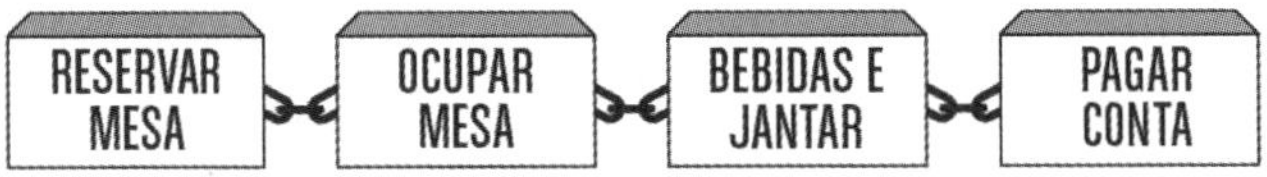

VALOR	RESERVAR MESA	OCUPAR MESA	BEBIDAS E JANTAR	PAGAR CONTA	TOTAL
Criado:	US$5	US$25	US$70	US$0	**US$100**
Cobrado:	US$4	US$0	US$0	US$75	**US$79**
EXCEDENTE					**US$21**

Agora, suponhamos que a nova legislação conceda aos clientes de determinado restaurante o direito de pedir e comer qualquer refeição de outro estabelecimento. Se isso parece estranho, por favor, tenha paciência. Nesse cenário, as startups disruptivas podem perceber e oferecer a entrega de refeições sob demanda para clientes através de um aplicativo de celular. Isso permitiria que um cliente do Wholeana reservasse e ocupasse uma mesa, mas pedisse comidas e bebidas de outro estabelecimento, sem consumir nada do restaurante além de, digamos, um copo de água (*veja a Figura 5.2*). O Wholeana corre o risco de ser desacoplado? Determinaremos isso calculando seu vazamento. O vazamento do Wholeana nas duas últimas atividades da CVC de um jantar pode ser calculado pelo valor criado menos o valor captado naquele instante antes da possibilidade de ocorrer uma atividade desacoplada:

$$\text{Vazamento}_{\text{Ocupar mesa}} = US\$30 - US\$4 = US\$26$$

FIGURA 5.2 **DECOUPLING NO WHOLEANA**

Como o vazamento aqui é mensurável, as disruptoras têm um incentivo para construir um negócio que permite aos clientes do restaurante desacoplarem sua CVC: "Reserve uma mesa e vá a qualquer restaurante, mas peça comida conosco e vamos levá-la até sua mesa". Naturalmente, as comidas e bebidas que a disruptora oferece devem ser de qualidade muito melhor pelo mesmo preço em comparação com o Wholeana ou da mesma qualidade com um preço inferior. Suponhamos que seja o segundo caso, isto é, uma disruptora que venda comidas e bebidas de qualidade comparável a US$35 em vez dos US$75 do Wholeana. Já que a disruptora não tem que pagar um aluguel caro ou manter uma equipe para atender às mesas, a desacopladora ainda consegue ganhar dinheiro cobrando menos. Isso representa um risco para o Wholeana? Bem, apenas se uma porção mensurável de clientes do restaurante decidir desacoplar, mas como podemos saber com antecedência?

Acontece que podemos deduzir se uma desacopladora pode roubar nossos clientes antes de ela construir seu negócio e entrar no mercado comparando os valores excedentes. Vamos calcular o excedente do consumidor para um cliente que opta por desacoplar, comparando isto com o excedente original que ele teria através do processo acoplado. Usando o sistema de reservas do Wholeana e ocupando uma mesa, o cliente obtém US$26 de excedente (US$30 – US$4). Usando o aplicativo da desacopladora para pedir comidas e bebidas, o cliente recebe outros US$35 em valor excedente (US$70 – US$35), sendo um total de US$61.

$$\text{Excedente do Consumidor}_{(Wholeana\ +\ Desacopladora)} = US\$26 + US\$35 = US\$61$$

$$\text{Excedente do Consumidor}_{(Apenas\ Wholeana)} = US\$100 - US\$79 = US\$21$$

Como seu excedente seria de apenas US$21 caso escolhessem acoplar todas as atividades com o Wholeana, muitos clientes buscando um bom negócio provavelmente desacoplariam, sendo todos os demais fatores iguais (*veja a Figura 5.3*). Os consumidores agora têm mais um incentivo para desacoplar, recebendo mais US$40 em valor incremental caso o façam. As desacopladoras também têm um incentivo para oferecer esse serviço, já que podem explorar os US$26 de vazamento. Em conjunto, essas duas condições — maior excedente do consumidor e vazamento mensurável — trazem problemas para o Wholeana.

FIGURA 5.3 COMPARAÇÃO ENTRE OS EXCEDENTES DO CONSUMIDOR DAS OPÇÕES ACOPLADA E DESACOPLADA

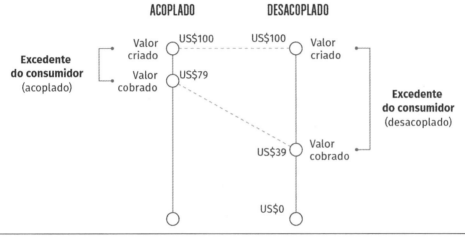

Nota: Se a CVC for realizada totalmente por uma única empresa, o vazamento no final dela será igual ao excedente do consumidor.

Se você é uma estabelecida em situação semelhante à do Wholeana, pode reagir, como vimos, reacoplando ou desacoplando e reequilibrando (*veja a Figura 5.4*). Não é necessário criar uma longa lista de possíveis reações nem debater incansavelmente sobre os prós e os contras de cada uma. Com apenas dois caminhos, você pode considerar cada um de forma bastante diligente, avaliando os custos de implementação, os desafios de execução e o risco envolvido. Geralmente, o reequilíbrio é a abordagem mais sustentável, pois tende a eliminar os excelentes incentivos para as desacopladoras, enquanto o recoupling é simplesmente uma defesa contra o atual plano de entrada da desacopladora sem anular esses incentivos. Então, qual você deveria escolher? Para responder a essa pergunta, retomaremos a história da Celiac Supplies.

FIGURA 5.4 **AS DUAS RESPOSTAS AO DECOUPLING: REACOPLAR OU DESACOPLAR E REEQUILIBRAR**

Fonte: Adaptado do artigo de Thales S. Teixeira e Peter Jamieson, "The Decoupling Effect of Digital Disruptors" [Os Efeitos Desacopladores das Disruptoras Digitais, em tradução livre], Harvard Business School Working Paper nº 15-031, 28 de outubro de 2014, 8.

Reacoplar ou Reequilibrar?

Como nos ensina a Celiac Supplies, não é preciso ser uma grande empresa para ser considerada uma estabelecida no mercado. Essa pequena varejista estava vendo seu negócio bem estabelecido ser ameaçado pelo decoupling. Como observou a proprietária, Georgina Fatseas-Sano, ela chegou à sua primeira resposta — cobrar uma taxa de AU$5 para "só dar uma olhadinha" — observando que as outras lojas locais enfrentavam problemas parecidos relacionados ao showrooming. Ela apontou para uma empresa local de vestuário que havia decidido cobrar os compradores para experimentarem sapatos e roupas se eles fossem embora em seguida sem comprar nada. "A ideia não é minha", disse Georgina. "Eu soube de outras lojas que estavam fazendo isto, mas elas não haviam colocado uma placa na porta. Preciso acordar as pessoas para o fato de que nada na vida é de graça."[22]

Uma taxa única de AU$5 por showrooming parece uma punição imposta aos compradores, e uma nada ortodoxa. Você provavelmente não concordaria com a tática de cobrança de valor de Georgina, mas veja pelo ponto de vista dela. É justo ela montar uma loja, contratar vendedores para ajudar aos clientes, dispor de ajuda especializada e não receber nenhuma compensação em troca? É justo para qualquer empresa criar valor e não captar um centavo dos clientes que recebem aquele valor? A necessidade dela de captar uma porção desse valor perdido era razoável, porém o modo como agiu não foi. Ainda assim, segundo Georgina, ela jamais esperou que as pessoas pagassem a taxa de AU$5. Ela só queria que eles percebessem que o showrooming era injusto e prejudicava seu negócio. Na verdade, algumas semanas depois de instituir a taxa, ela alegou ter que aplicar a política apenas quatro vezes, e que em um dos casos o cliente se prontificou a pagar proativamente.

De que outra forma Georgina poderia ter captado uma parte do valor vazado que ela criou como uma pequena comerciante? A Best Buy enfrentou o mesmo desafio e cobrou dos fornecedores, mas a Best Buy é uma empresa dominante no setor de eletrônicos. A Celiac Supplies poderia ter forçado seus fornecedores a pagarem as taxas de espaço? Provavelmente não. As pequenas lojas também não conseguem cobrar taxas de filiação para entrar em suas lojas, como a Costco faz. Infelizmente, Georgina não pensou nas consequências que sua nova política poderia ter sobre o movimento na loja. O número de pessoas dispostas a entrar na Celiac Supplies despencou e, em 2016, a loja fechou.

No entanto, Georgina é batalhadora. Quando reacoplar não funcionou, ela percebeu que estava adicionando valor para os clientes ao lhes oferecer conselhos e recomendações. Então, decidiu renovar seu modelo de negócios. Primeiro, começou a cobrar pelo valor das informações que os clientes recebiam, oferecendo cursos e sessões de consultoria para indivíduos portadores de doença celíaca, intolerância ao glúten ou condições afins. Em outras palavras, ela reequilibrou seu modelo de negócios fazendo os clientes pagarem antecipadamente para reservar uma sessão. Percebendo, assim, que o varejo não combinava bem com um serviço estilo consultoria, Georgina abandonou de vez a empresa de varejo, reabrindo a Celiac Supplies como um "centro educacional".[23] Agora, ela está no ramo de prestação serviços de consultoria dietética para pessoas com doença celíaca.

Georgina aprendeu do jeito mais difícil que o recoupling não era a resposta certa para sua empresa. Se o decoupling apresenta uma ameaça iminente para a empresa, não busque o recoupling como uma solução permanente. Em vez disso, elabore um plano de recoupling em curto prazo e um plano de decoupling preventivo. Se decidir continuar com o recoupling, trate-o como um jeito de ganhar mais tempo para que possa conceituar e experimentar um modelo de negócios novo e reequilibrado. Quando o recoupling se tornar muito caro para manter, ou for tecnologicamente impraticável, será preciso um novo plano no qual se apoiar, um caminho a seguir que provavelmente *será* sustentável por um período maior.

Se o decoupling não apresentar um perigo iminente para a empresa, sua situação é um tanto diferente. Em vez de tentar ganhar tempo, é possível jogar na ofensiva, prevendo como seu mercado mudará e modificando sua oferta *antes* que uma concorrente apareça para preencher o vazio. Fazer isso pode exigir transformações internas e externas em sua empresa, renovando tanto os produtos que você leva ao mercado quanto seu modelo de negócios. Você deve recorrer ao recoupling apenas se não pode criar um novo modelo de negócios que seja lucrativo.

Note que me abstive de oferecer uma única resposta objetiva sobre como reagir ao decoupling. Não acredito que haja uma, portanto, usei propositalmente a palavra "caminho" no lugar de termos como "solução" ou "resposta". Do meu ponto de vista, o recoupling e o decoupling preventivo constituem duas classes de resposta, cada uma implementável de diversas formas. Existem caminhos que levam a empresa a diferentes lugares. E, da mesma forma como os motoristas conhecem seus carros e as condições de dirigibilidade melhor do que qualquer um, você conhece melhor as condições de mercado e as restrições organizacionais que enfrenta. Qualquer que seja a rota escolhida, apenas você será capaz de julgar como percorrê-la.

O esquema que sugeri é, no fim das contas, um guia de *filtragem* planejado para ajudá-lo a eliminar a solução menos provável. A solução que você escolhe depende de diversas contingências, tais como, custos, ambientes legais e tecnológicos, oportunidade de vazamento e, o mais importante, sua disposição em acompanhar os desejos dos consumidores (decoupling) ou ir contra eles (recoupling). Além disso, observe que a reação da empresa não depende das características intrínsecas da disruptora, quer seja uma grande empresa tecnológica, como Google e Amazon, ou uma pequena startup, como Impression Products ou Dollar Shave Club. Como vimos, desacoplar é uma *onda* de inovação em modelos de negócios. E, por sua natureza, essas ondas são abrangentes, trazendo muitos novos atores de dentro e fora do setor. A maioria desses atores é pequena, ágil e imprevisível em suas trajetórias, entretanto você poderá acompanhar sua trajetória conjunta se estudar sua motivação geral, dinâmica e leque de opções. Não se concentre apenas na startup ou na disruptora tecnológica específica que está vindo atrás de você. Amplie sua perspectiva, observe toda a onda que está chegando e reaja a ela.

Antes de optar por um curso de ação, é preciso pensar também se você deve responder ou não. Afinal, colar, quebrar ou consertar sua empresa não é fácil. Exige um investimento considerável de dinheiro e tempo gerencial. Não seria melhor esperar? Para responder a essa pergunta, é preciso considerar o custo da ação, bem como os riscos de perda devido a não agir. O custo da ação dependerá das particularidades do mercado de sua empresa, da abordagem e dos recursos. É um cálculo bastante simples que empresas estabelecidas conseguem realizar com facilidade. O risco de perda devido a não agir, no entanto, é mais complicado. No Capítulo 6, oferecerei um esquema e um conjunto de ferramentas para ajudá-lo a avaliar os dois maiores riscos que você potencialmente acumula ao *não* responder. Primeiro, ao não fazer nada qual é o risco de sofrer decoupling em breve? Segundo, se uma nova entrante tentar desacoplar seu negócio, o que estará em jogo?

6

AVALIANDO O RISCO E DECIDINDO REAGIR

Em abril de 2017, a fabricante de carros de luxo Tesla atingiu um valor de mercado de mais de US$53 bilhões, ultrapassando a General Motors e se tornando a fabricante de carros mais valiosa dos EUA.[1] Os especialistas do setor estavam impressionados, e por uma boa razão. A General Motors operava há mais de um século e era detentora de marcas populares como Chevrolet, GMC e Cadillac. Em 2016, a GM produziu cerca de 10 milhões de carros, arrecadando US$10 bilhões de lucro sobre uma receita de US$166 bilhões. A Tesla vendeu apenas 76 mil carros em 2016, perdendo US$1 bilhão sobre a receita de apenas US$7 bilhões.[2] "É completamente inexplicável", disse Mike Jackson, CEO da AutoNation, a maior concessionária dos EUA. Até mesmo o CEO da Tesla, Elon Musk, ficou surpreso. "Creio que esse valor de mercado seja maior do que nós mereçamos", disse ele.[3]

Na subida das ações da Tesla, os investidores estavam apostando que os carros totalmente elétricos, cada vez mais conectados e autônomos, logo desestabilizariam a GM e outras fabricantes de carros dependentes de carbono.[4] A própria GM estava ciente desse risco. No início de 2013, a empresa se comprometeu a alcançar a Tesla, com seu CEO se referindo à empresa como uma potencial "grande disruptora se não tomarmos cuidado."[5] Em 2016, a GM a havia alcançado em ao menos um aspecto: colocar no mercado o carro totalmente elétrico e acessível que a Tesla havia prometido, antes que ela conseguisse fazê-lo.[6]

Ainda assim, a GM não podia descansar. Contanto que as pessoas comprassem carros novos, movidos a gasolina ou a eletricidade, a empresa teria um negócio. Mas era possível que mais pessoas logo deixassem de comprar qualquer tipo de carro. Ao estudar as mudanças nos hábitos de mobilidade das pessoas, os executivos da GM descobriram que os millennials tinham taxas menores de propriedade de carros do que as gerações anteriores, e que eles estavam comprando carros de forma mais pragmática. Consumidores mais novos que viviam em cidades mais populosas e com mais trânsito viam os carros como fardos, não como símbolos de liberdade. Para eles, o transporte era cada vez menos um produto que exigia um enorme investimento adiantado, mas sim um serviço disponível sob demanda através de aplicativos de celular.[7] Em junho de 2017, a maior empresa de "carros como serviço", a Uber, havia arrecadado US$12 bilhões em 15 rodadas de investimento e anunciado uma avaliação de quase US$70 bilhões.[8] Os clientes viajavam com a Uber em 633 cidades em 66 países ao redor do mundo.[9] E se a Uber fosse ainda mais disruptiva do que a Tesla em relação à GM? Quais riscos o aumento do "transporte como serviço" apresentava, e como a GM devia reagir?

Se o risco fosse avaliado com base nas taxas de utilização de ativos, ele pareceria bastante alto. Um carro particular nos EUA era usado em média 56 minutos ao dia ou menos de 4% de um período de 24 horas.[10] Isso representava uma taxa de utilização muito baixa, considerando que operadoras de frotas profissionais como a Avis alugavam seus carros entre 66% e 76% do tempo e que a empresa de aluguel por hora Zipcar utilizava seus carros de 32% a 48% do tempo.[11] Em muitos setores com ativos caros, as empresas competem otimizando as taxas de utilização. No setor aéreo, a Ryanair mantém seus aviões no ar por quase 10 horas ao dia, ou 40% do tempo, enquanto a Lufthansa, a British Airways e a Air France têm taxas de utilização de 34%, 28% e 26%, respectivamente.[12] No setor hoteleiro, a taxa média de ocupação nos EUA era de 66%, mais de três vezes maior que as das propriedades anunciadas pelo Airbnb (20%).[13] À luz desses números, parece que os modelos de negócios na indústria automobilística baseados na propriedade particular de carros pelos consumidores — o modelo dominante nos últimos 115 anos — são os piores de todos, como avaliado com base na utilização de ativos.

Serviços de compartilhamento de carros ou viagens sob demanda desafiam essa ineficiência logo de cara. Essas empresas permitem que os proprietários de carros particulares coloquem seus ativos ociosos no mercado, então gerenciem seus carros como frotas profissionais. Esses consumidores conseguem duplicar as taxas de utilização da propriedade de carros particulares no curto prazo.[14] A Uber espera aumentar ainda mais as taxas de utilização ao lançar uma tecnologia autônoma. Em 2016, ela implementou uma frota de Ford Fusions autônomos em Pittsburgh, Pensilvânia, com cada carro sendo equipado com um radar de 360° e 20 câmeras para ajudar a detectar obstáculos. Os carros eram controlados por softwares em vez de pessoas.[15] Em teoria, o software autônomo não precisaria dormir, como fazem os motoristas, e a startup de caronas poderia ter uma frota operante 24 horas ao dia, possibilitando quase 100% de taxa de utilização após descontar as paradas para manutenção anual e abastecimento semanal.

Diminuindo o número total de carros necessários, essas taxas de utilização mais altas gerariam disrupção na indústria automotiva em uma escala sem precedentes. Mas qual era o tamanho do risco? O Comitê de Pesquisas em Transporte dos EUA estimou que cada veículo de compartilhamento tirava 15 veículos particulares das ruas. O relatório do Parlamento Europeu alegou que a total adoção do compartilhamento de carros reduziria entre 63% e 90% o número de carros particulares nos países europeus. A Alemanha, a maior exportadora de carros e o quinto maior mercado de carros novos do mundo, enfrentaria possivelmente a maior redução.[16] Aparentemente desconhecido para alguns executivos do setor automobilístico, o "transporte como serviço" coloca o modelo de propriedade de carros particulares das estabelecidas em risco de quase extinção.

Em vez de debater se o "transporte como serviço" ou a eletrificação apresentavam uma grande ameaça, os executivos da GM decidiram proteger suas apostas agindo na transversal. Em 2016, mesmo ano em que a GM se preparou para produzir carros elétricos e concorrer com a Tesla, ela investiu US$500 milhões em uma participação de 11% na maior concorrente da Uber nos EUA, a empresa de caronas Lyft. A GM tentou comprá-la, mas a empresa rejeitou a oferta.[17] Naquele mesmo ano, a gigante de Detroit lançou um novo serviço de compartilhamento de carros chamado Maven, que permitia que os clientes alugassem carros por horas ou semanas, tanto para uso particular quanto para fazer bicos e ganhar dinheiro em serviços como Lyft ou Uber, semelhante a um gestor de frota de táxis. A GM não divulgou quanto estava investindo na Maven.[18] A gigante americana fez sua maior aposta em 2016, ao pagar quase US$1 bilhão por uma pequena startup chamada Cruise Automation,[19] que trabalhava em softwares para carros autônomos. Na época da aquisição, a startup tinha dois anos e empregava apenas 46 pessoas. Ela fez uma porção de demonstrações em rotas fixas, mas ainda não tinha um produto comercialmente viável nem tinha concebido um modelo de negócios inovador.[20] Explicando a jogada, a CEO da GM, Mary Barra, declarou: "Nós vemos que tudo se encaixa: elétricos, autônomos e compartilhamento. As pessoas ainda precisam ir do ponto A ao ponto B, e cremos que os autônomos serão grande parte disso."[21]

Em 2017, a Ford, a segunda maior fabricante de carros dos EUA, investiu US$1 bilhão na Argo AI, uma startup até então desconhecida criada por dois engenheiros de tecnologias autônomas que haviam trabalhado no Google e na Uber. O tamanho desses negócios feitos pela GM e pela Ford surpreenderam as concorrentes. Em um processo contra antigos funcionários, a Tesla fez seu próprio comentário sobre os méritos desses negócios: "Em seu ímpeto de alcançar [as funcionalidades de piloto automático da Tesla], as montadoras tradicionais criaram um ambiente de enriquecimento rápido. Pequenas equipes de programadores com pouco mais de um modelo demonstrativo foram compradas por até um bilhão de dólares."[22] Essas são muitas das enormes apostas feitas porque os executivos das estabelecidas temiam ser afetados pelas novas tecnologias.

O tempo dirá se a estratégia da GM de reagir pela aquisição de múltiplas startups foi uma boa ideia. Para muitas estabelecidas, no entanto, simplesmente comprar startups não é uma opção; o fardo financeiro é muito grande. Até mesmo empresas que têm recursos podem querer pensar duas vezes antes de seguir o exemplo da GM. As empresas costumam não precisar reagir às desacopladoras caso elas não ameacem uma porção significativa da fatia de mercado. Antes de formular uma resposta, alinhada ao debate do Capítulo 5, é importante pensar se é necessário reagir. Essa decisão envolve ponderar entre o custo de reagir (financeiro e tempo da gerência) e o risco de perda para os negócios estabelecidos, caso você não responda. A respeito do segundo, executivos de empresas estabelecidas devem considerar dois tipos de risco: o de uma desacopladora entrar no mercado e o de ela roubar uma porção significativa dos seus clientes, caso entre. Analisaremos cada um separadamente.

Avaliando o Risco de Entrada

Existe alguma startup pronta para entrar no seu mercado e tentar desacoplar seu negócio? Os executivos devem estar alertas para a ameaça, monitorando continuamente o risco de serem desacoplados. Em especial, devem se fazer três perguntas sempre. Primeira: sua empresa exige que os clientes consumam em conjunto quaisquer atividades (por ex., pesquisar e comprar)? No improvável caso de a resposta ser negativa, não é preciso se preocupar, pois não há nada a desacoplar. Se a empresa exigir, de fato, o consumo em conjunto, então os gestores devem se fazer outra pergunta: uma disruptora é capaz de *separar* efetivamente uma parte criadora de valor de outra atividade cobradora de valor, desgastadora de valor ou criadora de valor (por exemplo, usar a tecnologia ou a inovação do modelo de negócios)? Se não, os gestores devem monitorar o aparecimento de inovações que consigam em algum momento possibilitar a separação, mas não precisam se preocupar em responder imediatamente.

Se a resposta for sim, então as novas entrantes podem considerar desestabilizar a estabelecida através do decoupling. Nesse cenário, os gestores devem começar a levar o risco a sério e avaliá-lo objetivamente.

Levar o risco a sério faz com que os gestores levantem uma terceira questão: existe algum vazamento que uma disruptora pode explorar para separar as atividades consumidas em conjunto — como a Amazon, por exemplo, fez com os varejistas tradicionais? Se não, os gestores devem continuar monitorando a situação, mas sem agir. Se o vazamento existir, a estabelecida deve soar o alarme. O risco de decoupling é real e aconselhamos uma reação por meio de um dos dois caminhos de resposta que descrevemos no capítulo anterior (*veja a Figura 6.1*).

FIGURA 6.1 **O PROCESSO DE TRÊS PERGUNTAS PARA MEDIR O RISCO DE SER DESACOPLADO**

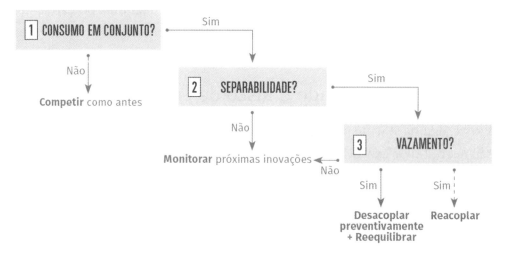

Para ilustrar como se pode usar esse processo de três perguntas, vamos aplicá-lo para medir o risco de a Gillette ser desacoplada em 2012:

Pergunta nº 1: Existe consumo em conjunto? Sim. A gigante dos barbeadores obrigava seus consumidores a comprar o barbeador e as lâminas de reposição, duas atividades de consumo separadas, através de patentes altamente controladas.

Pergunta nº 2: Existe separabilidade? Durante décadas, não existia. Porém, mais recentemente, a frustração dos consumidores cresceu. A ligação entre a compra de um barbeador barato e das lâminas de reposição caras com o mesmo fabricante enfraqueceu proporcionalmente.

Pergunta nº 3: Existe vazamento? Sim. O potencial de vazamento era alto antes da compra das lâminas de reposição, como é o caso de qualquer modelo de negócio do tipo barbeador e lâmina.

Um executivo da Gillette que realizasse essa avaliação em 2012 teria entendido o elevado risco de disrupção. Mesmo antes do aparecimento do Dollar Shave Club, a empresa deveria estar pronta. Mas ela seria capaz de prever o tamanho da fatia de mercado que poderia perder? Agora passaremos de avaliar o risco de uma disruptora entrar no mercado e veremos o risco de uma empresa perder seus clientes.

Indicadores de que uma Empresa Está em Apuros

Só porque sua empresa enfrenta um possível decoupling não significa que determinada startup realmente roubará sua fatia de mercado. Portanto, seu próximo passo para decidir se deve reagir é avaliar a capacidade de uma startup atrair seus consumidores. Você pode fazer isso de forma qualitativa, refletindo sobre como os clientes tomam suas decisões de compra.

Os consumidores sempre têm opções acerca do que comprar. Em muitas categorias, eles têm mais opções do que nunca. Como escolhem um carro, digamos, quando estão expostos a dezenas, até mesmo centenas, de opções? Eles não são capazes de comparar cada carro em aspectos como preço, quilômetros por litro, design, conforto ou acessórios. Até mesmo a compra de um produto simples como um iogurte envolve a tomada de decisões acerca de embalagem, sabor, quantidade de açúcar, gosto e outras características. Diante de tanta complexidade, os clientes tendem a simplificar a tarefa de escolher, empregando uma abordagem de dois estágios. Primeiro, utilizam técnicas rápidas e simples de filtragem para eliminar as opções indesejadas. Então, realizam uma comparação mais lenta e detalhada entre as opções restantes. Por exemplo, clientes escolhendo qual iogurte comprar podem primeiro eliminar todas as opções que não sejam de marcas conhecidas ou que sejam muito caras. Isso resume as opções ao que os comerciantes chamam de "conjunto de consideração", um grupo de marcas que os clientes realmente consideram antes de escolher qual comprar.[23]

O conjunto de consideração é um dos conceitos de marketing mais importantes das últimas décadas.[24] Ele supõe que as marcas de bens de consumo não competem disputando ao mesmo tempo por cada cliente em uma grande batalha. Em vez disso, a concorrência lembra os Jogos Olímpicos, nos quais, digamos, os nadadores competem no páreo pela medalha de ouro em estágios. Existem competições preliminares para cada distância, e apenas cerca de oito nadadores conseguem competir nas finais. Os nadadores que competem nas finais são semelhantes ao conjunto de consideração e o número oito é o tamanho do conjunto. Quando se trata de compras dos consumidores, cada um escolhe os membros e a quantidade de seu próprio conjunto.

Como fazem isso? Como mostram pesquisas acadêmicas sobre marketing, os clientes compõem os conjuntos de consideração com base em seu conhecimento e preferências por diversas opções, bem como na imagem da marca, diferenciação do produto e fatores específicos de cada categoria. Os conjuntos de consideração podem variar muito conforme a pessoa, a categoria e até mesmo o país.[25] Por exemplo, uma pesquisa mostrou que compradores de iogurte típicos mantêm de três a quatro marcas em seus conjuntos de consideração. Compradores de carros típicos nos EUA mantêm oito combinações de fabricante e modelo (marcas) em seus conjuntos de consideração, enquanto os compradores de carros típicos da Noruega incluem apenas duas marcas.[26] Ao escolher onde abrir uma conta corrente, os consumidores costumam ter apenas um ou dois bancos em mente antes de decidir.[27]

O que tudo isso tem a ver com disrupção? *Tudo.* O conjunto de consideração é onde começa (e termina) a concorrência de algumas marcas pelo cliente. Se seu cliente decidir que sua empresa já não faz parte de seu pequeno conjunto de consideração, então você não fará a venda. Como estabelecida, sua empresa se insere como parte contínua dos conjuntos de consideração de muitos consumidores fiéis. Quando uma nova concorrente entra no mercado, grande ou pequena, disruptora ou não, sua meta é sempre dupla: continuar fazendo parte dos conjuntos de consideração dos clientes e manter a nova entrante fora deles. Se os consumidores fiéis o retirassem de seus conjuntos de consideração e incluíssem a entrante, essa seria a pior hipótese. Não existe disrupção maior que essa.

Mas como determinar se tal mudança representa um risco sério? Bem, você pergunta diretamente aos clientes ou observa suas escolhas e deduz se está dentro ou fora. Ao avaliar a composição dos conjuntos de consideração dos clientes, perguntando ou deduzindo quais opções eles estão considerando para sua próxima compra, será possível entender a natureza evolutiva da concorrência entre opções alternativas, identificando o grau do risco que as novas entrantes impõem à sua empresa. Mudanças nos conjuntos de consideração dos seus clientes são o primeiro sinal de disrupção iminente em seu mercado, e provavelmente em sua empresa também.

GRAUS DE RISCO DE DISRUPÇÃO

Suponha que você seja a General Motors, uma fabricante de automóveis que utiliza gasolina ou diesel para alimentar um motor de combustão interna. Você pergunta aos atuais proprietários que buscam um carro de médio porte sobre as opções que estão considerando. Eles dizem que consideram os modelos vendidos pela Chevrolet (uma marca da GM), Ford e Chrysler (uma marca da FCA), todos a gasolina. Esse conjunto de consideração sugere que eles estão se fazendo uma pergunta subjacente: "Qual carro de preço mediano, movido a gasolina, eu devo comprar?" A GM enfrenta o menor grau de disrupção entre esses consumidores. Para qualquer consumidor, a GM pode ganhar a venda dele ou perdê-la para um concorrente direto, mas as fatias de mercado não costumam mudar drasticamente, pois estão divididas entre concorrentes de longa data. A concorrência se baseia na rivalidade entre as marcas tradicionais das fabricantes, e os consumidores não vão muito além da categoria estabelecida (ou seja, carros de médio porte com motor de combustão interna). Isso não constituiria uma disrupção.

Outro grupo menor de consumidores da GM pode estar ponderando entre comprar um carro elétrico ou um com motor de combustão interna. Nesse caso, o potencial de disrupção ainda continua relativamente baixo, já que a Chrysler, a Ford e a Chevrolet trabalham com os dois tipos de carros. Em um cenário no qual os consumidores perguntam (ou se comportam como se perguntassem): "Devo comprar um carro elétrico ou a combustível?", seus conjuntos de consideração mudaram um pouco. Eles podem agora inserir novas marcas como a Tesla, que lançou seu Model 3 com preço mediano. A GM pode oferecer opções de carros elétricos como o Volt, mas ela não "detém" essa fatia de mercado. O risco da GM é, assim, um pouco mais alto, já que as novas entrantes são mais capazes de roubar uma parte do mercado devido aos carros elétricos.[28] Um número bem menor de clientes da GM pode fazer essa pergunta em comparação com a anterior, mas essa quantidade pode aumentar rápido.

E se um grupo ainda menor de compradores de carros começasse a escolher a partir de um conjunto de consideração que incluísse carros autônomos, autodirigidos e tradicionais? Já que as fabricantes existentes ainda não construíram e venderam um carro totalmente autônomo até 2018, o aparecimento de consumidores que considerassem seriamente esses dois modos de transporte poderiam desestabilizar as fabricantes tradicionais. Ainda assim, isso constituiria uma disrupção tecnológica, e não uma disrupção de modelo de negócios ou um decoupling. Em 2019, pouquíssimos consumidores individuais, se é que existem, se perguntam: "Eu deveria comprar um carro autônomo?" No entanto, conforme os carros semi e totalmente autônomos chegarem ao mercado, poderemos ver uma mudança expressiva nos conjuntos de consideração dos atuais consumidores da GM quando eles incluírem marcas como Waymo, do Google, e outras concorrentes. A GM pode comercializar seu próprio veículo autônomo, mas carros autônomos ainda podem surgir como uma tecnologia disruptiva, apresentando altos níveis de risco para as fabricantes americanas de carros tradicionais.

Como expliquei no Capítulo 2, a disrupção mais profunda geralmente surge em modelos de negócios, e não em inovações tecnológicas. A indústria automobilística veria uma inovação no modelo de negócios — e decoupling, especificamente — se os compradores de carros ponderassem entre comprar um carro ou utilizar modos de transporte particular como Turo, Uber ou BlaBlaCar. Nesse caso, as fabricantes tradicionais correriam o maior risco de sofrer disrupção, no sentido de mudanças abruptas e significativas nas fatias de mercado. A GM, em especial, correria o maior risco se uma parte considerável de seus consumidores atuais repentinamente passasse a se perguntar: "Será que eu deveria comprar um carro?" Esses consumidores estariam alterando significativamente seus conjuntos de consideração, incluindo startups de carona ou compartilhamento no primeiro estágio, e possivelmente excluindo a GM de seus conjuntos em um segundo estágio (*veja a Figura 6.2*). Isso é disrupção em sua forma mais poderosa.

FIGURA 6.2 CONSIDERAÇÕES DOS CONSUMIDORES E O POTENCIAL DE DISRUPÇÃO

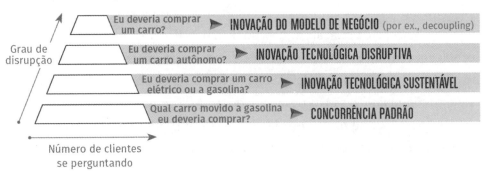

A inovação do modelo de negócios é consideravelmente mais disruptiva do que a inovação tecnológica em dois aspectos. Primeiro, como as inovações

do modelo de negócios não costumam exigir que os consumidores adotem um novo "hardware" caro, o impacto que elas têm em um mercado tende a se desdobrar mais rapidamente. As tecnologias inovadoras às vezes permitem que as empresas — novas entrantes ou concorrentes estabelecidas — roubem uma porção considerável do mercado. E a natureza da tecnologia determinará se a redistribuição daquele mercado acontecerá rápida ou lentamente. Clayton Christensen chamou certas mudanças abruptas de inovações "disruptivas", em comparação com as inovações "sustentáveis" que levam a mudanças de mercado graduais.[29] O desafio, obviamente, é prever com antecedência se determinada tecnologia será disruptiva ou sustentável. Por fim, uma tecnologia desestabilizará um mercado apenas se muitos consumidores pagarem para tê-la. (Para entender mais sobre as principais diferenças entre essas duas teorias, consulte a seção "Nota Sobre as Diferenças Entre Decoupling e Inovação Disruptiva", localizada no final do livro.)

A outra distinção importante é que em quase todos os casos a escolha de buscar uma inovação tecnológica permanece em grande parte sob controle da empresa. É verdade que algumas tecnologias patenteadas não têm alternativas práticas, mas as empresas costumam determinar o quanto desejam desenvolver uma tecnologia específica. No exemplo automobilístico, empresas como a GM podem decidir se e quão rápido querem desenvolver carros elétricos e veículos autônomos. Mesmo no caso da propriedade intelectual (PI) detida por outras empresas, as companhias podem manter o ritmo com uma combinação de criação, aquisição ou parceria com as detentoras de PI da tecnologia central. Empresas estabelecidas exercem um controle muito menor no caso da inovação do modelo de negócios, e especialmente do decoupling. Aqui, os *consumidores* são os desacopladores. *Eles* determinam se perguntarão a si mesmos: "Será que eu deveria comprar um produto nessa categoria?" A decisão de fazer essa pergunta está basicamente fora do âmbito da gerência.

Quando agregadas para todos os consumidores de um mercado, as perguntas que eles se fazem individualmente e as mudanças acopladas a seus conjuntos de consideração ditam o tipo de concorrência de mercado que sua empresa enfrenta e, consequentemente, o possível grau de disrupção. Prestar muita atenção à composição do conjunto de consideração pode, dessa forma, ajudá-lo a medir não somente as chances de uma disruptora entrar no mercado, como também o risco de ela começar a disputar no páreo com você, roubando em algum momento uma parte significativa da sua fatia de mercado.

Market Share at Risk [Fatia de Mercado em Risco]

Tanto o processo de três perguntas quanto o conceito do conjunto de consideração oferecem uma avaliação qualitativa do risco. Às vezes, no entanto, a avaliação qualitativa não é suficiente. Nesses casos, temos que analisar mais profundamente os conjuntos de consideração dos consumidores individuais a fim de medir o risco de erosão da fatia de mercado com mais precisão, de forma quantitativa. Mapeando a cadeia de valor do cliente e agregando suas possíveis decisões, podemos identificar a disrupção no nível do mercado (ou seja, a fatia). Para isso, primeiro pegaremos o ponto de vista da disruptora, identificando seus potenciais ganhos *como ela os vê*. Depois, mudaremos para o ponto de vista da estabelecida, avaliando seu risco de perda. Os dois pontos de vista são esclarecedores.

A abordagem padrão para avaliar qual parte da fatia de mercado uma nova entrante disruptiva pretende captar é examinar suas vendas e prever seu crescimento. Ainda assim, muitos executivos em empresas estabelecidas não conseguem realizar tais análises, pois não conseguem avaliar as vendas e a taxa de crescimento de uma startup. Outros métodos para estimar o potencial crescimento baseados em abordagens de avaliações da empresa (por ex., análise do fluxo de caixa, avaliação do balanço, comparativos de mercado) são problemáticos para nosso objetivo, pois confundem o *impacto* da ideia ou o modelo de negócios com sua *execução*, que é difícil de prever. Felizmente, não precisamos considerar a execução para medir o potencial impacto do decoupling no negócio de uma estabelecida. Se a Four Seasons Hotels quisesse determinar o impacto potencial do compartilhamento de casas em seu negócio, sua análise consideraria justamente o papel dos fundadores, executivos e funcionários do Airbnb como secundários. Também desconsideraria grandemente as habilidades dos funcionários da HomeAway, VRBO e as dezenas de outros sites de aluguel de férias que apareceram antes do Airbnb. Mesmo que sejam, em geral, importantes, as capacidades de execução estão fora de questão aqui — é o modelo de negócios e seu impacto em potencial que importam. Para determinar o tamanho da fatia de mercado que estabelecidas como a Four Seasons arriscam perder, é preciso primeiramente avaliar como seus atuais clientes responderão às novas ofertas do mercado.

Essa resposta, por outro lado, se baseia em custos, em especial os custos monetário, de esforço e de tempo (veja o Capítulo 3). Devemos notar que os consumidores individuais toleram esses diversos custos de forma diferente. Como mostrou uma pesquisa de mercado, pessoas mais novas e aquelas com rendas menores tendem a ser mais sensíveis aos preços, enquanto pessoas mais velhas e com maior renda tendem a ser menos sensíveis a esse fator.[30] Descobertas comparáveis se aplicam ao esforço e ao tempo.[31] A pesquisa também revelou que os consumidores mais sensíveis aos preços tendem a ser *menos* sensíveis ao esforço. Minha pesquisa anterior, aplicando experimentos de campo online, mostrou que os compradores de um e-commerce de moda que buscam itens com os maiores descontos empregarão mais esforço buscando e clicando a fim de achá-los.[32] Os compradores menos sensíveis aos preços, por outro lado, tendem a ser altamente sensíveis a esse esforço. Eles não querem procurar na loja online por muito tempo apenas para economizar um pouco de dinheiro em itens promocionais, então tendem a comprar itens com preços maiores e descontos menores. Eu e um colega usamos esse insight com nosso cliente para deliberadamente "esconder" produtos com descontos altos em seu site de e-commerce, de modo que os visitantes tivessem que clicar mais vezes para encontrá-los. Dessa forma, os clientes não sensíveis aos preços compram itens com preço cheio e margens altas, enquanto os consumidores não sensíveis ao esforço levam o tempo necessário para encontrar e comprar pechinchas a preços e margens baixas. Fazendo isso, a varejista de moda online obtém o melhor dos dois mundos: mais clientes sem a necessidade de reduzir o número de itens vendidos a uma margem de lucro saudável.

A troca entre custos para os consumidores importa para as desacopladoras e para as estabelecidas. Uma empresa raramente oferecerá a mesma qualidade de produto ou serviço que suas concorrentes a um preço muito menor e com menos comprometimento de tempo ou esforço. Algo tem que ceder. Ou a empresa perderá dinheiro ou exigirá algum tipo de custo maior do consumidor. Por exemplo, algumas opções de transporte em carros particulares podem ser mais baratas para os consumidores, mas também serão mais difíceis de usar (por ex., Turo). Outras podem ser mais fáceis de usar, porém mais caras (por ex., Uber Black). Tais diferenças criam o que os acadêmicos chamam de "mecanismos de autosseleção" no mercado. Alguns consumidores vão preferir a opção mais barata, pois são altamente sensíveis aos preços, enquanto outros, sendo menos sensíveis aos preços, mas altamente sensíveis ao esforço, preferirão a opção mais cara. A conclusão é que os executivos devem incorporar a sensibilidade do consumidor nos diferentes custos em qualquer análise comparativa de empresas estabelecidas e disruptoras.

Para quantificar a inclinação do consumidor a desacoplar uma estabelecida, começamos calculando o diferencial de custo da oferta de uma desacopladora face às estabelecidas, depois considerando o grau em que a população alvo do mercado valoriza dinheiro, tempo e esforço. Essa análise revelará qual porção dos consumidores a desacopladora provavelmente ganhará. Considerando a fatia de mercado da estabelecida, chegaremos à potencial fatia de mercado que a desacopladora ganha e, consequentemente, que a estabelecida perde. Somando esse potencial, calculado para a desacopladora face a todas as empresas estabelecidas em determinado mercado, chegaremos à fatia de mercado total que uma desacopladora pode potencialmente roubar de todas as atuantes, e que todas as estabelecidas com modelos de negócio tradicionais podem perder. Se essa "mudança de mãos" da fatia de mercado ocorrerá rapidamente ou demorará uma década é importante, mas está fora do escopo deste livro. O que importa na decisão de responder ao decoupling ou não é a fatia de mercado da estabelecida que está em risco. Examinaremos passo a passo como fazer esse cálculo.

Calculando o MaR™ [Market Share at Risk ou Fatia de Mercado em Risco]

A Salary Finance é uma das empresas de tecnologia financeira (fintech) de benefícios para funcionários que cresce mais rápido no Reino Unido. Cofundada por Dan Cobley, do Google UK, Asesh Sarkar e Daniel Shakhani, seu propósito social é ajudar as pessoas que têm empregos a pagarem suas dívidas mais rapidamente. A maioria dos trabalhadores tem algum tipo de dívida em cartão de crédito, empréstimo pessoal, consignado ou cheque especial. A Salary Finance desenvolveu uma plataforma de benefícios para trabalhadores que os empregadores podem adotar sem custos e oferecer a seus colaboradores, permitindo que eles consolidem seus empréstimos pessoais em um único empréstimo de baixo custo com uma taxa de juros, em média, de 7,9% ao ano, cerca de metade da taxa média dos bancos. Outros benefícios incluem rapidez e conveniência: o preenchimento da solicitação demora apenas cinco minutos e sua avaliação tem retorno dentro de 48 horas. Quando as solicitações são aprovadas, a startup libera os fundos imediatamente, debitando os pagamentos de forma automática do salário do trabalhador. Os empregadores também se beneficiam: eles podem oferecer a Salary Finance como um benefício extra, libertando seus funcionários do desgaste financeiro causado pelas altas taxas de juros.

Analisando o modelo de negócios da empresa britânica, descobrimos que ela desacopla passos do processo do cliente ao solicitar um empréstimo pessoal e pagá-lo. Esse processo se desdobra da seguinte maneira: ir ao banco > solicitar o empréstimo pessoalmente > apresentar os documentos solicitados pelo banco > o banco avalia o risco e a capacidade de pagar o empréstimo > aprovação do empréstimo > depósito dos fundos > assumir os juros > separar os fundos para pagar o valor principal > ir ao banco para pagar ou transferir o dinheiro > o banco considera o empréstimo como totalmente pago. Com a Salary Finance, o empregador verifica a contratação e faz os pagamentos do empréstimo por meio de deduções na folha de pagamento, o que reduz o risco de inadimplência, bem como o esforço que os consumidores precisam despender ao solicitar um empréstimo. Ela também diminui o pagamento de juros. Até esse ponto no processo, a Salary Finance oferece alguns benefícios, mas não desacopla nada necessariamente. O empregador viabiliza o pagamento do empréstimo ao deduzir automaticamente os pagamentos mensais do contracheque de seus funcionários. É aqui — a atividade desgastadora de valor de ter que ir ao banco ou enviar um cheque — que encontramos o decoupling. Como a fintech afirma: "Nós descomplicamos o pagamento do empréstimo."

A Salary Finance é um ótimo exemplo de decoupling, pois implementa uma inovação de modelo de negócios sem alterar muito o produto final. Para os consumidores, um empréstimo pessoal é basicamente o mesmo produto, independentemente de onde se obtém o dinheiro. Os custos de garantir esse empréstimo, por outro lado, podem variar muitíssimo. O maior custo que os consumidores consideram é a taxa de juros que precisarão pagar sobre o empréstimo, a qual costuma ser medida anualmente na forma do custo efetivo anual (CET). O CET varia conforme o tamanho e o fornecedor do empréstimo (na maioria bancos e empresas de cartão de crédito). A *Tabela 6.1* compara três dos maiores bancos fornecedores de empréstimos do Reino Unido, concedendo CETs médias para empréstimos médios e grandes de £4.000 e £8.000, respectivamente.[33] A coluna cinco mostra o CET da Salary Finance menos o dos grandes bancos. A coluna seis traduz isso em um custo real ao tomador, em libras ao ano. Os números aqui são negativos (uma economia) se são mais baratos com a Salary Finance e positivos se são mais baratos com a estabelecida. Obviamente, esses valores representam um custo médio, uma simplificação que não considera o risco de crédito ou a possibilidade de o banco rejeitar uma solicitação.* Entretanto, os consumidores comparariam cifras semelhantes a essas *antes* de decidir pedir um empréstimo a determinada instituição. Na maioria dos casos, a Salary Finance aparece como a opção de menor custo. Em outros, especialmente para empréstimos altos, os bancos estabelecidos são mais baratos.

TABELA 6.1 **DIFERENÇAS DE CUSTO DE TRÊS BANCOS ESTABELECIDOS COMPARADOS À SALARY FINANCE**

ESTABE-LECIDO	TIPO	TAMANHO DO EMPRÉSTIMO	CET	DIFERENÇA DE CET	DIFERENÇA DE CUSTO
HSBC	Empréstimo médio	£4.000	18,9%	-11,00%	-£440
	Empréstimo alto	£8.000	3,3%	4,6%	£368
Barclays	Empréstimo médio	£4.000	22,9%	-15,00%	-£600
	Empréstimo alto	£8.000	4,9%	3,00%	£240
Lloyds	Empréstimo médio	£4.000	26,3%	-18,40%	-£736
	Empréstimo alto	£8.000	4,6%	3,30%	£264

Fonte: HSBC Bank, Personal Loan, https://www.hsbc.co.uk/1/2/loans/personal-loan; Barclays Bank, Personal Loans, http://www.barclays.co.uk/Howtoapply/BarclayloanPersonal loans/ P1242591272078; e Lloyds Bank, Flexible Loan, https://www.lloydsbank.com/loans/personal-loan. asp, todos acessados em 15 e 21 de junho de 2017 [conteúdos em inglês]. Os CETs do Lloyds Bank são para a opção de empréstimo flexível. O Lloyds Bank oferecia também um empréstimo pessoal "exclusivamente online", com CET representativo o mais inferior possível à sua opção de empréstimo pessoal "flexível".

Mas o custo monetário não é o único tipo de custo que pode afetar a tomada de decisão do consumidor. Explícita ou implicitamente, os consumidores também consideram o tempo e o esforço envolvidos na procura, na compra e no uso de produtos e serviços. Uma avaliação completa do custo para os consumidores desacoplarem os bancos que detêm suas contas correntes precisa fazer parte desses custos adicionais, avaliando o quão mais fácil (ou difícil) e rápido (ou devagar) é obter um empréstimo em outro lugar.

---

* Portanto, a seleção adversa não é considerada nesse cálculo.

Em suma, devemos avaliar se o consumidor vê um custo total de decoupling menor (negativo) ou maior (positivo).

Como os empregadores apoiam esse processo em parte, solicitar, garantir e pagar os empréstimos na Salary Finance exige menos esforço em comparação aos bancos tradicionais. Isso também é considerado. No caso da economia de tempo, seria bastante difícil determinar quantos dias demoraria para garantir a aprovação de cada banco a fim de fazer uma comparação com a Salary Finance. Por uma questão de simplicidade, suponhamos que todos os tempos de espera sejam iguais. Se os custos de tempo são conhecidos e não são idênticos, então devem ser incorporados em seus cálculos.

Vamos considerar agora a sensibilidade ao custo. No setor de empréstimos a consumidores, como no setor de varejo, aqueles que são altamente sensíveis aos preços tendem a não ser tão sensíveis ao esforço e vice-versa. Algumas pessoas pegam empréstimos de cartão de crédito mesmo quando seu CET é muito alto especificamente porque é fácil. O que os consumidores não acham tão fácil é comparar todas as opções a fim de escolher o banco com o empréstimo mais barato. Aqueles que de fato investem tempo costumam se preocupar mais com o preço.

Logo, como avaliamos a sensibilidade aos preços no setor de empréstimos ao consumidor do Reino Unido? Bem, podemos pedir que as pessoas que estão buscando empréstimos tomem decisões de trade-off sobre aqueles que envolvam diferentes níveis de esforço e preço (por ex., CETs). Com base nisso, podemos determinar suas sensibilidades implícitas a esses custos. Uma pesquisa com 208 pessoas, realizada pela Salary Finance, revelou que 85% dos consumidores com empréstimos pessoais relevantes estavam propensos a considerar a Salary Finance e 15% não estavam, independentemente das condições. Dos 85% que incluíram a startup em seus conjuntos de consideração, 14,7% considerariam trocar o fornecedor de seus empréstimos para conseguir qualquer redução no CET. Esses, em outras palavras, são consumidores altamente sensíveis aos preços e minimamente sensíveis ao esforço. Outros 61,7% dos participantes eram pouco sensíveis ao preço e ao esforço.

Eles não trocariam de cedente, a menos que pudessem reduzir o CET em, no mínimo, 2 pontos percentuais.* Qualquer redução menor e eles continuariam com sua opção atual. O quarto grupo de consumidores, representando 8,6% da amostra, tinha uma sensibilidade muito baixa ao preço e muito alta ao esforço. Leais a seus bancos, eles exigiam uma redução no CET de, ao menos, quatro pontos percentuais para mudar; uma exigência difícil de conseguir (*veja a Figura 6.3*).

FIGURA 6.3 **DISTRIBUIÇÃO DA SENSIBILIDADE A TAXAS DE JUROS DE EMPRÉSTIMOS (CET)**

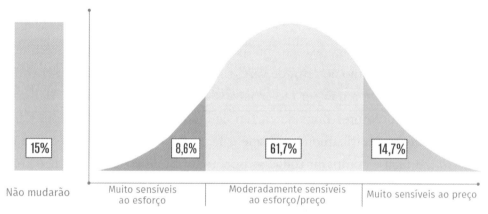

Agora que calculamos o diferencial dos custos monetário e de esforço da Salary Finance em relação a cada grande banco e conhecemos a sensibilidade dos consumidores aos custos (ou seja, o que seria necessário para captar cada segmento de clientes), podemos calcular o potencial de a desacopladora roubar os consumidores de determinada estabelecida.

Vejamos o produto de empréstimo médio do Barclays, com uma taxa CET mais alta de 22,9%. Para um empréstimo de £4 mil, os consumidores teriam um custo monetário anual de £916, comparado aos £316 da Salary Finance. Como é mais barato e fácil lidar com a Salary Finance, essa desacopladora

---

* As diferenças exatas de CET foram calculadas com base em uma pesquisa realizada pela Salary Finance e estão ocultas aqui.

poderia, assim, esperar persuadir quase todos, exceto 15% dos consumidores, ou seja, aquele grupo não sensível a preços. O Barclays, então, corre o risco de perder até 85% de seus negócios em empréstimos de tamanho médio para a fintech com funcionários de empresas participantes. Dado que o banco tinha 15,6% do mercado em 2016, e supondo que sua carteira de clientes de empréstimo esteja igualmente dividida entre empréstimos médios e altos, sua perda potencial acumulada chega a 6,6% de todo o mercado.[34] Os empréstimos altos do Barclays operam com um CET mais competitivo de 4,9%, contra a média de 7,9% da Salary Finance. Por outro lado, o pagamento automático através de deduções salariais da fintech facilita seu uso pelos consumidores. A vantagem de três pontos percentuais no CET do Barclays lhe permitirá manter os 15% de clientes que jamais mudariam, os 14,7% de clientes que são altamente sensíveis a preços e os 61,7% de clientes que são um pouco sensíveis ao esforço (e ao preço). A Salary Finance seria capaz de roubar apenas os 8,6% dos consumidores que são altamente insensíveis a preços e sensíveis a esforços, colocando em risco apenas 0,7% da fatia de mercado do Barclays.

Obviamente, esses cálculos representam um limite superior de potencial de disrupção de uma nova concorrente. Em 2016, os oito maiores bancos do Reino Unido contabilizaram 65% do mercado de empréstimos pessoais. O modelo de negócios da Salary Finance teve o potencial de roubar surpreendentes 28,9 pontos percentuais de fatia do mercado. Esse resultado se deu, em parte, pelo baixo CET que a empresa ofereceu em comparação aos grandes bancos (no caso de empréstimos médios na maioria deles), bem como à relativa facilidade com a qual os consumidores podiam garantir e pagar os empréstimos usando o serviço (*veja a Tabela 6.2*).

Se você pensa que esse potencial roubo de fatia de mercado é muito para uma única startup fintech realizar ao enfrentar estabelecidas enormes, espere um pouco, tem mais. Quando comecei a conversar com a Salary Finance, seus cofundadores estavam se empenhando em posicionar a startup como uma alternativa de empréstimo mais barata e conveniente do que os bancos estabelecidos.* De alguma forma, minha análise agregou valores à intuição deles. Decidi realizar uma análise final, dessa vez incluindo empresas de cartão de crédito como estabelecidas. Como a Salary Finance poderia potencialmente impactar o negócio de pequenos empréstimos das empresas de cartão?

TABELA 6.2 **POTENCIAL PERDA E MaR™ POR BANCO ESTABELECIDO**

ESTABELECIDO	TIPO	POTENCIAL PERDA	FATIA DE MERCADO	MARKET SHARE AT RISK
HSBC	Emp. médio	85,0%	31,4%	13,4%
	Emp. alto	0,0%		0,0%
Barclays	Emp. médio	85,0%	15,6%	6,6%
	Emp. alto	8,6%		0,7%
Lloyds	Emp. médio	85,0%	5,7%	2,4%
	Emp. alto	8,6%		0,2%
Próximos cinco bancos	Todos os empréstimos	45,1%	12,2%	5,5%
Total			65,0%	28,9%

Nota: Suponha que as fatias de mercado na coluna quatro estejam divididas igualmente entre empréstimos médios e altos. Fonte: Calculado pelo autor a partir dos dados em "Consumer Loans [FY 2016] (£GBPmm, Historical Rate)", Capital IQ Inc., a division of Standard & Poor's, acessado em 19 de julho de 2017, e Bank of England, Bankstats, A Money & Lending, A5.6, "Consumer Credit Excluding Student Loans", Arquivo Excel, planilha "NSA Amts Outstanding", atualizado pela última vez em 29 de junho de 2017, disponível em http://www.bankofengland.co.uk/statistics/pages/bankstats/current/default.aspx, acessado julho de 2017 [conteúdos em inglês].

Como as empresas de cartão de crédito costumam fazer empréstimos menores que os bancos, suponhamos que o consumidor médio tenha um saldo devedor de £1 mil todos os meses. No Reino Unido, o CET médio dos cartões de crédito em 2016 era cerca de 22%, traduzindo-se em um custo anual de £220, muito maior que os £79 da Salary Finance.[35] Por outro lado, obter um empréstimo de uma empresa de cartão de crédito é bastante fácil. Tudo o que

---

* Esclarecimento: eu não tenho participação financeira na Salary Finance.

é preciso fazer é não pagar o total da fatura e você obterá um empréstimo automaticamente. Porém, obter um empréstimo na Salary Finance exige mais esforço do que em um cartão de crédito. Sob essas duas hipóteses, a fintech pode esperar obter os 14,7% de consumidores que são altamente sensíveis a preços e os 61,7% daqueles sensíveis ao preço e ao esforço. Dado que os empréstimos de cartão de crédito no Reino Unido representaram 35% de todo o mercado de empréstimos daquele país em 2016, tomando um pouco mais de 3/4 disso, a Salary Finance tem o potencial de pegar 27% da fatia de mercado dessa única fonte. Com base nesse insight, a startup deveria tentar se posicionar como uma alternativa muito mais barata e quase tão conveniente quanto um empréstimo de cartão de crédito (*veja a Figura 6.4*). Para simplificar, esses cálculos não consideram o crescimento total, apenas as mudanças de fatias. No entanto, é possível contabilizar facilmente qualquer aumento esperado de tamanho de mercado. Para obter mais detalhes sobre como calcular o Market at Risk e o Total Market at Risk [TMaR, em tradução livre, Mercado Total em Risco], veja "Nota sobre Cálculo de MaR e TMaR" no final do livro.

FIGURA 6.4   **FONTES DE TOTAL MARKET AT RISK (TMAR)™**

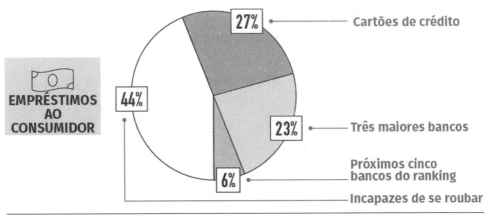

Fonte: Pesquisa da Salary Finance com 208 consumidores; dados da fatia de mercado calculados pelo autor de "Consumer Loans [FY 2016] (£GBPmm, Historical Rate)", Capital IQ Inc., a division of Standard & Poor's, acessado em 19 de julho de 2017; Bank of England, Bankstats, A Money & Lending, A5.6, "Consumer Credit Excluding Student Loans", Arquivo Excel, planilha "NSA Amts Outstanding", última atualização em 29 de junho de 2017, http://www.bankofengland.co.uk/statistics/pages/bankstats/current/default.aspx, acessado em julho de 2017 [conteúdos em inglês].

Onde essa análise coloca os bancos e as empresas de cartão de crédito? Primeiro, e mais óbvio, ela revela como o modelo de negócios da Salary Finance pode desestabilizar os credores estabelecidos, caso não reajam. Como mencionei, do ponto de vista das estabelecidas, a unidade de análise adequada é o modelo de negócios, e não a startup. Calculando seu Total Market at Risk, cada estabelecida está determinando o risco de sua própria fatia de mercado devido ao tipo de decoupling que a Salary Finance está realizando, e não a perda real para a fintech. Mesmo que o HSBC, o banco com as maiores perdas potenciais, adquirisse a startup e a deixasse morrer ou a fechasse, ele não evitaria o risco. É possível que apareça outra desacopladora com um modelo de negócio parecido no lugar da Salary Finance. As estabelecidas podem explorar ou usar o potencial da fatia de mercado, mas jamais reter ou eliminar as desacopladoras. Estabelecidas de empréstimos pessoais pequenos do Reino Unido têm, então, muito em jogo.

Juntando Tudo

Quais são os primeiros sinais de que não fazer nada pode colocar seu negócio em risco? Geralmente não é possível vê-los com muita clareza olhando para dentro e vendo seus próprios produtos, tecnologias e processos. E, se conseguir, poderá ser tarde demais. Olhe para fora, para seus clientes. Como vimos, os executivos das estabelecidas podem empregar duas abordagens diferentes para determinar seu risco de mercado devido às novas entrantes. Realizar uma análise qualitativa inicial dos atuais conjuntos de consideração dos consumidores pode revelar se seus clientes estão considerando comprar na(s) nova(s) entrante(s). Em casos extremos, as desacopladoras que fazem seus consumidores questionarem a necessidade de comprar *qualquer* produto em seu mercado são as que apresentam o maior risco. Uma análise quantitativa em seguida pode ajudar a esclarecer o tamanho do risco que sua empresa enfrenta. Obviamente, colocar números no cálculo do Market at Risk exige uma grande quantidade de dados, tanto no nível da empresa quanto dentro do mercado, dos consumidores atuais, potenciais clientes e concorrentes. Se alguns desses dados estiverem disponíveis, os cálculos mostrados neste capítulo poderão ajudar as estabelecidas a avaliar qual o tamanho da fatia de mercado que uma disruptora pode potencialmente roubar, bem como saber qual estabelecida perderá mais. Se sua empresa enfrenta um baixo risco de perda, então pode ser melhor desistir de reagir, ao menos por enquanto. Nesse caso, monitore o mercado, observando continuamente outras desacopladoras usando o processo de três perguntas que descrevi no início do capítulo.

Se uma análise de mercado quantitativa revelar um alto risco de potenciais perdas da fatia de mercado devido ao decoupling, considere reagir. Será necessário decidir a natureza da resposta e quantos recursos alocar conforme cada caso. Se a melhor resposta for muito cara em relação ao risco, ainda será possível decidir não reagir. Se o risco justificar o custo, então avalie as respostas adequadas, entre as descritas no capítulo anterior. Juntar todos esses passos ajuda a decidir se e como responder ao decoupling (*veja a Figura 6.5*):

1. Calcule o Market Share at Risk devido ao decoupling (ou seja, todas as desacopladoras semelhantes);

2. Se o risco for alto, calcule o custo de reação e pondere-o em relação ao risco. Esse cálculo permitirá que você decida entre reagir ao decoupling ou não;

3. Se decidir reagir, escolha entre recoupling ou decoupling;

4. Se for decoupling, decida se mudará o modelo de negócios reequilibrando ou não.

Essa árvore de decisão pode ajudar as empresas estabelecidas a reagirem de forma mais eficiente à disrupção. Em meu trabalho com grandes empresas, vi muitas equipes de executivos se matando de trabalhar para encontrar *a melhor* resposta, apenas para terem que realizar suas análises novamente quando a resposta inicial não gerava os resultados esperados. As árvores de decisão ajudam os tomadores de decisão ao expor os principais caminhos disponíveis, bem como suas contingências. Essas árvores também facilitam a revisão da decisão quando a equipe escolhe uma opção incorreta ou ineficaz. Em grandes organizações, tais decisões não acontecem rapidamente, pois envolvem muitas partes interessadas. Com sorte, depois de meses de deliberação com as principais partes interessadas, você chegará à melhor opção de reação ao decoupling. Mas, às vezes, isso não acontece. Se for preciso rever uma decisão, ter organizado anteriormente as opções disponíveis em uma estrutura de árvore tornará a reavaliação muito mais rápida e simples.

FIGURA 6.5 **ÁRVORE DE DECISÃO PARA AJUDAR A DECIDIR REAGIR E COMO FAZÊ-LO**

Suponha que uma empresa fez uma análise de risco de mercado e concluiu que o risco de perda é muito grande para arcar, então decidiu agir. Entre reacoplar e desacoplar, ela escolheu a primeira opção. Se a tentativa de reacoplar — digamos, ao fazer lobby para uma mudança nas leis — falhar, o que deveria ser feito? A empresa não precisa começar do zero. Se outros fatores ambientais internos ou externos não mudaram, ela deve tentar outra forma de recoupling, digamos tecnológica ou contratual. Da mesma forma, se esgotar todas as suas opções de recoupling, a empresa deverá procurar um caminho de decoupling, possivelmente sem o reequilíbrio. Se isso não funcionar, deve tentar o reequilíbrio. Por último, se nenhuma dessas opções for efetiva, a empresa deve repensar se vale a pena reagir. Em geral, conforme as opções falham, os tomadores de decisão devem trabalhar ao contrário, da direita para a esquerda na árvore de decisão. Não é necessário refazer toda a análise.

Implicações da Avaliação de Risco

Empresas em uma situação de baixo risco devem continuar monitorando as ameaças do mercado. As marcas que compõem o conjunto de consideração do seu consumidor mudam muito rapidamente em algumas categorias. Como minha pesquisa anterior mostrou, por exemplo, os consumidores, especialmente os jovens, podem ser muito inconstantes ao consumir bebidas prontas, doces e bebidas alcoólicas. A exposição a até mesmo um comercial de televisão pode convencê-los a incluir a nova marca em seus conjuntos de consideração.[36] Em muitas outras categorias, a entrada e a saída das marcas exige um tempo consideravelmente maior. Por isso, as estabelecidas devem monitorar constantemente o conjunto de consideração de seus consumidores através de estudos e outras ferramentas de pesquisa de mercado. Em categorias como salgadinhos, as estabelecidas devem fazê-lo semanalmente. Em outras, como vestuário, carros ou bancos, as empresas podem fazê-lo por trimestre, ano ou até mesmo a cada dois anos.

Monitorar os conjuntos de consideração revelará quais marcas conseguiram atingir seus consumidores e quais não conseguiram. Obviamente, as chances de determinada marca ter sucesso dependem de diversos fatores. Como regra geral, os tamanhos dos conjuntos de consideração nos EUA para bens de grande consumo são de cerca de um décimo do número de marcas da categoria em geral.[37] Em mercados menos competitivos, as chances de uma marca fazer parte do conjunto de consideração de um cliente tendem a ser maiores. É claro que ser meramente considerada pelos consumidores não garante as vendas. É muito importante monitorar as marcas e as startups entrando em seu mercado, bem como aquelas de mercados adjacentes. A princípio, todas elas podem entrar no conjunto de consideração de seu consumidor, porém é importante monitorar o conjunto, e não todas as startups que aparecem. Monitorar o conjunto de consideração é sempre viável, enquanto pode ser muito mais difícil acompanhar todas as startups. A CB Insights, uma empresa de pesquisas, gosta de criar os chamados mapas de panorama contendo todas as novas startups de um setor. Seu mapa de disrupção no mercado de beleza em 2017 incluía mais de 70 startups financiadas por capital de risco. Seus mapas de cuidados com a saúde listavam mais de 500, e o espaço bancário estava lotado, com mais de mil possíveis disruptoras.[38] Mesmo as estabelecidas mais apegadas a análises teriam problemas em monitorar tantas startups e acompanhar seu progresso. Então não tente. Atenha-se a monitorar o conjunto de consideração.

Além disso, pense fora do mercado. Quando uma startup consegue entrar no conjunto de consideração de seu cliente, ela se torna concorrente, mesmo que não ofereça um produto diretamente concorrente. Muitas famílias colocam provedoras de televisão a cabo no mesmo conjunto de consideração de cinemas, apresentações de balé ou viagens de fim de semana. Quando se trata de presentes do Dia dos Pais, como meu colega de estratégia Bharat Anand gosta de salientar, gravatas ocupam o mesmo conjunto de consideração de ferramentas elétricas e de jardinagem, aparelhos eletrônicos e até mesmo refeições em restaurantes.[39] E, para algumas pessoas, os serviços de compartilhamento de caronas estão, agora, no mesmo conjunto de consideração da propriedade de automóveis.[40] É preciso definir sua concorrência da forma como seus clientes a veem, e não com base em quão fisicamente semelhantes seus produtos possam parecer externamente.

Tente usar o cálculo de Market at Risk para quantificar o limite superior (ou potencial) de um modelo de negócios desacoplador. No início, quando é difícil projetar o risco futuro de uma startup para as grandes empresas estabelecidas, esse cálculo pode ajudá-lo a mensurar o potencial disruptivo ou o risco das ideias de negócios, diferente do risco imposto por uma empresa específica. O ganho potencial da startup é sua perda em potencial. Quanto maior a perda, mais motivada uma estabelecida deve estar para investir em uma reação forte *antes* de o risco se infiltrar e afetar sua fatia de mercado.

Mas, cuidado: preparar uma resposta grande demais também traz consequências negativas. Nem toda entrante merece uma consideração tão detalhada e uma resposta. Quando a inovação do modelo de negócios está no auge, como é o caso do decoupling, responder a todas as startups geraria um fardo econômico enorme. O Yahoo mostra uma história triste. Em 2012, quando a ex-executiva do Google Marissa Mayer se tornou sua CEO, o Yahoo era uma estabelecida no setor de motores de busca, com o terceiro mais popular dos EUA em termos de fatia de mercado, atrás do Google e da Microsoft. Preocupada com a queda contínua de suas posições, a empresa iniciou uma onda de aquisições plurianual. Em 2016, Mayer havia adquirido 53 startups digitais e tecnológicas, gastando entre US$2,3 e US$2,8 bilhões, sem mencionar as inúmeras horas do tempo de seus principais executivos investidas em due diligence de fusões e aquisições. O Yahoo acabou fechando 33 dessas startups, descontinuando os produtos de 11 e deixando cinco à sua própria sorte, sem conseguir assimilá-las. Em resumo, o Yahoo integrou totalmente apenas duas dessas startups.[41] Em 2017, incapaz de crescer, o Yahoo foi adquirido pela Verizon por US$4,8 bilhões, muito longe de sua maior avaliação, de US$100 bilhões.[42] Reagir exageradamente pode matar empresas, da mesma forma que a falta de reação.

As ferramentas oferecidas neste capítulo o ajudam a abordar o risco de disrupção a partir de múltiplos pontos de vista. Para enxergar sinais precoces de que os consumidores estão pensando em desacoplar, examine as mudanças em seus conjuntos de consideração. O segundo ponto de vista é o da desacopladora. Como mencionei no Capítulo 4, a motivação de uma desacopladora para entrar e o arsenal orçamentário que ela recebe nos mercados financeiros refletem a oportunidade que ela percebe para roubar o mercado das estabelecidas. Tente ver o que elas veem e entenderá melhor o que está em jogo. O meio de fazer isso é calculando o ganho potencial da desacopladora. Depois de ver o decoupling dos pontos de vista do cliente e da desacopladora, avalie, então, a situação a partir de seu próprio ponto de vista, calculando o Market at Risk. Por fim, as economias do consumidor, o ganho potencial da desacopladora e o risco da estabelecida são exatamente a mesma coisa: representam uma transferência de valor. A diferença é quem ganha e quem perde quando esse valor troca de mãos.

Em conjunto, o cálculo do Market at Risk, o processo de três perguntas e o monitoramento dos conjuntos de consideração dos clientes podem servir como um "sistema de radar" para detectar as ameaças iminentes. Juntamente com a árvore de decisão, essas ferramentas podem ajudá-lo a avaliar múltiplos tipos de risco, permitindo-lhe decidir se, quando e como reagir melhor à ameaça imposta pelo decoupling.

PARTE III
Construindo Negócios Disruptivos

Na primeira seção do livro, vimos o que realmente está desestabilizando os negócios: o decoupling das atividades feitas pelos clientes. A segunda seção mergulhou em se, quando e como as empresas estabelecidas devem reagir. Elas têm duas formas diferentes de reagir ao confrontar uma desacopladora: podem reencadear algumas atividades dos consumidores (recoupling) ou encontrar meios de aceitar a ruptura dessas atividades e coexistir em paz com isso (reequilíbrio). Para decidir o que fazer antes ou depois de uma disruptora entrar em seu mercado, você deve avaliar os diversos riscos envolvidos na decisão de agir ou não. Uma análise aprofundada das opções, preferências e custos acoplados dos consumidores revelará como as estabelecidas devem abordar uma ameaça de decoupling em seus setores.

Com esse alicerce posicionado, podemos seguir para a tarefa de construir e desenvolver negócios disruptivos e, no processo, revisitar e repensar os paradigmas estabelecidos. Como começar um negócio disruptivo? Como desenvolvê-lo? Como evitar que decline uma vez que atinja a maturidade? Se você está começando um novo empreendimento dentro de seu negócio estabelecido (um "intraempreendedor"), ou é um empreendedor começando uma startup nova e inovadora, aplicar os preceitos básicos da teoria do decoupling pode resultar em novas respostas intrigantes aos maiores desafios que provavelmente enfrentará pelo caminho.

Organizei os capítulos desta seção de modo a seguir os contornos gerais do ciclo de vida de uma empresa (*veja a figura abaixo*). Todas as empresas, grandes e pequenas, tradicionais e disruptivas, seguem um padrão semelhante em suas jornadas para uma maior penetração no mercado. Durante a fase inicial, as receitas e os ganhos de fatia de mercado costumam ser lentos. Se as empresas sobrevivem a essa fase, tendem a progredir para uma segunda fase de crescimento muito mais rápido. No entanto, algumas patinam nessa fase e as que sobrevivem acabam atingindo a terceira: um afunilamento, retardando ou diminuindo o crescimento. O desafio aqui é sustentar o crescimento o máximo possível, ou estimular um novo crescimento.

O CICLO DE VIDA DE UMA EMPRESA

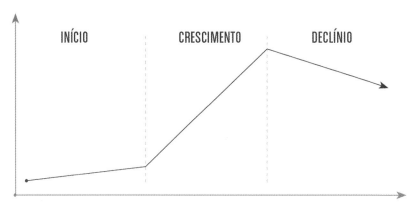

É claro que diferentes empresas permanecerão em cada fase por períodos variáveis e atingirão níveis de receita ou fatias de mercado variáveis, mas todas seguem essa trajetória. Além do mais, quando se observa empresas de diferentes tamanhos e idades em setores diversos, desde serviços aéreos a fabricantes de zíperes, a tendência é descobrir que as empresas em determinada fase experimentam os mesmos desafios empresariais subjacentes. As pessoas tendem a pensar que grandes empresas têm problemas de grandes empresas, enquanto empresas menores têm problemas empresariais diferentes. Isso acontece em parte. Os estágios de vida definem a "experiência" de uma empresa. Todas as que estão na fase inicial lutam com o desafio de conquistar seus primeiros clientes de forma econômica, enquanto aquelas na fase de crescimento tendem a se concentrar mais em decidir quais novos produtos desenvolver e quais mercados conquistar, bem como o modo de organizar pessoas e processos para apoiar essas novas iniciativas. Durante a terceira fase, elas tendem a se concentrar mais em como combater uma estagnação no crescimento e inovar a si mesmas dentro ou fora dos mercados em que perderam parte de sua fatia de mercado.

Cada um dos três capítulos a seguir cobre um estágio na vida das empresas disruptivas, aplicando lições com a teoria do decoupling. Ao mostrar uma nova perspectiva dos desafios que as empresas enfrentam, espero aprofundar e ampliar o pensamento de líderes e gestores para que possam encontrar meios para novas soluções e suas empresas possam prosperar. Começaremos pelo início, com a criação de uma empresa disruptiva. Conforme avançarmos dos primeiros estágios até o crescimento e, por fim, o declínio, não perca o prêmio real de vista: o cliente.

7

CONQUISTANDO SEUS PRIMEIROS MIL CLIENTES

Em 2014, um jovem empreendedor chamado Charles-Albert Gorra teve a intrigante ideia de vender vestidos sofisticados de segunda mão pela internet. Antes de entrar com tudo, ele decidiu que queria testar sua ideia de forma barata, então comprou alguns vestidos de conhecidas, mandou para a lavanderia e tentou vendê-los no eBay. Descobriu que, apesar de existir um mercado para vestuário sofisticado usado, as margens sobre vestidos de luxo eram muito baixas, independentemente do volume, para sustentar uma empresa. Mas Gorra não desistiria de sua ideia assim tão fácil. Ele pensou que ainda poderia criar um negócio viável se arriscasse em outra categoria de bens duráveis com faixas de preço relativamente altas.

Pesquisando mercados secundários offline, ele percebeu que grandes revendedores lucrativos costumavam vender produtos com baixo índice de utilização, conforme mensurado através do percentual de tempo que um produto permanece ocioso na mão do consumidor. Quanto menos os consumidores usassem os produtos, mais propensos estavam a monetizá-los. Produtos que as pessoas usavam com frequência, como óculos e celulares, não tinham muita visibilidade nas empresas de revenda de segunda mão, já que seus donos os utilizavam diariamente.* Gorra percebeu algo mais: os revendedores lucrativos tradicionais costumavam vender bens que também tinham baixas taxas de depreciação, conforme medido pelo declínio natural do valor de mercado do produto ao longo de sua vida. Produtos tecnológicos ficam obsoletos rapidamente, logo, enquanto seus donos buscam descartá-los apenas por meio da revenda, um revendedor pode obter comissões baixas. Bens como bolsas de luxo, joias de ouro e motor homes pareciam ideais para revenda, já que tinham baixas taxas de utilização e depreciação. Eles mantinham seu valor e os proprietários não os utilizavam com frequência.

Gorra tentou, então, vender bolsas de luxo online, e dessa vez teve sucesso. As donas originais recebiam um preço alto o bastante para motivá-las a dispor de suas bolsas e Gorra conseguiu manter os preços de venda em sites como eBay, e outros mercados online, baixos o bastante para atrair compradoras, ao mesmo tempo em que conseguia manter uma comissão saudável para si mesmo. Ele sentiu que a oportunidade era tentadora. Segundo o NPD Group, mulheres americanas com idades entre 18 e 45 anos possuíam, em média, 13 bolsas de 7 marcas diferentes. A própria pesquisa de mercado de Gorra revelou que "cerca de 80% dos guarda-roupas das mulheres [eram] basicamente intocados", e que esses guarda-roupas continham bolsas de alta qualidade e pouquíssimo usadas que suas donas jamais pensaram em revender. Depois de confirmar que era possível criar valor para ambos os lados e ainda cobrar por uma porção do valor criado, Gorra começou a buscar capital de risco a fim de criar sua startup. Dentro de um ano, ele e seu cofundador levantaram US$4,8 milhões para criar a Rebag, um site que comprava das mulheres suas bolsas de luxo usadas.

Nesse ponto, Gorra enfrentou um problema comum a todas as disruptoras: por onde começar? Como ele tiraria sua empresa do papel, pegando o que

---

* A maioria dos mercados de revenda de celulares de segunda mão nos EUA é de aparelhos reformados ou ultrapassados.

parecia ser uma ótima ideia de negócio e montando uma startup verdadeiramente inovadora que prosperasse? Como deveria gastar seu capital semente?

Empreendedores de sucesso e outros no universo das startups exortaram outros empreendedores a abordar uma nova gama de problemas de uma vez só ao iniciar suas empresas, inclusive no que diz respeito a produto, tecnologia, canais, e assim por diante. Um mantra no Vale do Silício defende que os empreendedores devem buscar construir uma oferta própria que seja "dez vezes melhor" do que as que existem no mercado atual. A lógica parece válida: faça um produto dez vezes melhor e você atrairá todos os clientes que puder atender, todo investimento de capital de risco que precisar e todos os funcionários talentosos desejarão trabalhar com você. Especialistas também aconselham empreendedores a aproveitarem os efeitos de suas redes de contato logo no início. Quando os consumidores se juntam a uma rede, como um serviço de telecomunicação ou um canal de comunicação como e-mail, Skype ou aplicativo de mensagens, eles captam um valor cada vez maior da rede conforme os consumidores se juntam a ela, o que, em contrapartida, torna os novos usuários mais propensos a entrarem. E, segundo especialistas, os empreendedores não devem se esquecer de construir sua infraestrutura tecnológica. Muitas das empresas que tiveram crescimento mais rápido nos últimos anos foram startups de tecnologia. Se você quiser montar um novo negócio e fazê-lo crescer rapidamente, parece que é preciso seguir o que o Google, o Facebook e a Amazon fizeram e montar sua infraestrutura tecnológica logo de cara. Por fim, os especialistas dizem aos empreendedores para deterem a experiência do cliente de ponta a ponta quando estiverem começando. Afinal, os consumidores geralmente querem "contratar" empresas para resolver um problema completo para eles.

Esses são apenas alguns dos muitos conselhos que os novos empreendedores recebem, e nenhum deles está necessariamente errado. Cada um levou startups disruptivas a se enraizarem e crescerem, porém, em conjunto, compreendem uma miscelânea de conselhos que os empreendedores pensam ser desgastante seguir. Não é fácil, por exemplo, criar um produto que seja dez vezes melhor do que os existentes no mercado. Escolha qualquer mercado e selecione seu principal produto ou serviço. Você consegue ter uma ideia para um produto que seja dez vezes melhor que aquele? Consegue, então, fabricá-lo e construir uma empresa em torno dele? Lembre-se, você é um novo empreendimento. Não tem os melhores engenheiros ou vendedores, financiamento ilimitado e outros recursos cruciais. Os efeitos de rede são, da mesma forma, notavelmente difíceis de projetar, especialmente no início de uma empresa. Antes de esse efeito se instalar, uma startup deve atrair uma quantidade grande de consumidores para se juntarem, mas as startups e os novos empreendimentos geralmente não têm todos os recursos e capacidades para realizar isso, ou sequer para montar uma infraestrutura tecnológica. Na criação de uma experiência de usuário de ponta a ponta, entregar até mesmo um cisco de experiência do consumidor melhor que as empresas estabelecidas no mercado é difícil, que dirá criar uma solução de ponta a ponta melhor.

Agora, tentar construir os efeitos de rede criando um produto que seja dez vezes melhor, implantar uma infraestrutura tecnológica, buscar uma experiência do cliente de ponta a ponta e abordar outros desafios *todos de uma vez* é praticamente impossível para a startup típica. Aquelas que tentarem provavelmente encontrarão frustração e distração perpétuas e, muitas vezes, fracassos. Seria muito melhor que os empreendedores e os gestores de novos empreendimentos se concentrassem em um objetivo e o alcançassem da melhor forma possível.

Mas qual seria esse objetivo? A teoria do decoupling aponta para uma resposta. Como vimos anteriormente, a teoria enfatiza o papel crucial dos consumidores como orientadores da inovação. Aplicando esse insight aqui, chegamos a uma abordagem concentrada para começar um negócio disruptivo. Regra nº 1: Conquiste as atividades dos consumidores. Regra nº 2: Volte à primeira regra.

As startups lutam muito no início de sua jornada para conquistar consumidores e dar apoio às suas operações. Na verdade, essa tarefa é tão difícil e tão vital para o sucesso de uma empresa, que os empreendedores deveriam tornar a conquista de clientes seu foco principal. Se não puder atrair consumidores, qual será o futuro da empresa? A maioria das potenciais desacopladoras fracassa por não conquistar clientes o suficiente ou porque não consegue atender de forma lucrativa aos consumidores que conquistam. Isso levanta uma pergunta: como os novos empreendimentos disruptivos devem conquistar seus primeiros clientes?

Especialização e o Crescimento dos Mercados

Para entender de forma geral como novas empresas sem histórico ou reputação podem roubar consumidores de empresas estabelecidas em mercados maduros, vamos voltar e rever como eles se desenvolvem. A maioria dos mercados se origina com empresas que vendem um produto de massa ou sem diferenciação, apelando a todos os consumidores em algum nível. Vendo uma oportunidade, uma empresa desenvolve uma oferta única para capturar boa parte do mercado. Ela o faz identificando as principais dimensões com as quais os consumidores se importam e posicionando sua nova oferta para capturar a maior parte do mercado, mais ou menos no centro dessas dimensões. Em 1858, a Macy's viu uma oportunidade de oferecer diversas categorias de bens de consumo de boa qualidade, apresentadas em uma grande loja a preços razoáveis. No início, ela não era a loja mais barata, nem a mais sofisticada ou conveniente. Tinha um desempenho razoavelmente bom dentro dessas dimensões, e atraiu muitos compradores dispostos a se comprometer em uma dimensão ou outra.

Como a primeira empresa em um mercado em rápido crescimento, as ofertas em massa acabam atraindo concorrentes. Aquelas que consideram entrar no mercado original da estabelecida poderiam fazê-lo montando outra oferta de massa para concorrer com a primeira. Mas isso seria tolice, pois os consumidores não distinguiriam claramente a nova oferta daquela da estabelecida. Então, em vez disso, as novas entrantes geralmente se especializam, ou seja, elas escolhem uma ou mais dimensões que sabem que os consumidores valorizam mais e criam as chamadas ofertas de nicho, que são visivelmente mais fortes naquelas dimensões. Isso permite que as novas entrantes ganhem novos clientes rapidamente, por exemplo, aqueles que valorizam preços baixos, alta qualidade ou conveniência mais do que valorizam variedade ou personalização. Para as estabelecidas de mercadorias de massa, isso significa que alguns de seus consumidores desertam para as atuantes de nicho.

Ao longo dos anos, as atuantes de nicho apareceram para desafiar o domínio da Macy's e de outras lojas de departamento. Depois de crescer drasticamente para atingir a liderança na categoria de supermercados nos EUA, o Walmart começou a inserir vestuário com marcas comerciais a preços mais baixos. A Nordstrom começou a vender roupas mais sofisticadas e algumas até feitas sob medida. E lojas de shopping menores, franqueadas ou até mesmo particulares, como a Gap, atraíram os clientes com lojas modernas e convenientemente localizadas em shoppings. Para atender ao desejo dos consumidores por ofertas especializadas, novas entrantes surgiram, cada uma escolhendo um pequeno subconjunto de dimensões-chave no qual sobressair.

Conforme mais entrantes surgiam no setor, a empresa de massa original se tornou a oferta mediana: nem a mais barata, nem a com maior variedade ou qualidade. Ela ficou, como os consultores dizem, "presa no meio". E, com isso, sua fatia de mercado da atuante se desgastou. Em 2018, grandes lojas de departamento, como Neiman Marcus e Sears, estavam presas nessa posição, e em risco de falência. Outras lojas, como J. C. Penney e Macy's, também lutavam, presas no meio sem escapatória. Conforme mais atuantes de nicho entram no mercado, as estabelecidas que não conseguem reagir de forma decisiva perdem uma fatia de mercado para as atuantes especializadas que "comem pelas beiradas". A *Figura 7.1* representa a evolução dos mercados como visto da perspectiva da comerciante em massa, com as atuantes de nicho atacando pelas bordas.

Em ainda outra fase subsequente da especialização de mercado, uma nova leva de entrantes oferece um produto significativamente mais forte em uma ou duas dimensões, usando ferramentas digitais para reduzir os custos do consumidor. Para continuar no nosso exemplo de varejo, nos últimos anos, algumas novas disruptoras de vestuário entraram no mercado. Startups como a marca de roupas Bonobos e a marca de óculos Warby Parker ganharam visibilidade oferecendo aos consumidores a possibilidade de adquirir peças personalizadas na conveniência de seus lares, sem precisar visitar uma loja física. A Indochino cresceu surpreendentemente ao oferecer ternos e camisas feitos sob medida a preços razoáveis. A Stitchfix personalizou o vestuário por assinatura. Até mesmo a Amazon, que já não era mais uma startup, adotou essa abordagem e criou a Amazon Fashion, uma startup de entrega rápida de roupas dentro da gigantesca e-commerce de tudo. Desde que nasceu, a Amazon Fashion exibia uma das maiores variedades do mercado, e a preços bastante acessíveis.

FIGURA 7.1 **PANORAMA DA OCUPAÇÃO DO MERCADO DE VESTUÁRIO**

Entrando pelos extremos de uma dimensão importante para o consumidor, e também trazendo uma oferta forte em uma dimensão secundária (por ex., baixo preço, esforço ou tempo), essas disruptoras de moda apelam para um pequeno grupo de compradores que se importa muito com aquela dimensão. Na verdade, esses compradores se importam tanto com essa dimensão que trocarão rapidamente de uma das atuantes estabelecidas para uma startup. Depois que essas startups se fixam em uma posição como provedora extrema de determinada dimensão, prosseguem para conquistar as dimensões adjacentes. Em conjunto, essas várias startups disruptivas acabam prendendo e sufocando tanto as atuantes de nicho estabelecidas quanto as estabelecidas originais de oferta em massa.

O decoupling também tende a seguir essa dinâmica. Nesse sentido, é realmente uma teoria de especialização. Como mencionei no Capítulo 3, às vezes seu consumidor quer se especializar, e isso oferece às startups uma chance de entrar. Entretanto, em vez de se especializar com base no tipo de consumidor ou nos tipos de produtos, o decoupling produz especialização em atividades que compõem a cadeia de valor do cliente. Se você está começando um negócio disruptivo, especialmente um que busque desacoplar atividades, é preciso entender a história da especialização no mercado. Quem são os consumidores motivados a desacoplar? Quais são suas dimensões de interesse? Como você pode roubar para si algumas dessas atividades dos consumidores? Esse deve ser seu principal conjunto de perguntas desde o início.

Desacopladoras Duplas

Para responder a essas perguntas, vamos considerar uma classe especial de negócios disruptivos: os marketplaces online. Esses marketplaces são notavelmente difíceis de começar, mas, quando se estabelecem, se tornam as startups mais valiosas que existem. Analisar como seus fundadores começaram rende orientações valiosas para outras startups disruptivas.

Podemos definir os marketplaces online como plataformas digitais que atraem e combinam dois tipos de consumidores diferentes. A Uber combina motoristas de carros com passageiros; o Airbnb combina proprietários de casas com locatários a curto prazo; o eBay combina vendedores com compradores; a Etsy combina artesãos com compradores. Mas esses não são os únicos negócios online que funcionam como mercados de dois lados. Sites de emprego combinam empregadores com empregados. Empresas de mídia servem basicamente como plataformas para combinar consumidores e anunciantes. Mesmo um varejista sem estoque, mas que exibe produtos de terceiros em seu site, funciona como um marketplace ou plataforma que combina fabricantes e compradores.

Em *A Riqueza das Nações*, Adam Smith descreveu a "mão invisível" que movimenta os mercados ajudando a combinar a demanda por bens com seu fornecimento. Antes da internet, motoristas e caronistas já eram livres para fazer transações no mercado de táxis e caronas, da mesma forma que proprietários de casa de aluguel eram livres para alugar para inquilinos de curto prazo, e fabricantes e compradores de artesanato eram livres para se encontrar e realizar transações. Na teoria, a "mão invisível" ajudava esses fornecedores e produtores a se encontrarem automaticamente. Na prática, é claro, essa combinação costumava não acontecer. Uma pessoa que precisasse de uma carona poderia ficar de pé em uma esquina a quilômetros de um motorista disponível. Ou uma pessoa que quisesse alugar uma casa poderia passar despercebida por uma oferta alguns quarteirões à frente. Combinações puramente orientadas pelo mercado se mostravam muito difíceis, complicadas e obscuras. O que os marketplaces online fizeram foi afastar a "mão invisível", desacoplando o ato de oferecer para vender (ou comprar) bens e serviços da real entrega (ou recebimento) desses produtos. Ao combinar fornecimento com demanda, os marketplaces convenceram os possíveis usuários de que seus sites logo estariam entre as maiores reuniões nas quais compradores e fornecedores podiam se encontrar e realizar transações.

Digamos que você precise comprar um item diferenciado, como uma recordação esportiva difícil de encontrar, um computador usado ou tomates herança orgânicos. Desconsiderando os varejistas de massa tradicionais, você pode pensar em visitar uma loja especializada. Porém, como poucas lojas oferecem esses itens e você não quer perder tempo indo de uma em uma, pode optar por visitar um marketplace como um mercado de pulgas, uma feira de usados ou uma feira de rua. Ali, é possível ver as barracas dos vendedores, escolher uma e selecionar um item para comprar. Essa atividade de "ir ao mercado" pode acontecer tanto em mercados físicos quanto em marketplaces online, e isso constitui um passo central na cadeia de valor do comprador (começando no canto inferior esquerdo da *Figura 7.2*).

Fabricantes ou fornecedores também são clientes de marketplaces online como Amazon ou Uber. Para sair do papel, tais marketplaces online devem conseguir fornecedores e criar valor para eles, da mesma forma como ocorre com os compradores. Os fornecedores também têm sua própria cadeia de valor (começando no canto superior esquerdo da *Figura 7.2*), a qual envolve procurar seus próprios fornecedores (por ex., tecidos no caso de fabricantes de roupas, sementes no caso de plantadores de tomates), fazer ou comprar o item, escolher um mercado (ou marketplace) para oferecer seus produtos, se inscrever para ser um vendedor, exibir a mercadoria e vendê-la. Veja o eBay, que funciona como marketplace online para diversos tipos de produtos. Como uma plataforma bilateral, o eBay não produz os bens que vende, em vez disso, reúne fornecimento e demanda, e facilita a transação, desacoplando a atividade que existe na interseção das CVCs do fabricante e do comprador. Nesse aspecto, o eBay desacopla o papel de combinação dos mercados tradicionais, e também serve como substituto total para os mercados físicos nos quais compradores e vendedores se conhecem e fazem negócio.

FIGURA 7.2 CVCS NO LADO DO FORNECIMENTO E NO LADO DA DEMANDA NO EBAY

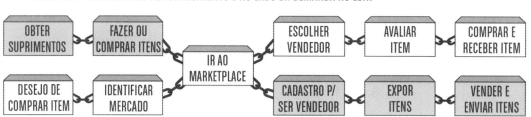

Quando refletimos a respeito, desacopladoras como eBay, Etsy, Uber e Airbnb ajudaram a resolver diversas ineficiências inatas dos mercados físicos tradicionais. Usando tecnologia, dados e web, os marketplaces online equilibram melhor fornecimento e demanda, aumentam a confiança dos participantes uns nos outros e na qualidade dos bens vendidos, e reduz os custos transacionais monetários e de tempo e esforço. Como resultado do valor que adicionam, os marketplaces online criam mercados que podem crescer muito mais que seus equivalentes offline, reduzindo ainda mais as ineficiências para ambos os lados.

Marketplaces bilaterais são mais desafiadores e complexos de lançar do que outras disruptoras. Já é difícil o bastante conquistar um tipo de consumidor em um negócio online. Os marketplaces bilaterais devem conquistar dois tipos distintos de consumidores para suas plataformas, cada um com propostas de valor distintas. Os passageiros da Uber querem acesso barato e conveniente a um carro para levá-los a seu destino, enquanto os motoristas querem ganhar dinheiro na plataforma. Tentar atrair um conjunto de consumidores ou outro deixa os empreendedores com o problema do ovo e da galinha. Como fazer os empregadores aderirem a um site de rede de contatos profissionais se ainda existem poucos candidatos a vagas — e vice-versa? Se você conseguir atrair os dois grupos de consumidores, deve ir além e motivá-los a se juntarem de forma rápida e eficiente. Se não o fizer, os consumidores não continuarão na sua plataforma. Como empreendedor, se conseguir entender como conquistar e reter dois tipos de consumidor a partir do zero, será possível que também saiba como conquistar consumidores para uma empresa típica (unilateral).

Como o Airbnb Conquistou Seus Primeiros Mil Clientes

Podemos colher alguns princípios básicos de conquista de clientes examinando como um desses marketplaces começou.[1] Analisaremos como o Airbnb conquistou seus primeiros mil clientes. Em 2008, três amigos — Brian

Chesky, Joe Gebbia e Nathan Blecharczyk — moravam em São Francisco e trabalhavam como designers. Em breve aconteceria uma grande conferência de design na cidade e a oferta de hotéis era limitada. Então, Chesky, Gebbia e Blecharczyk decidiram ganhar uma grana extra alugando seu loft. Eles montaram um site simples com fotos do loft, prometendo oferecer um café da manhã caseiro para os hóspedes. Naquele primeiro fim de semana, três hóspedes ficaram com eles, cada um pagando US$80 pelo privilégio. Em pouco tempo, Chesky, Gebbia e Blecharczyk começaram a receber e-mails de pessoas de todo o mundo, e eles sabiam que tinham algo nas mãos. Três meses depois, lançaram sua startup, a tempo de coincidir com a Convenção Nacional Democrata de 2008, realizada em São Francisco. Esse evento lhes permitiu garantir diversos anfitriões e hóspedes para seu site.

A princípio, o site do Airbnb tinha pouquíssimas ofertas. Os fundadores não sabiam como superar problema do ovo e da galinha. Eles precisavam de acomodações — inicialmente, quartos, e depois, casas inteiras — a fim de atrair pessoas a procurarem no site. No entanto, para fazer os proprietários criarem uma oferta de suas propriedades, eles precisavam de tráfego de consumidores, ou seja, pessoas buscando alugar. Ninguém se daria ao trabalho de anunciar ou procurar locações em um site quase sem tráfego. Como perceberam, o lado do fornecimento era o mais difícil de crescer: muitas pessoas se sentiam desconfortáveis com a ideia de abrir suas casas para estranhos. Potenciais locadores ficavam relutantes em dar o primeiro passo e anunciar suas casas aos quatro ventos. Assim, os fundadores decidiram fazer esse trabalho para eles. O Airbnb ofereceu aos usuários que anunciassem propriedades no site a oportunidade de divulgá-las também na Craigslist, apesar dela não oferecer nenhuma forma sancionada de fazer isso. O Airbnb também automatizou um jeito de contatar os proprietários de casas na Craigslist e convidá-los a anunciar no site.

Ao mobilizar a Craigslist, o Airbnb trabalhou duro para se distinguir das listas de classificados online da estabelecida. Mas ela tinha um ativo que o Airbnb não tinha: uma base de usuários sólida. A startup sabia que os viajantes que buscavam mais do que uma experiência padrão de hotel visitavam a Craigslist. A estabelecida representava um "alimentador" atrativo para o Airbnb, pois os anúncios da disruptora costumavam ser mais pessoais do que os de outras propriedades na Craigslist, com descrições e fotos melhores. Destacando-se para os usuários da Craigslist, os anúncios mais detalhados do Airbnb os atraíam para seu site. Uma vez ali, eles tendiam a reservar diretamente através da startup da próxima vez.

Os fundadores do Airbnb experimentaram diversas táticas para atrair locadores para seu site, reconhecendo que o que funcionava em uma cidade ou país poderia fracassar em outro lugar. Na França, um dos primeiros destinos do Airbnb fora dos EUA, os funcionários da startup montaram um teste A/B em diversos locais. Em metades das cidades francesas, eles fizeram visitas pessoais e promoveram o Airbnb usando táticas de baixa tecnologia e não escalonáveis. Equipes com duas ou três pessoas conversavam com alguns usuários que já estavam no mercado para entender as condições do local. Eles fizeram festas e sessões informativas, colocaram cabines pelas cidades, distribuíram flyers e coletaram informações de contato de todos que conheceram e que mostraram interesse em ser anfitriões. Depois, prosseguiram dando mais informações, uma oferta para criar um anúncio para possíveis locadores avaliarem e coisas do tipo. Na outra metade das localidades francesas do conjunto de seleção, a startup mirou nos possíveis anfitriões usando anúncios do Facebook, uma abordagem online padrão na aquisição de clientes em massa. No primeiro conjunto de cidades, o Airbnb manteve um acompanhamento meticuloso de quanto custava enviar possíveis anfitriões para o site do Airbnb (incluindo o custo das festas, das cabines e das atividades "de campo") e dos anúncios que daí resultaram. Compararam esses custos aos da publicidade no Facebook, rastreando os anúncios que resultaram de cada um. No fim das contas, o custo por aquisição foi cinco vezes menor nas cidades onde o Airbnb havia aplicado as táticas de baixa tecnologia e não escalonáveis.

Em meados de 2009, a disruptora estava crescendo rapidamente em algumas localidades dos EUA, mas não tinha ganhado muita força no importante mercado de Nova York. Para entender o porquê, Gebbia e Chesky viajaram e reservaram quartos e casas com 24 anfitriões (os dois usavam o próprio serviço quando viajavam). Os fundadores descobriram que os usuários não estavam apresentando muito bem seus anúncios no site. Como Gebbia percebeu: "As fotos eram muito ruins. As pessoas estavam usando câmeras de celular e tirando fotos com qualidade nível Craigslist. Surpresa! Ninguém estava reservando, pois não era possível ver o que estava comprando." Gebbia e Chesky elaboraram uma solução de baixa tecnologia, mas eficaz. Segundo Chesky: "Uma startup da internet diria, 'Vamos enviar e-mails, ensinar [aos usuários] fotografia profissional e testá-los.' Nós dissemos: 'Dane-se.'"[2] Chesky, Gebbia e Blecharczyk alugaram uma câmera de US$5 mil e foram de porta em porta tirando fotos profissionais da maior quantidade possível de propriedades dos anúncios de Nova York. Essa abordagem gerou de duas a três vezes mais reservas nos anúncios de Nova York.[3] No final do mês, a receita do Airbnb na cidade havia dobrado. As fotos de melhor qualidade dos anfitriões fizeram com que uma enxurrada de outros anunciantes melhorassem suas fotos ou se arriscavam a não alugar suas propriedades rapidamente. O mais importante foi definir o padrão de qualidade das fotografias que os futuros proprietários deveriam ter para poder competir.

Usando tais táticas para garantir um número mínimo de anúncios em seu site logo no início, os fundadores do Airbnb reforçaram o lado do fornecedor. Isso lhes permitiu atrair e sustentar a demanda, o que, em contrapartida, atraiu lentamente um fornecimento ainda maior de casas para alugar. A roda do sucesso começou a girar — lentamente a princípio, e depois mais rápido. O resultado, por fim, foi um crescimento tremendo para a startup nos anos seguintes.

A história do Airbnb é especialmente interessante, pois a empresa não gerou demanda somente com base em uma ideia nova e inovadora. Muitos negócios online já ofereciam acomodações de curto prazo em domicílios, entre eles HomeAway, VRBO e Couchsurfing. Porém, apenas o Airbnb aumentou rapidamente sua base de zero para milhares, e então milhões; uma prova de sua proeza em cultivar os primeiros consumidores.

Assim, o que os empreendedores podem aprender sobre a conquista inicial de consumidores com o Airbnb e também com outros marketplaces de crescimento rápido, como Etsy e Uber?[4] Analisando a história do Airbnb, podemos identificar os sete princípios a seguir em ação:

1. **"Comprar" consumidores no atacado.** Conquistar usuários um por um demora muito. Uma startup pequena precisa conquistar clientes no atacado, como o Airbnb fez em suas conferências superlotadas e explorando a base de usuários da Craigslist. Uber e Etsy também usaram essa estratégia desde o início. A Uber se disponibilizou no final de eventos esportivos e shows, quando multidões de pessoas procuravam caronas.[5] Os fundadores do Etsy visitaram grandes feiras de artesanato para promover seu site, registrando grupos inteiros de artesãos em cada uma.[6]

2. **Não confronte as concorrentes diretamente.** Uma startup deve evitar se colocar na mira das estabelecidas. Não mire nos consumidores delas. Em vez disso, busque aqueles que elas não podem ou não querem atender. Depois de shows, as pessoas precisam de mais táxis do que as empresas de táxi podem oferecer. Da mesma forma, quando grandes eventos, como a Convenção Nacional Democrata, vêm à cidade, os hotéis atingem capacidade máxima. Abraçar esse excesso de demanda nesses casos permitiu que startups como Uber e Airbnb ficassem "fora do radar" das gigantes. Quando elas já estavam ancoradas no mercado, as gigantes não conseguiram acompanhar.

3. **Adote táticas não escalonáveis.** Grandes empresas de tecnologia tendem a ficar obcecadas por buscar táticas escalonáveis. Se uma tática não funcionar para milhares ou milhões de clientes, essas empresas a veem como um mau investimento. Especialistas costumam recomendar que as startups se comportem de forma semelhante. Porém, startups e grandes empresas de tecnologia têm necessidades diferentes. As startups precisam desesperadamente daqueles primeiros dez clientes, enquanto grandes empresas não se importam em incluir apenas mais dez consumidores à

sua base, já enorme. Se aventurando até a casa das pessoas e contratando fotógrafos profissionais, como o Airbnb fez, ou enviando pessoas a feiras, como o Etsy fez, mercados de startups facilitaram o processo de entrada. Para lançar um negócio disruptivo, concentre-se nas táticas que parecem funcionar e que geram insight sobre os consumidores e suas necessidades, independentemente do tamanho do impacto a princípio. Mais tarde, a escala se torna um problema na vida de uma empresa. Caso não tenha clientes suficientes no início, você não terá nada para escalonar.

4. **Incube seus primeiros consumidores (e comece com os fornecedores).** Os primeiros consumidores de uma startup a ajudam muito, e seu relacionamento com a empresa é extremamente frágil. Um deslize, e os clientes somem. Se ficarem, como aconteceu com Uber, Airbnb e Etsy, eles o ajudarão a atrair mais usuários, criando um efeito de rede poderoso e indireto como motor de crescimento. Caso esteja lançando um marketplace bilateral, concentre-se em conquistar consumidores no lado do fornecimento antes de ir atrás dos do lado da demanda. Ofereça a todos a melhor experiência, independentemente de poder fazê-lo de forma lucrativa ou escalonável. Esse investimento inicial renderá dividendos; como veremos, seus primeiros consumidores fazem mais do que simplesmente pagar para sua empresa funcionar.

5. **Use ferramentas offline de baixa tecnologia.** As startups de tecnologia tendem a descartar ferramentas offline de conquista de clientes, tais como: organizar eventos, criar operações de campo ou incentivar os usuários a falarem com conhecidos sobre seus serviços. Porém a implementação de tais ferramentas pelo Airbnb impulsionou seu crescimento inicial. Apenas ao longo do tempo, conforme a taxa de crescimento da empresa de estabilizou, eles trocaram para canais digitais de conquista de clientes.

6. **Favoreça operações mais que tecnologia no início.** A tecnologia pode ajudar os processos das empresas a ganhar escala, mas geralmente não lhes permite sair do chão. Para que um negócio disruptivo tenha sucesso, ele precisa funcionar, pura e simplesmente. Os marketplaces on-

line devem combinar fornecimento e demanda. Logo no início, você não pode esperar que apenas a tecnologia seja capaz de realizar essa tarefa difícil. A Uber foi de porta em porta para conseguir que seus primeiros motoristas se inscrevessem. O Airbnb fez o mesmo com seus locadores, e, quando convenceu as pessoas a anunciarem suas casas, seus funcionários moveram mundos e fundos para encontrar pessoas para alugar cada uma.[7] Um gestor de plataforma deve pegar um comprador pela mão e encontrar um fornecedor para que possa ocorrer uma transação. De outra forma, compradores e fornecedores podem não se encontrar, e jamais retornarão à plataforma. Qualquer empresa disruptiva que esteja buscando atrair consumidores deve acessá-los, um de cada vez. Só depois é que a tecnologia pode acelerar o processo.

7. **Veja sua empresa pelos olhos do cliente.** Enfatizei a importância de ver a disrupção pelos olhos do cliente. Isso é mais verdadeiro ainda para os marketplaces online, com seus grupos de consumidores divergentes. Os CEOs da Uber e do Airbnb usavam seus serviços rotineiramente para ver e experimentar o mesmo que seus clientes.[8] Eles também se certificavam de entender os desafios que os fornecedores enfrentavam ao dirigir um carro ou alugar uma casa. Qualquer nova empresa buscando atrair consumidores tem que absorver totalmente o ponto de vista do consumidor, fazendo ajustes operacionais de modo a diminuir os custos monetários, de tempo e esforço para os dois tipos de consumidores.

Observei esses princípios a partir de um estudo que realizei com marketplaces bilaterais, mas também os vi em ação ao trabalhar com dezenas de startups disruptivas em diversos setores.[9] A Rebag, a história de abertura deste capítulo, é um bom exemplo. Depois de obter o capital semente, o fundador, Charles-Albert Gorra, não se concentrou em construir uma infraestrutura tecnológica, criar um produto dez vezes melhor ou projetar uma experiência de ponta a ponta. Em vez disso, ele tentou entender como convencer as mulheres a venderem bolsas em seu site (princípio nº 4: buscar primeiro os consumidores no lado do fornecimento). Ele chegou a uma descoberta importante: mulheres que tinham objetos de marcas de luxo não se importavam com o processo de venda em si, apenas com o resultado. Elas queriam um processo de venda rápido e sem esforço, que lhes trouxesse uma quantia de dinheiro significativa. Essas preocupações explicavam por que as mulheres não estavam vendendo suas bolsas usadas no eBay (muito difícil) ou em lojas de consignação (demorava muito e custava muito caro).

Percebendo que tinha que diminuir os custos de esforço, tempo e dinheiro para as clientes, Gorra chegou a uma solução: ele se ofereceria para comprar o produto. As mulheres visitavam a Rebag, forneciam rapidamente algumas informações sobre a marca e o tipo das bolsas, e faziam o upload de algumas fotos de cada uma. O site as informava dentro de 24 horas o quanto ofereceria pelas bolsas. Quando as mulheres aceitavam, seus cheques chegavam em, no máximo, dois dias. O foco em atender as necessidades do cliente foi o que orientou o modelo de negócios da Rebag. Se Gorra tivesse se concentrado em suas próprias necessidades ou nas necessidades de seus investidores, a startup jamais teria comprado bolsas e pago por elas antecipadamente antes de garantir compradores. Em vez disso, a Rebag teria operado como uma loja de consignação online, um marketplace, combinando vendedoras com compradoras e ganhando uma comissão, sem jamais possuir um estoque. Gorra optou por reduzir os custos de atrito do consumidor, apesar de obviamente preferir diminuir seu próprio capital de giro e evitar investir em um estoque potencialmente não vendável (princípio nº 7: ver as coisas pelos olhos do cliente).

Quando conversei com Gorra em meados de 2017, o preço médio de uma bolsa na Rebag era de US$1 mil. A mais cara? Uma bolsa Hermès Birkin Gillies Togo usada de US$13 mil. Usada! Uma versão nova custa cerca de US$21 mil. Na época, mais ninguém comprava bolsas de marca usadas para revender — nem empreendedores sem dinheiro nos mercados de segunda mão nem as fabricantes originais dessas bolsas. Gorra havia encontrado um espaço em branco (princípio nº 2: evite confrontar as concorrentes).

A fim de adquirir esses produtos, Gorra precisava levantar mais capital de empréstimo e capital de risco, convencendo os investidores de que ele teria um bom uso para seu dinheiro. Em especial, ele precisava mostrar que podia comprar os itens certos, aqueles que não ficariam mofando na prateleira virtual. Precisava mostrar também que podia pagar o preço certo para adquirir as bolsas usadas. Se pagasse muito, não teria lucro; se pagasse pouco, desencorajaria as pessoas a vender. Por fim, precisava mostrar que poderia precificar as bolsas corretamente para revenda. Foi aqui que a tecnologia inovadora entrou no modelo de negócio da Rebag: a empresa desenvolveu um algoritmo que mostraria o que comprar, quanto pagar e por quanto vender.

Por ser um homem na casa dos 20 anos, Gorra sabia tanto sobre bolsas quanto se imagina (em outras palavras, não muito). Ele nunca tinha trabalhado em design, produção ou venda de bolsas femininas. Porém, tinha trabalhado como investidor financeiro na Goldman Sachs e no fundo de investimentos TPG — uma experiência que lhe foi útil. Gorra pegou seu conhecimento sobre instrumentos financeiros de precificação e identificação de oportunidades de arbitragem e, com uma jogada inédita, aplicou-os no negócio de bolsas de luxo. Quem diria que produtos financeiros exóticos e bolsas de luxo tinham algo em comum? Mas tinham, e a inovação de Gorra ajudou a convencer os capitalistas de risco a injetarem dinheiro, primeiro para desenvolver a operação, depois para comprar o estoque e, por fim, para construir a tecnologia (princípio nº 6: operações antes da tecnologia). A princípio, os investidores de risco queriam financiar apenas marketplaces e empresas de consignação online com poucos ativos. Porém, Charles encontrou um caminho melhor para o vendedor, e conseguiu convencer os possíveis investidores de que era uma oportunidade. Até o momento em que escrevi este livro, a Rebag havia recebido US$28,3 milhões em financiamento de risco, com a rodada de série B mais recente trazendo US$15,5 milhões. Nada mal para uma startup de três anos.

A última vez que conversei com Gorra, ele observou que seu maior desafio era "tentar vender um serviço que as mulheres com rendas mais altas não estão procurando". Como disse: "Poucas pessoas procuram no Google por 'como vender uma bolsa'." Consequentemente, não era possível usar anúncios de motor de buscas para conquistar clientes. A maioria dos canais online, como mídias sociais ou anúncios, também não funcionou. Como Gorra percebeu, era preciso educar as consumidoras sobre a ideia de vender suas bolsas. A campanha de marketing mais bem-sucedida da Rebag até hoje envolveu a ideia de, como Gorra descreveu, "ensinar às pessoas que você pode monetizar seu guarda-roupas instantaneamente". A Rebag montou uma equipe de vendas interna que abordava influenciadoras, personal shoppers, consultoras de estilo e vendedoras de lojas sofisticadas, pedindo a elas para conversarem com suas clientes sobre a opção de vender as bolsas que não queriam mais na Rebag (princípio n° 1: conquistar clientes no atacado). Se essas influenciadoras se inscrevessem para se tornar afiliadas da Rebag, receberiam uma comissão sobre qualquer bolsa que ajudassem a trazer. "Esse programa de filiação tem sido, de longe, o canal mais barato para conquistar consumidoras", explicou Gorra (princípio n° 5: use ferramentas offline).

Depois de inscrever milhares de filiadas, Gorra concluiu que essa abordagem de baixo custo não era escalonável (princípio n° 3: faça coisas que não ganhem escala). Ele não podia simplesmente dobrar o investimento, contratar mais pessoas internas e explorar esse canal para crescer rapidamente. Para impulsionar sua próxima fase de crescimento, era preciso encontrar e explorar canais alternativos. Uma opção que funcionou moderadamente bem foram os canais de resposta direta em programas de nicho de televisão a cabo. Ainda assim, esses anúncios geravam um alcance limitado. As mídias sociais tinham um alcance maior, mas não tão eficaz. Quando Gorra explorou outros canais de aquisição de clientes disponíveis, confrontou o compromisso inerente entre economia e escalabilidade. Nenhum canal estabelecido poderia oferecer alto alcance e alta rentabilidade. Ele, então, precisava encontrar o(s) canal(is) de aquisição de clientes mais barato(s), que provavelmente seria(m) de baixa escala. Ao longo do tempo, teria que tentar aumentar a escala deixando de lado o mínimo possível de rentabilidade, seguindo de perto a curva limítrofe da eficiência (*veja a Figura 7.3*). Até o final de 2018, a Rebag ainda não implantou uma mídia de massa como canal de conquista de clientes. Ainda assim, suspeito que o crescimento contínuo da empresa forçará Gorra a um dia considerá-lo.

Quando a startup dominou o lado do vendedor do mercado secundário de bolsas de luxo, Gorra mudou seu foco para o lado do comprador. Com uma parte de seu capital de risco, montou a Trendlee.com, uma varejista online de bolsas de marca usadas. Na verdade, ele estava montando um varejista bilateral, tratando a compra e a venda das bolsas como dois negócios distintos. "A Rebag tem uma consumidora mais sofisticada e mais velha", disse, "e promete conveniência, enquanto a Trendlee é uma jogada de aspiração de valor e suas clientes são mais novas e menos ricas. Existe uma sobreposição, mas não muita." Gorra planeja unir as marcas sob o mesmo nome em algum momento, mas apenas quando "os dois segmentos de consumidoras começarem a se tornar a mesma pessoa, que compra e depois revende bolsas usadas".

FIGURA 7.3 ILUSTRAÇÃO DO CAMINHO DOS CANAIS DE AQUISIÇÃO DE CLIENTES PARA A REBAG

Nota: Os canais e mídias deste gráfico não se aplicam a todas as startups.

Comprar e vender bolsas de segunda mão é uma inovação? É disruptivo para os fabricantes? Ministrei um workshop sobre disrupção digital para executivos sênior de marcas de luxo, como Jaeger-LeCoultre, Chanel e Hermès, e eles estão muito preocupados com os marketplaces secundários online. A grande questão é: o mundo precisa da fabricação de muito mais bolsas de luxo ou apenas de uma alocação mais eficiente daquelas que já estão em circulação? Gorra parece acreditar na segunda opção. Como dito no Capítulo 6, a disrupção ocorre de forma mais intensa quando alguns dos seus clientes questionam o valor de todo o setor.

Conscientemente ou não, Gorra aplicou todos os sete princípios para conquistar suas primeiras consumidoras e obteve um sucesso inicial tremendo. É claro, conforme sua empresa crescer e conquistar mais consumidoras, ele terá que divergir desses princípios. Os princípios podem ajudá-lo a começar um negócio disruptivo, mas nem sempre se aplicam quando você está tentando crescer e se tornar um mercado de massa — seu primeiro milhão de clientes ou seus primeiros 10 milhões. Em vez de se concentrar no lado do fornecimento e em abordagens offline não escalonáveis, Gorra terá que se concentrar mais no lado da demanda, na construção de tecnologia e em ferramentas online escalonáveis. Ele ainda terá que suprir suas clientes, mas em lugar de considerar as necessidades apenas de suas primeiras adesões, ele terá que entender e atender às necessidades de uma população muito maior e mais diversificada. Nunca é fácil abandonar o que funcionou no passado, mas é absolutamente necessário. A fim de continuar crescendo, a Rebag terá que amadurecer.

Os Múltiplos Papéis do Cliente

Como tentei deixar claro, a teoria do decoupling nos prepara para ver a aquisição da atividade do consumidor como *a* tarefa central de qualquer negócio disruptivo, tanto startups quanto novos empreendimentos corporativos. Em vez de se sobrecarregar com diversos objetivos e esforços, os empreendedores e intraempreendedores preferem se concentrar em escolher quais clientes servir, depois dar o seu melhor para conquistá-los. Foi essa a abordagem de Charles-Albert Gorra, pois em cada decisão que tomou, desde o desenvolvimento do produto até as operações, tecnologias e contratações, estava buscando conquistar boas clientes a um preço razoável. Gorra sabe que sem clientes suficientes, não existe razão para construir mais nada.

Como uma startup, conforme conquistar clientes, entregue valor de verdade. Ao centralizar a empresa em torno das necessidades e dos desejos do cliente, será possível se beneficiar de formas que vão muito além de receber um pagamento. Todas as empresas precisam de P&D para projetar e testar produtos novos, de marketing para anunciar, de operações e controle de qualidade para prestar serviços, trazer soluções e resolver os problemas dos usuários. As startups não costumam ter uma força de trabalho tão grande logo no início. Felizmente, elas não precisam ter. Ao escolher seus primeiros clientes com sabedoria e atendê-los bem, as startups conseguem fazer mais com menos.

Os primeiros clientes do Airbnb ajudaram a empresa a melhorar sua plataforma, alertando os fundadores sobre o que funcionava e o que não funcionava. Esses clientes também se mostraram mais tolerantes a erros e estavam dispostos a esperar pacientemente por melhorias, pois podiam opinar no processo. Os clientes da Uber e do Etsy apoiaram essas empresas oferecendo um marketing boca a boca gratuito. Os primeiros clientes podem até oferecer suporte pós-venda. Em uma startup de software na nuvem que aconselhei, o CEO decidiu que redirecionaria as perguntas e os problemas dos novos usuários para seus clientes mais antigos e fiéis, em vez de contratar uma equipe de atendimento ao cliente. Poucos consumidores posteriores ofereceriam esse suporte. Acontece que os primeiros clientes de uma empresa realizam diversos papéis geralmente desempenhados por funcionários mais tarde na vida de uma empresa. É claro que é preciso incentivar os clientes, oferecendo alguma forma de compensação monetária, como descontos ou bônus por indicação, ou prêmios não monetários, como um reconhecimento ou um status VIP.

Por fim, dois grandes fatores explicam o fracasso de uma startup. O primeiro, obviamente, é o fracasso da nova empresa em conquistar clientes suficientes. Este capítulo abordou esse problema. Mas começar uma empresa também significa conquistar o suficiente do tipo *certo* de consumidor, o que nos leva ao segundo, e menos óbvio, fator, que explica o fracasso de uma startup. Com frequência, novos empreendimentos criam valor para seus clientes, mas não conseguem captar uma porção grande o bastante desse valor para sustentar uma empresa. É necessário eliminar um pouco do vazamento de valor (como vimos no Capítulo 5) antes de seguir para a próxima fase.

Após conquistar seus primeiros mil clientes, as startups devem começar um processo bem diferente — o de escalonar o crescimento. A urgência em crescer motiva os empreendedores a abordarem problemas, como quais novos produtos ou mercados desenvolver, como montar economias de escala e escopo, quais outras atividades roubar das estabelecidas e como organizar os novos funcionários que chegam. Os empreendedores devem resolver esses problemas mesmo enquanto crescem e conquistam novos clientes. É um desafio enorme e, como veremos no Capítulo 8, o decoupling traz uma perspectiva nova e útil de como superá-lo.

8

PASSANDO DE MIL PARA UM MILHÃO DE CLIENTES

Uma vez que um novo empreendimento tenha provado o mérito de seu modelo de negócios por meio da conquista de seus primeiros clientes, seu próximo desafio é crescer e, em muitos casos, mudar de um negócio de um único produto para uma empresa que vende múltiplos produtos. Quais novos produtos ou serviços a empresa deve criar e vender? Em quais mercados deve entrar? Uma resposta óbvia seria escolher setores com economia favorável e alta possibilidade de crescimento. Como o famoso investidor Warren Buffett observou certa vez: "Quando um gestor que tem reputação de gênio ataca um setor com reputação de má economia, é geralmente a reputação do setor que continua intacta." Então, é melhor evitar mercados fracos e mergulhar naqueles que são fortes e crescentes.

Porém essa abordagem pode ser menos simples do que parece. Um estudo sobre crescimento de empresas feito em 1991 pela Bain & Co. descobriu que "diferente da sabedoria popular, o crescimento corporativo mais lucrativo não vem da participação em um setor 'em alta' e de pegar carona nas tendências de crescimento. Na verdade, muitas empresas com crescimento lucrativo sustentável estão em setores que podem parecer maduros."[1] O problema é que as concorrentes tendem a sobrecarregar os mercados "em alta". Se muitas concorrentes fortes se reunirem em um mercado de crescimento rápido simultaneamente, as fatias de mercado e os lucros ficarão bem mais difíceis de captar. A Bain & Co. descobriu que em 80% das vezes, a maior taxa de crescimento de uma empresa se dava mais por seu desempenho em relação às concorrentes do que à taxa de crescimento histórico do mercado em que escolheu entrar.[2] O setor imobiliário nos dá um bom exemplo. Muitas cidades ao redor do mundo viram crescimentos de dois dígitos plurianuais nos preços de imóveis. Esse crescimento consistente atraiu muitas empreiteiras a investirem na construção de casas, no entanto, poucas terão o benefício desse crescimento por causa da concorrência excessiva.

Para crescer rapidamente, novas empresas devem escolher seus mercados com vistas à conquista de uma vantagem competitiva. Mas como? No início da década de 1990, C. K. Prahalad e Gary Hamel sugeriram que as empresas deveriam entrar nos mercados em que possuíam habilidades especiais ou pontos fortes, ou "competências centrais", como eles chamavam. A Coca-Cola tinha um desempenho extremamente bom em marketing e distribuição. A Disney se sobressaiu no desenvolvimento de personagens e narrativas familiares. A Fidelity brilhou como gestora de fundos de baixo custo. Essas eram as principais competências dessas empresas. E especialistas aconselharam que elas se ativessem a essas competências ao lançar novos produtos e entrar em novos mercados, pois assim manteriam uma vantagem sobre as concorrentes. Segundo a *Economist*, "A ideia se espalhou de competências centrais para tudo central — processos centrais, negócios centrais —, tudo que compusesse a essência do que uma empresa era e fazia. Os consultores de gestão encorajaram as companhias a se concentrarem em seus centros como fonte de um potencial inexplorado em um momento de mudanças rápidas e imprevisibilidade." No início da década de 2000, o consultor da Bain, Chris Zook, e outros se basearam nessas ideias, defendendo que as empresas deveriam explorar negócios em novos mercados que fossem adjacentes a seus negócios existentes, enquanto investiam mais na melhoria de suas habilidades e capacidades centrais.

Desde o início, a noção de "competência central" sempre foi um tanto vaga. Seria uma habilidade? Um processo? Uma capacidade? Como se diferenciam umas das outras? A resposta de Zook, em seu livro de 2001, *Lucro a Partir do Core Business* (em coautoria com James Allen), era imaginar as competências centrais como "ativos estratégicos" e propor diversos tipos de espaços adjacentes que as empresas poderiam considerar onde seriam capazes de implementar esses ativos.[3] A P&G poderia implementar suas habilidades valiosas no marketing de bens de grande consumo destinados à classe média para *segmentos consumidores adjacentes*, vendendo artigos de higiene pessoal, higiene oral e cuidados com os cabelos para famílias de renda mais alta. A GE possui ativos em fabricação industrial, que alavancou em *indústrias adjacentes*, como energia, aviação, equipamentos de saúde e eletrodomésticos. A Disney alavancou sua habilidade em construir marcas familiares nos EUA em *geografias adjacentes*, como Tóquio e Hong Kong. A habilidade do Walmart em garantir o fornecimento de bens de consumo duráveis a baixo custo lhe permitiu prosseguir em *canais adjacentes*, como a venda de produtos a granel em clubes de preço e mantimentos em hipermercados. A Dell mobilizou seus ativos de venda direta de computadores ao consumidor para transformá-los em *atividades adjacentes na cadeia de valor da empresa*, como a fabricação just-in-time e a logística de saída. Resumindo, Zook e Allen propuseram seis categorias distintas de adjacências. Dentro de cada categoria, os executivos podiam escolher entre inúmeras opções.

A estratégia de definir as competências centrais e crescer em áreas adjacentes é conceitualmente válida, incorporando a noção de sinergias derivadas das economias de escala e escopo. A maioria das empresas começa alavancando economias de escala, fazendo o mesmo produto ou prestando o mesmo serviço repetidamente e atingindo maior penetração de mercado. As eficiências de produção em escala concedem a esses negócios uma vantagem, diminuindo seu custo unitário em comparação ao dos concorrentes. Quando a demanda se esgota, eles podem mudar para uma estratégia de diversificação, oferecendo produtos e serviços em novos mercados que permitam a economia de escopo.

Ao oferecer dois ou mais produtos distintos e que exigem habilidades ou recursos semelhantes (ônibus e caminhões, por exemplo), as empresas também diminuem seus custos unitários. Em ambos os casos, a redução dos próprios custos do negócio leva a um crescimento nas receitas, pois a empresa cobra preços menores dos clientes ou obtém lucros maiores, que então reinveste.

A Uber começou levando as pessoas por aí, e cresceu ao levar mais pessoas em diferentes cidades e com diferentes tipos de carros (primeiro, carros "black" e, depois, carros particulares). Em 2016, a startup mudou seu foco de crescimento para ampliar. Utilizou os mesmos algoritmos de mapeamento e roteamento que havia desenvolvido para seu negócio principal de compartilhamento de caronas para lançar outros empreendimentos: um serviço de entrega de comida chamado UberEats e um serviço de entrega de pacotes chamado UberRush. Nesses novos negócios, a Uber empregou sua força de trabalho existente composta por 40 milhões de motoristas ativos ao redor do mundo, fazendo um uso mais eficiente de seu tempo ocioso. Entre as corridas, os motoristas podiam ganhar alguns trocados entregando pizza para a Uber. A empresa criou, ainda, uma divisão chamada UberEverything, cujo propósito era identificar oportunidades adjacentes em torno de sua competência central no negócio de caronas.[4]

É muito cedo para dizer se a abordagem da Uber em se desenvolver com base em suas competências centrais e expandir para mercados adjacentes gerará um crescimento rápido acima e além do escalonamento puro. Em muitas empresas, essa abordagem de fato funcionou. Entretanto, ela tem desvantagens significativas. Conforme você entra em negócios adjacentes, arrisca-se a escolher um que seus clientes atuais acham irrelevante. Nesse caso, você carregará o fardo de conquistar um conjunto totalmente novo de consumidores. Em 2006, desenvolvendo-se com base em sua competência em bebidas cafeinadas, a Coca-Cola Company lançou um refrigerante com sabor de café para competir no mercado de café, que vinha crescendo rapidamente. A bebida não agradou aos consumidores, e a Coca-Cola a descontinuou apenas um ano depois. Da mesma forma, a Colgate decidiu crescer com base em sua competência na saúde bucal e buscar a categoria de alimentos congelados, que também crescia rapidamente. Em 1982, lançou uma linha de pratos congelados com a marca Colgate, uma novidade que até mesmo seus clientes mais fiéis receberam com ceticismo. Pergunte a seus clientes. Como gestor de marcas, você pode se surpreender ao saber que eles consideram sua marca como algo bem menos versátil do que você. O que você pensa ser proximamente adjacente, eles podem ver como distante e remoto.

Uma segunda desvantagem da abordagem tradicional de "adjacências" é que a maioria das empresas que analisa os possíveis mercados adjacentes a entrar encontrarão inúmeros candidatos — talvez até demais. Ao expandir além de seu sistema operacional original Windows, a Microsoft poderia ter entrado no mercado adjacente de sistemas operacionais para servidores, aplicações para desktop, hardwares para desktop, serviços para pequenas empresas ou entretenimento do consumidor. Poderia ter se inserido em diversos mercados adicionais que estavam a praticamente um passo de distância de seu mercado original. Desde a década de 1980, a Microsoft de fato entrou em diversos mercados adjacentes, conseguindo grande sucesso em alguns casos (Office e Xbox) e fracassos homéricos em outros (Windows Phone e Zune MP3 player). Com tantos negócios em potencial que tentam se desenvolver sobre um conjunto de habilidades existente na empresa, é difícil decidir qual explorar. Com certeza deve haver outro jeito mais focado de se mover em direção a um crescimento rápido.

Desenvolvendo um Negócio em Torno das Adjacências da CVC

Existe outro jeito, e ele está consolidado na teoria do decoupling. A grande maioria das abordagens tradicionais ao crescimento se apega a possíveis sinergias do lado da empresa: "Como posso alavancar minha marca forte, vasta rede de distribuição, destreza com o marketing, habilidades de produção ou propriedade intelectual para me expandir para novos produtos ou mercados?" Mas poderíamos muito bem fazer perguntas parecidas pela perspectiva do cliente: "Se os clientes compram meu produto para realizar uma das muitas atividades em sua CVC, desfrutando custos monetários, de tempo e de esforço reduzidos, então como podemos fazer valer a pena que eles realizem outra atividade próxima em sua CVC?" Ou de outra forma: "O que mais podemos oferecer a nossos clientes desacopladores de modo que a combinação de ambas as atividades (e talvez algumas adicionais) reduza seu custo total abaixo do da estabelecida e abaixo dos custos que eles teriam se utilizassem fornecedores separados?" Partindo desse ponto de vista, podemos localizar possíveis *sinergias no lado do cliente*.

 Sinergias no lado do cliente: Reduções de custo que o cliente obtém enquanto consome diversas atividades oferecidas por uma única empresa.*

Novamente, é a redução de custos que orienta o comportamento do cliente. Onde as empresas podem encontrar oportunidades para reduzir ainda mais os custos do consumidor? O jeito mais fácil de encontrá-las é avaliando a cadeia de valor do cliente. Em especial, as oportunidades de sinergia no lado do cliente são mais prováveis de aparecer em atividades adjacentes. Se sua empresa puder entregar essas sinergias, então um cliente que desacoplou uma atividade com você agora terá um incentivo para contratá-lo para mais atividades. Chamo essas atividades adicionais de *adjacências da* CVC, e elas são os próximos passos naturais a buscar a fim de crescer.

 Adjacências da CVC: Atividades imediatamente anteriores e posteriores àquelas que um cliente escolhe desacoplar de uma estabelecida.

---

* Essa ideia foi apresentada a mim pela primeira vez por meu colega Bharat Anand.

Durante o início da década de 2000, quando eu viajava a trabalho como consultor, costumava receber e-mails em minha conta do Hotmail informando sobre a empresa que estava visitando, bem como sobre a cidade onde ela ficava. Eu acessava um motor de busca como o Altavista para conseguir o endereço da empresa e clicava no MapQuest para ver a localização em um mapa. Depois, abria outra janela no navegador para acessar o Expedia e comprar minhas passagens, e voltava para o Hotmail para verificar a confirmação da reserva. Assim sendo, eu tinha que alternar entre quatro sites, cada um com seu próprio login, copiando e colando informações entre eles e sofrendo com os ocasionais problemas de "site fora do ar para manutenção". Além disso, cada site tentava me vender versões pagas de seus serviços, gastando mais ainda meu tempo e testando minha paciência. Entra o Google. Quando o Gmail surgiu, em 2004, ele reuniu pesquisa e e-mail — a apenas um clique. O Google Maps, lançado em 2005, permitiu-me clicar em um endereço no Gmail e ver sua localização aparecer em um mapa. Alguns anos depois, em 2011, o Google Flights me permitiu comprar passagens, também com apenas um clique, sem precisar copiar ou colar informações. O Google veio para preencher todas as grandes adjacências na CVC de planejamento de viagens relacionadas a trabalho, reduzindo os custos de esforço e tempo que eu tinha antes.

Procurar sinergias no lado do cliente confere vantagens significativas em relação à abordagem tradicional de sinergias no lado da empresa. Mesmo que existam muitos negócios adjacentes ao seu negócio central, apenas algumas dessas oportunidades são adjacentes às atividades da CVC que você oferece a seus clientes. Além disso, é possível identificar essas adjacências com bastante facilidade. Existem, no máximo, duas adjacências, uma imediatamente anterior e uma imediatamente posterior a cada atividade desacoplada. Apesar de as empresas às vezes considerarem atividades não adjacentes como próximas à atividade desacoplada, as atividades imediatamente adjacentes continuam sendo as candidatas naturais a se considerar primeiro na tentativa de desenvolver sua empresa.* Sejam quais forem as atividades que você deseja buscar, imediatamente adjacentes ou meramente próximas, ainda é preciso descobrir como "roubar" essas atividades dos outros, sejam estabelecidas ou clientes realizando essas atividades sozinhos. Fazer isso através do decoupling exige a aplicação dos princípios discutidos no Capítulo 3, diminuindo perceptivelmente os custos de realização dessas atividades para os clientes.

CRESCIMENTO POR COUPLING

Uma vez que sua empresa tenha obtido sucesso ao oferecer essas atividades adjacentes a seus primeiros clientes, é preciso garantir que as sinergias no lado do cliente entre as atividades recém-oferecidas e as originais existam e sejam fortes. Ou então, você poderá ganhar o direito de realizar novas atividades, mas perderá a capacidade de oferecer as originais. Como vimos no Capítulo 3, você deve reforçar os elos entre o novo conjunto de atividades que oferece atentando para o que chamamos de custos de integração. Certifique-se de que custe menos para os clientes realizarem o novo conjunto combinado de atividades integralmente com você, em comparação com o que pode custar para eles as realizarem em outro lugar. Caso use o Outlook (da Microsoft) como provedor de e-mails de sua empresa, é possível se comunicar facilmente com cada um dos seus contatos comerciais usando o Skype (comprado pela Microsoft) a partir da sua conta de e-mail. Enquanto conversam, você pode rapidamente obter informações sobre eles pelo LinkedIn, outra empresa comprada pela Microsoft. Se integrar as duas atividades de forma favorável para os clientes, poderá continuar inserindo atividades adjacentes, movendo-se ao longo da CVC, como será mostrado na *Figura 8.1*. Isso forma as bases fundamentais do crescimento por *coupling*.

---

* Por exemplo, "procurar" e "escolher" são atividades adjacentes na cadeia de valor do cliente, da mesma forma que "pagar" e "receber." Mas "procurar" e "pagar" não são adjacentes, como não o são "escolher" e "descartar."

Coupling: O ato de adicionar e fortalecer sequencialmente os elos entre as atividades adjacentes do consumidor capturadas de uma estabelecida.

Teoricamente, o processo de coupling pode continuar até que a disruptora inclua todas as atividades da estabelecida tradicional e se torne a nova estabelecida, porém é claro que você também tem que se proteger das novas desacopladoras. Para isso, aumente as forças de integração que unem as atividades recém-acopladas. Continue entregando sinergias de custo para seus clientes, e eles desejarão manter suas atividades acopladas com você.

Assim, a teoria do decoupling aponta na direção de um jeito alternativo de abordar o crescimento. Primeiro, fortaleça a atividade central (aquela que sua empresa usou para desacoplar inicialmente). Depois, cresça para as adjacências, concentrando-se em uma por vez. Fortaleça as forças de integração que unem as atividades adjacentes recém-oferecidas antes de se mover para as adicionais. Como você está lidando com apenas duas atividades diretamente adjacentes (e talvez algumas outras próximas) por vez, o caminho para o crescimento fica mais previsível e fácil para toda sua empresa visualizar. Você está começando com sua atividade empresarial central e se aventurando para fora em uma única dimensão, usando uma abordagem disciplinada. Seu processo de crescimento pode se tornar muito mais metódico e previsível, e consequentemente mais propenso a ter sucesso.

FIGURA 8.1 **FASES DO CRESCIMENTO NO COUPLING ADJACENTE**

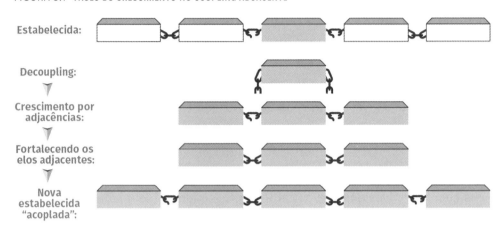

O Segredo do Crescimento do Alibaba

Para entender como as empresas exploram as sinergias no lado do cliente a fim de crescer, veja o Alibaba. Fundado em 1999 pelo professor de inglês Jack Ma, o Alibaba em 2019 havia se tornado uma das maiores empresas do mundo em capitalização de mercado, com mais de dez empresas multimilionárias em setores altamente variados, como varejo, e-commerce, serviços online na nuvem, telefones celulares, logística, pagamentos e mais. Entre 2011 e 2016, a receita da empresa cresceu a uma taxa média anual de 87%. Os lucros saltaram em 94% e o fluxo de caixa, 120%.[5] Esse crescimento tão rápido era muito incomum para uma empresa digital tão grande e estabelecida. Ainda assim, o Alibaba continuou a crescer notavelmente rápido quase 20 anos depois de sua fundação.

Como o Alibaba fez isso? Fundada como um marketplace online B2B, a empresa entrou em 2003 no e-commerce C2C e em 2004 adquiriu a Aliwangwang, um serviço de mensagens por texto, e a Alipay, um serviço de pagamentos online. No ano seguinte, adquiriu o Yahoo China em um esforço para oferecer aos consumidores conteúdo e serviços web. Em 2008, Lançou o TMall, um varejista online B2C, seguido em 2009 pelo Alibaba

Cloud Computing, uma empresa de armazenamento na nuvem. Houve também o lançamento de outras empresas a seguir: uma empresa de busca na web chamada eTao (2010), uma startup chamada Aliyin que criava sistemas operacionais para celulares (2011), e um consórcio logístico chamado Cainiao (2013). Em 2015, o Alibaba adquiriu as ações majoritárias da fabricante de celulares Meizu. Perceba quantas dessas empresas atuavam em setores não adjacentes, do ponto de vista de Zook e Allen. As economias de escopo entre varejo, computação na nuvem, pagamentos, logística e fabricação de eletrônicos não são muito óbvias. Empresas nesses setores exigem recursos e funcionários diferentes com conjuntos de habilidades altamente variados a fim de concorrer. Então, por que a empresa não se ateve ao seu marketplace online B2B e concentrou seu crescimento ali para dominar o mercado e atingir vantagem competitiva através das economias de escala tradicionais? O Alibaba poderia, talvez, ter vendido mais produtos para mais clientes em mais mercados. Afinal, foi exatamente isso que o Walmart fez para crescer durante a segunda metade do século XX.

A estratégia de expansão do Alibaba se concentrou diretamente nas sinergias no lado do cliente e nas adjacências da CVC. Em 2016, cerca de 50% das compras online aconteceram por meio de telefones celulares, sendo que o restante ocorreu em notebooks, desktops e tablets.[6] Para comprar online, os consumidores primeiro decidem qual dispositivo utilizar para acessar a internet e, implicitamente, qual combinação de sistema operacional e navegador usar. Depois, a maioria deles abre navegadores e clica em sites, acessando seus serviços de comunicação, e-mail, mídias sociais, aplicativos de chat, e assim por diante. Em algum momento, eles identificam a necessidade de fazer uma compra e realizam buscas fora dos sites de e-commerce (por exemplo, no Google ou no Baidu) ou dentro deles. A partir daí, chegam aos sites de e-commerce mais adequados. Na China, os clientes empresariais acessavam o Alibaba, enquanto os consumidores iam ao Taobao para comprar produtos de outros consumidores ou ao Tmall para comprar produtos de varejistas. Para obter mais informações sobre os produtos ou negociar os preços (uma prática comum na China), os compradores se comunicavam com os vendedores, geralmente por aplicativos de chat. Os consumidores, então, pagavam por suas compras e esperavam que um operador logístico as entregasse. Isso representava a extensão da CVC do típico comprador online.

Analisando essa CVC, percebemos um padrão claro: a princípio, os consumidores podem realizar cada uma das atividades relevantes com uma das muitas empresas do Alibaba (*veja a Figura 8.2*). A Meizu produz o celular e a Aliyun, o sistema operacional. Os consumidores que embarcam em sua jornada de compras podem começar usando um site de conteúdo como o Yahoo China, de propriedade do Alibaba, e seguir para o motor de busca eTao. Eles podem, então, escolher uma das lojas online do Alibaba — o próprio Alibaba, o Taobao ou o Tmall — e se comunicar com o vendedor pelo Aliwangwang. Por fim, os consumidores podem pagar com o Alipay e receber seus produtos através de um parceiro da Cainiao.

FIGURA 8.2 COMO O ALIBABA COBRE TODA A CVC

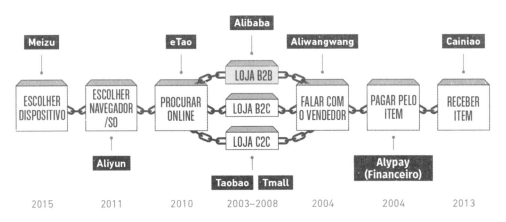

O Alibaba começou a crescer concentrando-se em um único estágio da CVC do comprador com seu site Alibaba. Depois, foi além para capturar outras atividades do consumidor. Em vez de usar a abordagem tradicional de adjacências do setor (pagamento, telefones celulares e logística não são setores adjacentes), a empresa optou por entrar em atividades adjacentes da

CVC. Em 2019, os negócios da empresa estavam cobrindo a maioria das atividades da CVC. As economias de escopo podem ter permitido que o Alibaba alcançasse um nível de sinergia no lado da empresa. Foi isto que o Walmart fez: reduziu os custos logísticos e imobiliários na segunda metade do século XX enquanto crescia, desde bens duráveis até produtos no atacado, depois mercadorias perecíveis e comércio de gasolina. Mas o Alibaba não buscou sinergias no lado da empresa logo de cara. Sua real vitória se dá pela conquista de sinergias no lado do consumidor.

Digamos que você seja um consumidor tentando comprar uma televisão de outro consumidor ou um pequeno varejista. Se puder procurar e comparar facilmente as opções, conversar com a outra parte online, pagar a ela e receber seu produto tudo no mesmo ambiente (mesmo site, mesmo login, mesmo pagamento), o processo ficará mais simples e rápido para você. Já que não está usando empresas diferentes conforme avança na CVC, você não precisa se preocupar com as diferentes políticas ou experiências de usuário que elas oferecem. É tudo um único processo integrado e harmonioso. Ao crescer fora de seu negócio original, agregando atividades adjacentes da CVC, o Alibaba criou múltiplas sinergias para o comprador, e isso levou a outros consumidores adotando e usando mais seu crescente portfólio de serviço. Ao servir aos interesses dos consumidores, a empresa capturou uma parte maior dos gastos dos consumidores. O maior insight que o Alibaba teve? O custo de conquistar clientes para esses novos negócios era bem menor, pois a empresa já os atendia. E, com isso, vieram negócios de nove bilhões de dólares com um tremendo crescimento proporcional.

O Alibaba não é a única empresa a crescer de forma oportuna ao longo da CVC. O Airbnb poderia ter optado por crescer em torno de sua competência central de combinar anfitriões e hóspedes ajudando, por exemplo, os consumidores a alugarem casas, escritórios ou espaços de armazenamento em longo prazo. Em vez disso, a startup lançou, em 2016, um programa chamado Trips, oferecendo aos locatários do Airbnb um serviço para melhorar suas estadas e reservar atividades locais, desde aulas de culinária em Florença a oficinas de fabricação de violinos em Paris. O programa se expandiu para incluir reservas em restaurantes, com reservas de voos e aluguel de carros nos planos futuros.[7] Como explicou o CEO do Airbnb, Brian Chesky: "Para cada dólar gasto em um hotel, você gasta um dólar no voo e três dólares na cidade. Isso se chama 'gasto diário'. Bem, historicamente, isso não tem sido mensurado para o grande mercado. Não existe um Hilton do gasto diário. Não existe uma Delta do gasto diário. No entanto, a maior parte da viagem é o gasto diário: onde você come, se diverte, o que faz durante o dia. Então pensamos que isso seja, no longo prazo, a maior oportunidade."[8] Em outras palavras, o Airbnb também estava quebrando as regras da abordagem tradicional de adjacências. Ele estava seguindo o dinheiro ao longo da CVC de viagens, cobrindo as atividades de planejar e reservar, encontrar um quarto e reservar excursões locais. A startup não tinha uma competência especial para cuidar de reservas de restaurantes, e o espaço era altamente competitivo, dominado por aplicativos como OpenTable. Para compensar, a empresa se juntou a um provedor de serviços especializados chamado Resy. Quando entrar no negócio de reservas de voos, a startup provavelmente precisará desenvolver ou garantir expertise e competirá com agentes de viagem online gigantes, como Expedia e Priceline.[9] Quem ganhará? Depende de quem oferecer o maior pacote possível de sinergias no lado do cliente.

Por mais difíceis que esses desafios pareçam, pode ser válido para muitas empresas enfrentá-los logo de cara. O bom de alavancar as sinergias no lado do cliente é que isso reduz a pressão sobre as empresas para tentarem encontrar novos consumidores para suas novas ofertas. Tudo o que elas têm que fazer é oferecê-las aos consumidores atuais; uma tarefa bem mais barata de realizar. Além disso, as novas ofertas não precisam ser extraordinárias. Mesmo que o Airbnb tivesse apresentado um produto ou serviço "mais do mesmo", sem diferenciação, ainda poderia oferecer valor a seus consumidores originais. A maioria dos viajantes a negócios preferiria atender todas as suas necessidades usando um único aplicativo, um único design, um único ambiente, uma única central de ajuda, um único processador de pagamentos.

É mais fácil consolidar e acoplar provedores do que sair do TripAdvisor para o Hilton para a Delta para o OpenTable, e assim por diante. Contanto que a qualidade do serviço e os preços continuem comparáveis, o Airbnb se tornará uma alternativa atraente se puder oferecer uma gama de serviços adjacentes para seus consumidores atuais.

Organizando-se para o Crescimento

Caso você busque o caminho de crescimento sugerido pela teoria do decoupling, provavelmente se verá seguindo os passos do Alibaba e entrando em negócios altamente diversificados. Se tiver sucesso, seus primeiros clientes se beneficiarão muito e o recompensarão com uma fatia crescente dos próprios negócios. Dadas as diferentes competências que esses negócios exigem para o sucesso, não fará sentido estruturar sua empresa em torno de habilidades e processos idênticos, como fazem a Disney e a Coca-Cola. As novas empresas podem exigir funções altamente diferentes, então também não fará sentido se organizar em torno de papéis funcionais, como a P&G. O que faz mais sentido é organizar suas empresas em torno dos consumidores e do valor que você oferece a eles. Ao expandir sua empresa para cobrir diferentes partes da cadeia de valor do cliente, é natural também organizá-la ao redor da CVC. Suas unidades de negócio devem mapear uma a uma todas as maiores atividades da CVC. Como diz o velho ditado, a estrutura segue a estratégia.

Há uma ressalva. Como debatido no Capítulo 3, algumas atividades da CVC criam valor, enquanto outras cobram ou desgastam valor. Não faz muito sentido montar um conglomerado de empresas e posicionar uma unidade de negócios como a única entidade cobradora de valor, ou pior, posicionar outra como a única unidade desgastadora de valor. Cada unidade de negócios deve continuar a funcionar como uma empresa. Sendo assim, cada uma deve manter a responsabilidade por, ao menos, uma atividade criadora de valor e uma cobradora de valor, com um chefe de unidade supervisionando tudo. Dentro de cada unidade, você pode muito bem ter um único departamento que se concentra na porção criadora de valor (desenvolvimento de produto, marketing, processamento etc.), na porção cobradora de valor (por exemplo, monetização ou cobrança) e na porção desgastadora de valor (por exemplo, compliance). Por fim, todas as unidades devem se reportar a um único CEO corporativo. Conforme a Pandora cresceu para englobar diversas atividades da CVC do ouvinte, a empresa poderia ter se organizado em duas unidades de negócios diferentes, uma supervisionando a porção de ouvir da CVC e a outra lidando com os anunciantes. A primeira unidade poderia contar com divisões responsáveis pelo planejamento de mídia, controle de qualidade e relacionamentos comerciais com selos. A segunda poderia ter divisões cuidando da venda, design e direcionamento de anúncios (*veja a Figura 8.3*). Cada uma dessas unidades de negócios teria combinado componentes da CVC suficientes para oferecer valor para seus respectivos clientes. Os departamentos dentro delas colaborariam para produzir e extrair valor dos clientes em troca. O principal papel do CEO aqui é equilibrar as necessidades dos ouvintes quanto às demandas dos anunciantes, representadas por seus respectivos chefes de unidade.

FIGURA 8.3 **ORGANIZAÇÃO PARA O COUPLING ADJACENTE NA PANDORA**

Cria valor	Desgasta valor	Cobra por valor	Cobra por valor	Cria valor
OUVIR SUAS MÚSICAS FAVORITAS	OUVIR MÚSICAS DE QUE NÃO GOSTA	OUVIR MÚSICAS PROMOVIDAS	OUVIR ANÚNCIOS	RESPONDER AO ANÚNCIO DO ANUNCIANTE

UNIDADE DE NEGÓCIOS 1	UNIDADE DE NEGÓCIOS 2
Planejamento de mídia / Controle de qualidade / Vendas de discos	Vendas de anúncios / Design e direcionamento de anúncios

Organizar-se em torno das atividades do cliente permite que a empresa integre múltiplos produtos e serviços de forma fluida, melhorando, assim, a experiência do cliente. A Apple atraiu clientes leais em muitas categorias ao integrar profundamente hardware, software e serviços online e offline, bem como seu conteúdo digital, dados na nuvem e experiências de varejo. Essa integração estreitamente tecida caracteriza também a organização interna da empresa. Consequentemente, os consumidores da Apple podem realizar processos complexos e multitarefas, como gravar um vídeo em seus iPhones, subi-lo para o iCloud, acessá-lo em seus computadores iMac, editá-lo com o software de edição de vídeo iMovie e compartilhá-lo com familiares e amigos em qualquer aplicativo de mídia social disponível na loja iTunes, tudo de forma suave e integrada. Na Apple, um indivíduo, conhecido internamente como DRI (*directly responsible individual* [indivíduo diretamente responsável, em tradução livre]), é responsável por interligar todas as funções, produtos e grupos de pessoas relevantes envolvidos na entrega de determinado processo do consumidor.

Hoje, podemos achar normal a estrutura organizacional integrada da Apple, mas na época era bastante incomum. Steve Jobs encarava o negócio da empresa de forma inovadora, sem pensar em termos de produtos tecnológicos diferentes, mas em que os consumidores queriam e precisavam *como seres humanos*. "Está no DNA da Apple", frisou em 2011, "que somente a tecnologia não é suficiente. Acreditamos que seja tecnologia junto com humanidades que nos trazem o resultado que faz nosso coração bater mais forte." Nessa visão, os dispositivos no mundo pós-PC "precisa[va]m ser ainda mais intuitivos e fáceis de usar do que um PC, e... software, hardware e aplicativos precisa[va]m ser entrelaçados de forma ainda mais interligada do que são em um PC. Nós acreditamos que não temos a arquitetura certa apenas no silício, mas em nossa organização para construir esses tipos de produtos."[10] Jobs sempre fazia o que falava. Uma década antes, início de 2000, ele havia cancelado o lançamento da primeira Apple Store e exigido sua total reconfiguração para atender aos comportamentos naturais de compra dos consumidores. Referindo-se ao diretor de varejo da Apple na época, explicou que "Ron [Johnson] acha que entendemos tudo errado. Ele acha que não deveria ser organizado em torno dos produtos, mas, sim, em torno do que as pessoas fazem. E quer saber, ele está certo."[11]

O Preço do Coupling

Como vimos, uma estratégia de crescimento por coupling traz muitos benefícios para as empresas. Primeiro, constitui o caminho de menor resistência e mais voltado ao marketing. Como você explora deliberadamente as sinergias no lado do cliente, os clientes aceitam mais facilmente seus novos produtos e serviços, pois estão em posição de ganhar diretamente ao utilizá-los. Segundo, em muitos casos, uma oferta "mais do mesmo" de qualidade semelhante, e até mesmo menor, pode ser suficiente para convencer os consumidores a acoplarem as atividades da CVC com você. Não é preciso ser o melhor em tudo o que se faz nem se deve querer isso inicialmente. Apenas veja se sua oferta original, que ganhou seus clientes a princípio, continua melhor que o restante. Por fim, o crescimento por meio do coupling da cadeia de valor do cliente oferece uma visão para o direcionamento futuro da empresa, bem como prioridades claras para os funcionários. Como Steve Jobs gostava de dizer, "simplicidade traz clareza".

O crescimento através do coupling tem suas desvantagens operacionais. Empregar essa estratégia pode forçar sua empresa a entrar em linhas de negócios muito diferentes, e por isso sua empresa provavelmente não terá sucesso nessa busca, a menos que adquira novas habilidades. Ao avaliar para onde crescer a seguir, pense de forma metódica sobre cada atividade na cadeia de valor do cliente. Mapeie as atividades da CVC pela perspectiva do cliente. Então, mude o foco de volta para si, determinando as habilidades de que você precisaria para levar ao mercado uma oferta que ajude os consumidores a realizarem cada uma das atividades. Compare essas habilidades com aquelas que sua empresa já possui e, se elas se combinarem adequadamente, então será possível acoplar aquela atividade de forma viável. Caso contrário, será necessário preencher as lacunas de habilidade construindo-as internamente, pegando emprestado de outros com algum tipo de parceria ou comprando-as ao recrutar pessoas ou adquirir empresas. Aqui está uma tabela que forneço às empresas para ajudá-las a determinar as possíveis direções de crescimento, identificar e superar as possíveis lacunas de habilidade a fim de acoplar com sucesso (*Figura 8.4*):

FIGURA 8.4 EXEMPLO DE FERRAMENTA PARA DEFINIR O QUE ACOPLAR A SEGUIR

	ATIVIDADE 1	ATIVIDADE 2	ATIVIDADE 3	ATIVIDADE 4
Habilidades necessárias				
Habilidades disponíveis				
Como obter as habilidades não disponíveis	Desenvolver, pegar emprestado ou comprar?	Desenvolver, pegar emprestado ou comprar?	Desenvolver, pegar emprestado ou comprar?	Desenvolver, pegar emprestado ou comprar?

Concentrar-se nas necessidades do seu consumidor nem sempre é barato, mas, caso possa pagar esse preço, as vantagens são substanciais. Alibaba e Airbnb se aventuraram em negócios nos quais careciam de muitas habilidades necessárias. Investidores de capital de risco pagaram por boa parte da aquisição de habilidades — um investimento que rendeu frutos generosos. Se sua empresa puder pagar pelas habilidades necessárias e mobilizar uma estratégia de coupling de forma bem-sucedida, possivelmente verá um crescimento rápido. Sua empresa se tornará mais diversificada e muito mais resistente às influências externas, como mudanças econômicas, aparecimento de novas concorrentes e regulações governamentais. Cada um desses fatores pode impactar uma unidade de negócios a qualquer momento, mas raramente impactará todas as unidades ao mesmo tempo. Ainda assim, eventualmente haverá o dia em que sua empresa vai parar de crescer, ou pior, vai decair. O que fazer então? O Capítulo 9 tem algumas respostas.

9

RECUPERANDO OS CLIENTES PERDIDOS

Era 2010, e a Comcast, uma das maiores operadoras de telecomunicações dos EUA, teve um problema. Apesar de, em muitas regiões, a empresa ser um monopólio ou duopólio provedor de serviços de internet para residências e empresas, a procura por sua TV a cabo e serviços sob demanda Xfinity estava estagnada. A fonte do problema, da perspectiva da Comcast, era a Netflix, que havia começado recentemente a permitir que os consumidores assistissem conteúdo por streaming. Antes disso, as residências tinham que assinar o serviço de conexão com a internet da Comcast e os vídeos sob demanda da Xfinity. Agora, a oferta de streaming de vídeos da Netflix permitia que os consumidores fizessem duas mudanças. Primeiro, melhorar suas velocidades de internet para que pudessem consumir serviços que exigem muitos dados, como vídeos sob demanda, videogames e vídeo chats. Segundo, muitos pararam de usar o Xfinity, preferindo a oferta da Netflix de "tudo o que puder assistir pelo mesmo preço" em detrimento da cobrança de vídeos à la carte da Xfinity. De certo modo, a Netflix desacoplou da Comcast a atividade de ver conteúdos em vídeo, deixando-a com a atividade de oferecer conexão com a internet (*veja a Figura 9.1*).

O serviço sob demanda da Netflix nos EUA cresceu tanto que, em 2015, a startup contabilizava até um terço de todo o tráfego de internet dos cabos de fibra ótica da Comcast nos horários de pico.[1] Vendo esse uso extensivo dos recursos valiosos da empresa, e planejando investir bilhões para aumentar a banda nas residências, o CEO da Comcast, Brian Roberts, exigiu que a Netflix pagasse por esse benefício. Afinal, ela estava explorando a infraestrutura da Comcast e a havia excluído de um negócio de streaming de vídeos muito lucrativo. Se a gigante das telecomunicações fornecia dados para o negócio da Netflix, defendeu Roberts, era justo que a desacopladora pagasse. Um parque aquático não deveria compensar a empresa de água pelo uso de seus consumidores? Um prédio não deveria pagar à empresa de eletricidade pela energia que usa para abastecer as unidades de ar condicionado? A Comcast estava apoiando o negócio da Netflix com seu recurso mais valioso, então queria uma parte dos lucros.

FIGURA 9.1 **A VISÃO DA COMCAST DE COMO A NETFLIX A DESACOPLOU**

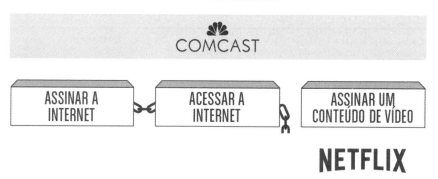

A princípio, o CEO da Netflix, Reed Hastings, declarou que não pagaria, citando as regras de neutralidade da rede que na época proibiam as provedoras de internet de discriminarem entre fontes de tráfego de internet.* Em resposta, Roberts dificultou a vida da Netflix ao, basicamente, diminuir a velocidade do tráfego da desacopladora em residências que atingissem de-

---

* Em dezembro de 2017, a Comissão Federal de Comunicações dos EUA abandonou algumas das regras de neutralidade da rede que foram estabelecidas durante o mandato de Barack Obama, que proibiam as provedoras de serviços de internet de bloquear sites ou cobrar pela passagem de dados de maior velocidade. Até o momento da escrita deste livro (maio de 2018), o Senado dos EUA havia acabado de aprovar uma resolução que desfazia essas mudanças de dezembro de 2017.

terminado limite de dados, uma prática conhecida como "estrangulamento". Quando os clientes consumissem quase toda a banda da Comcast em uma região, a empresa precisaria priorizar o tráfego, e decidiu então penalizar os usuários da Netflix em favor de outras fontes de tráfego de internet.

Conforme os consumidores viram a queda da qualidade de seus vídeos na Netflix, pegaram seus telefones para reclamar. Agora, você acha que eles ligaram primeiro para quem, a provedora de internet, a Comcast ou a Netflix? Não sei você, mas se eu estivesse assistindo Netflix em meu computador e a qualidade começasse a cair e eu clicasse em outros sites de vídeo, como YouTube e NBC.com, e eles funcionassem bem, eu ligaria para a Netflix. Vendo uma avalanche de chamadas, ameaças e cancelamentos de assinaturas, Hastings decidiu pagar à Comcast para não estrangular a passagem de seus dados. Ele não tinha escolha: precisava parar a debandada de clientes imediatamente.

Entretanto, Hastings não se deu por vencido. Quer soubesse disso ou não, acabou percebendo que o decoupling não havia reduzido a Comcast a uma mera fornecedora da Netflix, como Roberts argumentou. Muito pelo contrário: a Netflix agora servia como canal de distribuição da Comcast. A telecom vendia, entre outros serviços, internet de baixa e alta velocidades. A primeira custando cerca de US$30 por mês e a segunda, entre US$60 e US$100 por mês. Mas os dois serviços tinham custos marginais semelhantes. Com a infraestrutura necessária a postos, não custava materialmente mais para a Comcast oferecer um ou outro. A diferença de preço entre a internet de baixa e alta velocidades representava quase que puramente lucro para a empresa. Hastings alegou que os clientes da estabelecida estavam mudando para a internet de alta velocidade com o principal propósito de assistir a Netflix. Os consumidores não tinham motivos para pagar por uma internet mais rápida se a usassem apenas para verificar e-mails, ler notícias online e ouvir músicas. Ao desacoplar no meio da cadeia de valor do cliente, a startup acabou se tornando um atrativo para o serviço de maior margem da Comcast (*veja a Figura 9.2*). Com base nisso, a *Netflix* quis uma parte dos lucros. Hastings exigiu publicamente que Roberts pagasse à Netflix, em vez de o contrário.

Depois de um debate intenso, e muitas vezes público, que levou a uma petição pública feita por Hastings à Comissão Federal de Comunicações em favor da Netflix, Roberts pediu trégua.[2] Nenhuma das duas pagaria nada à outra.[3] A tentativa da Comcast de conter sua queda no crescimento implicando com a Netflix tinha fracassado.

FIGURA 9.2 A VISÃO DA NETFLIX DE COMO DESACOPLOU A COMCAST

A Comcast não é nem de longe a primeira grande estabelecida a ver seus negócios pararem de crescer e começarem a retroceder. Outras empresas incluem Microsoft em 2008, GE e Motorola em 2009, McDonald's em 2012, IBM em 2014 — e a lista continua. Acadêmicos e consultores que estudaram essas empresas costumam atribuir seu declínio a um fracasso em inovação e adaptação. Um estudo com 410 empresas da Fortune 100 entre 1955 e 2006, feito por meu colega Derek van Bever e seus coautores, mostrou que cerca de 350 empresas experimentaram uma grande estagnação no crescimento das receitas, definida por uma taxa de crescimento plurianual acima da média seguida por uma redução drástica acompanhada de crescimentos insignificantes ou decrescentes das vendas em seguida.[4] Em 87% desses casos, declaram os autores, essa estagnação não se deu por fatores externos fora do controle dos executivos; as três principais razões para as estagnações no crescimento eram: mudanças nas preferências dos consumidores, falta de inovação, e falha em explorar totalmente as oportunidades atuais de crescimento da empresa.

A solução, sugerem Van Bever e seus coautores, era basicamente inovar mais rápido, de forma mais inteligente e melhor. Eles defendem que os executivos devem fazer perguntas mais duras, desafiar as premissas corporativas, trazer funcionários de nível médio para conversas estratégicas e pedir ideias de pessoas de fora. Outros especialistas já deram conselhos parecidos. Em sua visão, as empresas não se adaptam porque ficam para trás. A solução é inovar, e depois inovar um pouco mais.

A resposta da Comcast mostra outro fator mais fundamental por trás do crescimento estagnado das estabelecidas. Durante meados do século XX, os consumidores se comunicavam eletronicamente sobretudo através de telefones fixos (que usavam fios de cobre) e recebiam entretenimento caseiro por ondas eletromagnéticas enviadas por ar. Na década de 1980, a televisão a cabo foi o novo principal meio de se obter entretenimento, especialmente em vídeo, mas, no final dos anos 2000, a internet estava se tornando o principal jeito de se comunicar e entreter. Conforme a Netflix cresceu, os consumidores da Comcast precisavam de um serviço de internet mais rápido. Em vez de tratá-la como uma parceira de canal, uma impulsionadora de seu negócio mais lucrativo e de maior crescimento, a internet de banda larga, a estabelecida a tratou como uma concorrente em seu outro negócio antigo e decadente, a TV a cabo. Reduzindo a velocidade com que fornecia os dados da Netflix para seus próprios consumidores, a Comcast mostrou até onde iria para captar valor de sua "sócia" penalizando seus próprios clientes. A Netflix estava levando vantagem sobre o valioso recurso da Comcast, então a estabelecida atacou a disruptora, independentemente do efeito sobre seus próprios clientes. A empresa tinha perdido o foco das necessidades de entretenimento, comunicação e informação confiáveis de seus clientes.

Um efeito da teoria do decoupling é que as empresas tendem a se estagnar não quando param de inovar por si só, mas quando abandonam o foco nas necessidades do cliente que motivaram seu crescimento inicial em primeiro lugar. Na linguagem empresarial moderna, os estagnados perdem seu foco no cliente. Não estou dizendo que as empresas devem entregar todas as exigências e demandas dos clientes. Foco no cliente significa colocar um holofote central no consumidor ao tomar decisões importantes, em vez de se concentrar em concorrentes, sócios, funcionários, líderes e na empresa em si. É uma questão de priorização e propósito, não de obediência cega. Conforme desacoplam, as startups são guiadas por uma compreensão profunda e intuitiva da importância das necessidades do cliente. Empresas grandes e estabelecidas perdem o cliente de vista, se concentrando, em vez disso, em resguardar os recursos que construíram ou adquiriram pelo ato de servir ao cliente. Elas se apegam a esses recursos, esquecendo que os clientes mudam, e as empresas devem mudar com eles.

Recursos Versus Consumidores: Quem Prioriza o Quê?

No Capítulo 7, vimos que o decoupling representa uma forma de especialização baseada não em um tipo de consumidor, mas nas atividades da cadeia de valor do cliente. As desacopladoras roubam atividades da estabelecida, que antes atendia todas as atividades da cadeia de valor do cliente sozinha como parte de sua oferta em massa. Se não inova em seu modelo de negócios, por recoupling ou decoupling e reequilíbrio, a estabelecida perde gradualmente parte das atividades mais importantes e lucrativas da CVC. Essa perda de atividades por meio do decoupling acontece como parte de um processo mais amplo de especialização de mercado que espreme as estabelecidas, empurrando-as para o "meio" não lucrativo do mercado. Logo, por que as estabelecidas deixam esse processo acontecer? Por que não assumem suas próprias posições extremas, semelhantes às de suas concorrentes, em vez de se permitirem ficar presas no meio?

Como a história da Comcast mostra, a resposta tem a ver com o modo como o sucesso define a visão dos executivos sobre suas empresas. Quando estabelecidas prósperas veem uma nova oportunidade ou consideram fazer mudanças que impactam seus negócios atuais, primeiro buscam entender como qualquer decisão tomada pode impactar seu recurso mais valioso. Perguntam-se: "Arriscamos perder esse recurso?" Se sim, é apenas mais uma razão para não agir. O recurso em questão poderia ser dinheiro, mas as estabelecidas costumam ter recursos mais valiosos que dinheiro. Fabricantes de automóveis costumam proteger suas fábricas e relacionamentos próximos com fornecedores de peças. Jornais procuram proteger suas gráficas e jornalistas. As operadoras de telecomunicações procuram proteger suas redes de cabos de cobre e fibra ótica, e antenas. Seja qual for o recurso, as estabelecidas costumam seguir com perguntas como: "De que forma podemos alavancar nossos ativos mais valiosos para obter vantagem nessa nova oportunidade?" Se a oportunidade não mobiliza os preciosos ativos, então a estabelecida percebe que não tem vantagem em relação às outras. Por que jogar um jogo no qual você e seu oponente desprovido têm chances iguais de sucesso?

A Blockbuster um dia reinou como a maior rede de locadoras de vídeos do mundo, com 60 mil funcionários e 9 mil lojas. Mas, em 2003, depois de 5 anos com crescimento anual próximo a 10% sob a direção do CEO, John Antioco, o negócio teve uma parada repentina e, em 2010, a gigante pediu falência. Os observadores ligaram a morte da Blockbuster à ascensão de serviços online que ofereciam DVDs pelos correios, especificamente a Netflix. Esse modelo de negócios concorrente eliminou uma atividade desgastadora de valor: ir até uma loja para alugar um filme, série de TV ou videogame. O novo modelo era ótimo para o consumidor, mas Antioco não abandonou o modelo da Blockbuster de exigir que seus próprios clientes visitassem suas lojas para buscar e devolver mídias físicas (primeiro VHSs e depois DVDs). Por que ele não viu as mudanças nos consumidores e se adaptou? Presenciando a ascensão da Netflix e do DVD pelo correio, Antioco e outros executivos da Blockbuster entenderam — corretamente — que suas milhares de lojas e funcionários jamais lhes permitiram obter uma vantagem competitiva naquele novo jogo. Então eles inicialmente rejeitaram o lançamento de um serviço que exigia muitos recursos de manuseio e envio no lugar de lojas e funcionários para atender aos clientes pessoalmente. De sua perspectiva, como uma estabelecida com muitos recursos, fazer isso não traria grande vantagem competitiva sobre startups como a Netflix. Sua decisão sem visão não veio necessariamente das análises falhas de sua parte, mas sim de uma mentalidade subjacente de estabelecida que priorizou o que eles enxergavam como sua principal força. Isso fez com que não vissem uma mudança iminente e drasticamente disruptiva no comportamento de seus consumidores.

Vejo perspectivas centradas em recursos prevalecendo entre estabelecidas de diversos setores em que trabalhei. Varejistas tradicionais enxergam as lojas como determinantes de suas receitas. Tenha mais lojas e veja as receitas crescerem. As operadoras de telecomunicações enxergam as casas conectadas à sua rede como motores de sua receita. Adicione mais casas e veja as receitas crescerem. Os bancos enxergam suas agências em vizinhanças locais como motores de sua receita. Inclua mais agências e veja as receitas crescerem. Em geral, as estabelecidas percebem o crescimento de receita como uma consequência direta do crescimento em seus ativos mais valiosos. Esses recursos atraem consumidores pagantes, que as estabelecidas exploram até a exaustão. Essa é sua fórmula para ganhar dinheiro, e isso se reflete nas principais métricas que os executivos dessas empresas usam para tomar decisões: vendas por metro quadrado de espaço em loja, no caso de varejistas; contas ou receita por agência, no caso de bancos; e receita por quilômetro de cabos de fibra ótica no caso das empresas de telecomunicações.

Como carecem de recursos significativos para atrair consumidores, as disruptoras abordam seus negócios com uma mentalidade diferente. A Uber não tinha carros. O Airbnb não tinha quartos de hotel. A Netflix não tinha lojas. Para as disruptoras, o crescimento de receita começa em apenas um lugar: na conquista de clientes. Se tal conquista exigir um ativo, então a disruptora pode querer construir, adquirir ou pegar esse ativo emprestado de outros, mas essas empresas consideram o ativo como último recurso. Independentemente dos meios de conseguir essas receitas, as startups exploram os recursos para conseguir os consumidores, e não o contrário. Sua mentalidade não se concentra nos recursos, mas verdadeiramente no consumidor. Observe as métricas que as startups costumam usar: valor do tempo de vida do cliente, receita média por usuário e receita por cliente ativo.

Foco no recurso: Determinados recursos das empresas são suas posses mais valiosas. Todas as principais decisões empresariais devem ajudá-las a expandir e alavancar esses recursos.

Foco no cliente: Os clientes são a posse mais valiosa. Todas as principais decisões empresariais devem melhorar a capacidade de aumentar o número de clientes e alavancá-los.

Para entender como uma perspectiva centralizada no cliente pode levar uma empresa a tomar atitudes diferentes em relação a como uma perspectiva centralizada em recursos tomaria, voltemos à Netflix. Em 2011, Reed Hastings tomou uma das decisões estratégicas mais ousadas que já vi um líder de empresa digital tomar. O modelo de negócios original da startup de enviar DVDs pelos correios estava crescendo tremendamente, gerando disrupção no setor e atingindo a Blockbuster. Conforme seu preço na bolsa e as receitas recorrentes disparavam, a empresa fez algo aparentemente louco: implodiu seu modelo de negócios. Alguns anos antes, a Netflix havia lançado um negócio de streaming de vídeos e, após alguns testes, declarou que esse se tornaria o novo e único serviço que, em algum momento, dominaria o serviço de DVD pelos correios. Essa decisão gerou um alvoroço entre clientes, fornecedores (estúdios de cinema) e investidores, com alguns pedindo a expulsão de Hastings. Porém o CEO continuou e, em 2017, a sabedoria de sua decisão ficou óbvia. O streaming ultrapassou muito o negócio de DVD pelos correios. No segundo trimestre de 2017, a Netflix tinha mais de 12 vezes o número de assinantes de streaming do que tinha de assinantes de DVD.[5]

A decisão da Netflix mostra um profundo e contínuo foco no cliente por parte de Hastings e de outros executivos da empresa. Uma estabelecida tradicional teria se concentrado em seus recursos mais valiosos, um estoque de milhões de DVDs e diversas instalações de manuseio e envio por todo o país. No entanto, para uma empresa que exibia conteúdo online, esses ativos não importavam. Na verdade, eram inúteis. O novo recurso teria que contar com servidores poderosos, banda larga e contratos de licença com estúdios de Hollywood. A divergência quase completa em recursos estratégicos necessários para os dois modelos de negócios teria impedido a transição, se não fosse pela visão e profundo foco no cliente de Hastings. Para realizar essa corajosa transformação no modelo de negócios, ele começou a usar o recurso estratégico mais valioso dos provedores de acesso à internet: a banda larga. Em contrapartida, isso colocou a Netflix cara a cara com a Comcast, uma empresa com a intenção de preservar seus próprios recursos mais valiosos — decodificadores e cabos — mesmo que, como vimos, fazê-lo significasse penalizar seus próprios clientes.

O descaso da Comcast com o bem-estar dos clientes nesse caso não deveria nos surpreender. Em uma pesquisa de satisfação dos clientes de 2007 realizada pelo American Customer Satisfaction Institute, a Comcast foi votada como a pior empresa em satisfação do cliente entre todas as organizações inclusas, abaixo até da IRS [Internal Revenue Service, equivalente à Receita Federal Brasileira]. Em contrapartida, a Netflix pagou inicialmente à Comcast para salvar seus próprios clientes. Depois, percebendo que o maior valor residia em possuir o cliente e não o recurso, a startup voltou à estabelecida para obter uma comissão por lhe trazer mais consumidores de alto valor. A Netflix seguiu as necessidades em evolução de seus consumidores. A Comcast não, optando por preservar seus recursos, e pagou caro por esse erro. Ao colocar seus próprios clientes em risco em vez de se adequar às suas novas necessidades, a empresa reagiu de forma muito errada à sua própria estagnação no crescimento na divisão de TV a cabo. Estabelecidas e disruptoras costumam ter visões fundamentalmente diferentes da mesma situação. Enquanto a Comcast viu a diminuição de seus recursos, a Netflix viu o aumento de seus clientes.

Inovar Não é Suficiente

Se a adoção de uma perspectiva centrada em recursos por parte de uma estabelecida for pela culpa subjacente por trás da estagnação no crescimento, as empresas não conseguem evitar ou mitigar essas estagnações simplesmente inovando mais, como os especialistas aconselham. É muito fácil reunir todos os seus engenheiros, cientistas e designers e mandar que criem alguma nova oferta, ou montar um departamento de estratégia e mandar que elaborem uma nova estratégia brilhante. Mas, se você for a Comcast ou a Blockbuster, essa abordagem sozinha não lhe permitirá tomar as decisões necessárias para alcançar a Netflix. Em vez disso, os executivos das estabelecidas devem deixar de lado seu apego aos recursos e redirecionar o principal foco da empresa de volta para os consumidores.

Até mesmo nas estabelecidas mais inovadoras, o foco nos recursos tende a dominar, deixando a empresa vulnerável a estagnações no crescimento. A Microsoft é uma máquina de inovação, tendo desenvolvido soluções empresariais como consultoria, produtos para servidor, redes de propaganda e produtos para consumidores, como celulares, tablets e a plataforma de videogame Xbox. E, ainda assim, entre todas essas linhas de produtos, duas têm contribuído há tempos para a maior fatia de receitas e lucros da empresa: Windows e Office. Esse desequilíbrio afeta as relações de poder dentro da empresa. Os chefes mais antigos, poderosos e com maiores salários da estabelecida subiram na hierarquia gerenciando produtos de software Windows ou Office. Eles geram a maior parte do fluxo de caixa da empresa, então podem tomar decisões sobre quase tudo o que é importante, inclusive inovação. Como resultado, quando um jovem engenheiro de software imagina um novo algoritmo de motor de busca ou um engenheiro de hardware tem uma ideia inovadora para um smartphone, um dos chefes do Windows ou do Office costuma decidir sobre desenvolver a ideia ou não, e depois, como comercializá-la. Se o executivo sênior acha que aquele motor de busca ou celular pode ajudar a empresa a vender mais sistemas operacionais Windows ou suites de produtividade Office, a ideia tem mais chances de receber financiamento. Se não, ela pode morrer, independentemente de quão inovadora e promissora possa ser. Os executivos que administram o Windows e o Office não decidem o futuro de tudo na empresa, mas têm uma influência considerável e costumam desfrutar de um direito tácito de primeira recusa sobre novas ideias e inovações.

E fica pior. Se uma ideia não traz nenhuma complementaridade aparente para o Windows ou o Office, mas é boa demais para descartar (digamos, um novo headset de realidade virtual ou a próxima geração de rede social), os chefes sênior dessas duas divisões usurpam a ideia dos gestores de nível inferior ou menos poderosos. Apesar de eventualmente terem a intenção de desenvolver e comercializar a ideia, eles costumam abafar a inovação e, no processo, dissuadir os outros de trabalhar nela. Essa tendência é tão generalizada que os funcionários fora das torres gêmeas do Windows e Office têm um nome para isso: "lamber o biscoito". Lembre-se da escola, quando você fazia refeições com as outras crianças. Para mostrar seu domínio, os valentões roubavam e comiam os biscoitos das outras crianças. Quando ficavam empanturrados, pegavam os biscoitos das mesas, lambiam e devolviam, apenas para que as crianças menores não os comessem também.

Robbie Bach, ex-presidente da Divisão de Entretenimento e Dispositivos da Microsoft, supervisionou os negócios de jogos, música, vídeo, celulares e vendas no varejo da empresa por duas décadas. Em uma entrevista comigo, ele se lembrou de uma ocasião na qual seu biscoito foi lambido. "Meu grupo queria projetar um player de mídia melhor" ele contou, "mas a equipe do Windows queria seu próprio player de mídia. E assim eles conseguiram projetá-lo. Se acho que as pessoas foram desonestas por isso? Não. Elas deixaram seus egos ficarem no caminho e, então, os dois grupos perderam. Nenhum teve sucesso, e foi muito prejudicial para nosso consumidor. O que aconteceu? A Apple venceu."[6] Em algum ponto, os executivos da Microsoft pararam de tomar decisões sobre o lançamento de produtos que fossem do interesse do consumidor e, em vez disso, tomavam decisões que beneficiavam *a si mesmos*. A empresa possuía um poderoso motor de inovação, porém outras forças dentro dela ainda desencorajavam novos produtos, destruindo muitas oportunidades promissoras e revolucionárias.[7] Os tomadores de decisão não queriam investir tempo, dinheiro e reputação em ideias muito incertas e duvidosas quando empregar recursos naquelas que traziam muito dinheiro gerava uma recompensa mais certeira.

Não devemos marginalizar a Microsoft. Sob a nova liderança de Satya Nadella, a empresa começou a redirecionar seu foco de volta para os consumidores. E a inovação dentro da maioria das outras empresas de sucesso se mostra igualmente desafiadora. Veja a desenvolvedora de shoppings sofisticados Westfield Corporation. Em 2012, a Westfield tentou inovar criando uma nova unidade digital, a Westfield Retail Solutions, incumbida de criar soluções inovadoras para seus parceiros varejistas.[8] Apesar de os executivos sênior compreenderem a importância da unidade, o projeto sofreu por falta de apoio e colaboração da gerência de nível médio. Joelle Kaufman, ex-vice presidente executiva de estratégia, lembrou que havia "uma tremenda empolgação acerca do que estávamos fazendo [na Westfield Retail Solutions]. Mas, quando chegou a hora decisiva, nada mudou. Eles [os gestores da parte tradicional da empresa] estavam concentrados em seu dia a dia." E, como não viam o digital afetando suas metas financeiras diárias, não apoiaram a ideia. Era do interesse deles buscar outras prioridades.

Em empresas maiores e mais prestigiadas, vemos uma dinâmica semelhante acontecendo. A falta de inovação é um problema de foco no cliente, e *não* um problema de P&D. Portanto, pedir a seus desenvolvedores de produtos dentro da empresa que "simplesmente inovem" raramente solucionará uma estagnação no crescimento. Para inovar, primeiro você precisa eliminar os impedimentos ao foco no cliente tanto entre os líderes quanto entre os gestores. Esse desafio o coloca cara a cara com a natureza humana. A realidade é que as empresas não são focadas no cliente; as pessoas são. Dessa forma, examinaremos um pouco o que os indivíduos dentro das empresas precisam para colocar os clientes em primeiro lugar.

Empresas Não São Focadas no Cliente; Pessoas São

Como descobriram alguns acadêmicos da disciplina de psicologia motivacional, as pessoas realizarão de vontade própria uma determinada tarefa apenas se duas condições forem satisfeitas. Primeiro, elas devem possuir as habilidades e os recursos básicos para realizar a tarefa. Não os tendo, podem tentar, mas certamente não terão sucesso. Segundo, mesmo que possam realizar a tarefa, as pessoas devem *querer* realizá-la. Acontece que, para motivar os funcionários a se concentrarem nas necessidades dos clientes, as empresas devem equipá-los e lhes oferecer os incentivos adequados.

Para equipar os funcionários em favor das novas necessidades e desejos dos consumidores, as empresas devem colocar muitas coisas à sua disposição, incluindo oportunidades de observar ou se conectar com os clientes, abordagens intelectuais para compreender os consumidores e responder às suas demandas, processos internos que os funcionários possam implantar dentro da empresa para trabalhar em prol dos clientes e, por fim, uma experiência real em lidar com eles. A maioria das grandes empresas têm processos definidos para entregar essas oportunidades e ferramentas, apesar de os funcionários não as aproveitarem totalmente.

E a segunda parte, os incentivos para motivar o foco no cliente? Isso representa o principal obstáculo para as empresas, e é o que faltava na Microsoft, Westfield, Blockbuster e Comcast. Como observou Kaufman, os gestores da Westfield centrados em recursos na parte tradicional (e decadente) da empresa poderiam ter apreciado as virtudes das inovações encontradas no foco no cliente, mas não se sentiam motivados a buscá-las. Suas carreiras se beneficiavam especialmente do crescimento da parte tradicional e rica em recursos da companhia. Assim, quando solicitados a ajudar a receber os gestores sem recursos que trabalhavam em novas iniciativas, eles não aceitaram. "Existe esse ressentimento sutil", disse Kaufman, parafraseando o pensamento dos gestores antigos da seguinte forma: "Nós entregamos 99% das receitas. O digital recebe a maior parte do investimento, mas nós incorremos na maioria dos custos. Os executivos passam tanto tempo com eles. Eu também quero estar nesse negócio atraente. Pedem que assumamos os custos para financiar essas novas iniciativas, mas assim não atingimos nossas metas de lucro e isso impacta em nossos bônus." Kaufman defende que, a menos que as organizações consigam tornar a inovação centrada no cliente "uma vitória para todos na empresa", todos perderão.[9] Na linguagem deste capítulo, o foco nos recursos prevalecerá.[10]

Para encarar esse problema de falta de incentivos, CEOs, diretores executivos, membros do conselho e outros líderes empresariais devem aceitar que existem apenas duas abordagens para realinhar as prioridades dos funcionários com as necessidades dos clientes. Primeiro, podem mudar o modo como os funcionários recebem reconhecimento financeiro (salários, bônus) e promoções, oferecendo também outros tipos de incentivos. Isso não é fácil em muitas grandes organizações, pois geralmente não há só um único executivo controlando totalmente as decisões de compensação e promoção, exigindo-se um esforço coletivo no nível da liderança. Segundo, os líderes podem trocar as pessoas, trazendo executivos e gestores que já estejam adequadamente incentivados a colocar o cliente em primeiro lugar. Em suma, você troca os incentivos para as mesmas pessoas ou troca as pessoas. Como os exemplos a seguir mostram, ambas as opções podem funcionar.

INCENTIVANDO A INOVAÇÃO COM FOCO NO CLIENTE NA INTUIT

A fabricante de softwares Intuit tem sustentado um histórico sólido de inovação com foco no cliente ao personalizar cuidadosamente incentivos.

Fundada em 1983, a empresa desenvolve e vende softwares financeiros e de preparação contábil e fiscal, como TurboTax e QuickBooks. Em 2017, suas receitas, geradas principalmente nos EUA, chegavam a US$5,2 bilhões, e as vendas trimestrais e o resultado operacional anual estavam crescendo a 12% ao ano. Também em 2017, uma consultoria classificou o desempenho financeiro da Intuit no 99º percentil das empresas públicas, e seu principal produto, o QuickBooks, sustentava uma fatia de mercado de 80%.[11] A Intuit representava um caso bastante único de estabelecida madura crescendo a níveis de startup em fase avançada.

Apesar de seu sucesso comercial e financeiro, em 2018 a Intuit estava em meio a uma disrupção de si mesma. Para manter seu crescimento e liderança no setor, a empresa já havia passado por diversas ondas bem-sucedidas de disrupção autoimposta. Agora, buscava inovar seu modelo de negócios, mudando de uma empresa de softwares fechada e centralizadamente gerida para uma plataforma aberta. Ao se apresentar como plataforma, a Intuit encorajaria desenvolvedores independentes a criarem aplicativos para celulares e computadores que pudessem ser usados em seus produtos, beneficiando consumidores, desenvolvedores e a empresa.[12] Era o que a equipe de liderança da Intuit esperava. Ao longo da existência da companhia, o cofundador e atual presidente do conselho, Scott Cook, havia buscado implementar na empresa uma cultura que fosse excepcionalmente inovadora e centrada no cliente. Inovação significava, na definição de Cook, "novidade e significância", ou seja, novas iniciativas deveriam trazer melhorias significativas para o cliente; as novidades por si só não eram suficientes. Para ajudar a nutrir tal inovação, Cook garantiu que a empresa financiasse amplamente as inovações. O percentual de gastos da Intuit com P&D chegava a 19% de suas receitas, maior que os do Google, Microsoft, Amazon e Apple, que variavam entre 4,7% (Apple) e 15,5% (Google).[13] Porém, como Cook sabia, o financiamento por si só não era suficiente para superar os matadores de mudança organizacional que espreitavam as grandes empresas. Cook constatou: "Os funcionários têm ideias e ficam empolgados com elas. O problema é que a empresa fica no caminho. Todas as reuniões, todos os processos [executivos], as aprovações, todos os PowerPoints necessários. Nós, como gestores sênior, precisamos remover essas barreiras que ficam no caminho da inovação."

Para isso, a Intuit institucionalizou uma abordagem chamada Customer Driven Innovation [Inovação Orientada Pelo Cliente]. Como explicou Cook: "A solução que descobrimos que funcionava foi não permitir que os gestores 'bancassem o César' [votando projetos com polegar para cima ou polegar para baixo] e substituímos suas aprovações por resultados e experimentos feitos com clientes. Os consumidores indicam o que continuar a desenvolver. Assim, a empresa sabe que tomamos decisões com base nos resultados dos testes. Devemos honrar esses resultados, e não as opiniões dos gestores."

Como parte da Customer Driven Innovation, a Intuit instituiu diversos processos-chave e tipos de incentivos. Muitas pessoas associavam a palavra "incentivo" a recompensas monetárias, mas outras formas de recompensas também podem motivar as pessoas a buscarem inovações centradas no cliente. Da mesma forma como a diminuição dos custos monetários, de tempo e esforço motivam os consumidores a desacoplar, oferecer aos funcionários mais tempo para inovar em benefício dos consumidores e facilitar que eles o façam pode incentivá-los a se empenhar nessa atividade.

A Intuit facilitou que os funcionários procurassem inovações centradas no cliente ao permitir que tivessem contato direto com os consumidores. A empresa permitia regularmente que um pequeno grupo de funcionários experimentasse as "casas siga-me" [follow-me-homes] — visitas a residências ou escritórios de consumidores, durante as quais eles podiam observá-los abrindo os softwares, instalando-os e utilizando-os. Em 2011, uma casa siga-me inspirou o desenvolvedor de softwares Hugh Molotsi a liderar uma pequena equipe interna, como uma startup, para criar o Merchant Services, uma ferramenta processadora de pagamentos por cartão de crédito para pequenas empresas usarem com o QuickBooks.[14] Em 2017, os funcionários realizavam cerca de dez mil horas de casas siga-me por ano. Como observou Brad Henske, ex-diretor financeiro da empresa: "Li outro dia que a Microsoft tinha contratado antropólogos para estudar como as pessoas trabalham. Temos pessoas assim aqui — nós os chamamos de funcionários."[15]

A Intuit também implantou incentivos financeiros para reduzir a resistência interna à inovação centrada no cliente. "Como gestor", explicou Cook, "seu bônus é uma função da realização de receita e lucro. Qualquer ideia que seja realmente grande afetará seu bônus durante os dois ou três anos em que você estiver naquela função. Dado o modo como os gestores médios e sênior são incentivados financeiramente por pagamento por desempenho, é bastante racional que eles não permitam essas inovações. Estamos mudando isso." Ao incorporar incentivos financeiros e também tomar decisões com base em resultados de testes com consumidores, em vez de em julgamentos dos gestores, Cook eliminou as duas principais barreiras que impediam que milhares funcionários júnior na Intuit tivessem novas ideias.

Mudando os incentivos dos funcionários da Intuit a fim de encorajar a inovação com foco no cliente, Cook não instituiu um sistema de cobertura, mas personalizou os incentivos conforme suas diversas necessidades e desejos. Enquanto os incentivos monetários funcionavam para os tomadores de decisão de níveis médio e superior, pesquisas mostraram que alguns gestores da Intuit não reagiam bem a dinheiro como incentivo. "Foi realizada uma pesquisa entre antigos ganhadores de prêmios por inovação", explicou Cook. "Nossa teoria inicial era de que eles queriam dinheiro, mas eles disseram que o que realmente queriam era tempo. Isso era muito mais importante do que dinheiro. Portanto, vamos aliviá-los de suas obrigações diárias. E lhes demos três meses de férias integrais ou seis meses de meio período." Especialmente nas grandes empresas, os sistemas de incentivo de cobertura provavelmente fracassarão. Quando os funcionários valorizam dinheiro, as empresas devem oferecê-lo. No entanto, quando valorizam tempo, as empresas devem oferecê-lo também. E assim por diante. "A cada um conforme a sua necessidade", como afirmou Karl Marx.

Como mostra o exemplo da Intuit, os incentivos continuam sendo o melhor instrumento para motivar a inovação com foco no cliente. Eles são a ferramenta mais propensa a funcionar de forma consistente ao longo do tempo e por toda a força de trabalho. Sem incentivos adequados, tudo o que você pode fazer é rezar para que a inovação aconteça, e esperar pelo melhor.

MOTIVANDO A INOVAÇÃO COM FOCO NO CLIENTE POR MEIO DA AQUISIÇÃO DE TALENTOS: O CASO DA AXEL SPRINGER

Ao fomentar a inovação centrada no cliente, a Intuit decidiu não alterar significativamente seu perfil de funcionário.[16] Mas, às vezes, novos funcionários são exatamente o que uma empresa precisa. Em 2019, a Axel Springer já era a maior empresa de mídia impressa da Europa, aparecendo entre os 25 maiores conglomerados de mídia do mundo em receitas, e sendo proprietária e operadora de diversos jornais e revistas.[17] Em 2002, sentindo a necessidade de modernizar e mudar, a diretoria da empresa trouxe Mathias Döpfner, ex-editor chefe de um jornal impresso, para atuar como CEO. Esperando ajudar a Axel Springer a se tornar a principal publicadora digital do mundo, Döpfner começou em 2006 uma transformação completa, digitalizando os três negócios centrais da empresa de mídia: jornalismo (conteúdo), propaganda e classificados. O desafio do CEO era, de fato, colossal: na época, menos de 1% da receita da empresa vinha de produtos digitais.[18]

Quando entrevistei o presidente de modelos pagos e membro da diretoria da Axel Springer, Jan Bayer, ele revelou como a liderança da empresa estava focada em sua nova direção. A diretoria não tentou se defender contra as quedas na receita em negócios estabelecidos, como revistas e jornais. Nas reuniões do conselho, contou Bayer, "nós não discutíamos a queda na circulação de jornais. Achávamos que aquilo era natural. Nosso CEO, Mathias Döpfner, estava apenas olhando para frente." Quando perguntei a Bayer o que, se é que havia algo, o surpreendera naquela transição, ele apontou que havia "subestimado a velocidade e a aceleração do declínio [de nossos negócios estabelecidos]". Dado esse declínio acentuado, e com tantos profissionais de mídias antigas dentro da empresa, eles não tiveram escolha senão trazer gente nova; ajustar os incentivos não seria suficiente para promover inovações drásticas tão rápido quanto era necessário. A empresa precisava especificamente de pessoas que não conhecessem apenas tecnologia e modelos de negócios digitais, mas que amassem trabalhar nessas áreas e tivessem "personalidades diferentes e empreendedoras".[19]

Döpfner decidiu introduzir tais talentos ao adquirir startups tecnológicas e digitais. Entre 2007 e 2017, ele e o conselho adquiriram cerca de 150 startups em todo o mundo, inclusive as americanas Business Insider, eMarketer e Thrillist.com. Döpfner e o conselho também fizeram investimentos menores em empresas não midiáticas, como Airbnb e Uber. Sua abordagem, basicamente, era copiar a atividade de uma empresa de capital de risco. Eles tentaram manter os fundadores das startups a todo custo, permitiram-lhes operar independentemente do resto da empresa e mantiveram as mesmas estruturas básicas de incentivos que as empresas menores tinham antes da aquisição. Os fundadores retinham uma parte da propriedade das startup e elas recebiam pagamentos se melhorassem a lucratividade. Segundo um fundador cuja empresa foi adquirida pela Axel Springer, o maior incentivo que a empresa instituiu foi "permitir a nossas marcas a oportunidade de continuar independentes e construir o próprio futuro".[20]

A iniciativa de mudanças drásticas de Döpfner funcionou. Em 2017, segundo Bayer, um total de 75% das receitas da Axel Springer se originava de produtos e negócios digitais. Não é de se admirar, talvez, que essa mudança repentina tenha afetado um pouco os negócios estabelecidos da empresa. Surgiu um choque cultural entre a velha guarda (editores de jornais e revistas) e os novatos (empreendedores digitais). Como o CEO explicou em um estudo de caso de Stanford: "O problema no início era que a estrutura da organização era composta quase 90% de perdedores (ou seja, impressos) e cerca de 10% de vencedores (ou seja, digitais). Logo, os perdedores estavam em posição de rejeitar e subestimar a transformação simplesmente porque estavam em maior número. Então, eu disse: 'Temos que criar responsabilidades conjuntas para induzir adesão no lado dos impressos'."[21]

Como a Axel Springer criaria tais "responsabilidades conjuntas"? A resposta era forçar as recém-adquiridas startups digitais e os negócios existentes a ficarem no mesmo lugar e se tornarem dependentes uns dos outros. Por exemplo, a empresa incentivou seu maior tabloide, *Bild*, a integrar suas operações com seu equivalente online, Bild.de. O negócio de classificados offline da Axel Springer teve que se unir a seu negócio de classificados online, e assim por diante. Cada publicação teve que se tornar um negócio próspero, o que significava que funcionários veteranos e membros das novatas tinham que se entrosar. Coube aos gerentes gerais desses produtos supervisionar a produção de conteúdo, design, marketing e perdas e lucros digitais e impressos.

No fim das contas, Döpfner ajustou a composição da força de trabalho da Axel-Springer a fim de propiciar mudanças e inovações que beneficiavam seus consumidores. Ele não precisou fazer demissões em massa, optando por manter o pessoal "antigo" nos negócios em declínio existentes. Sendo assim, permitiu que os funcionários escolhessem seus próprios destinos. Eles podiam continuar onde estavam e se retirar gradualmente conforme aquela parte do negócio encolhia ou podiam aprender, se adaptar e mudar para os novos e crescentes negócios. Aqueles que se adaptavam se juntavam aos "intrusos", empreendedores digitais ou tecnológicos que já possuíam as habilidades e motivações intrínsecas para lançar e desenvolver negócios de mídias digitais. A oportunidade, conforme definida por cada funcionário, servia como real incentivo para ajudar a levar a empresa adiante. Em conjunto, os funcionários tinham que aprender a atender a dois grupos de consumidores ao mesmo tempo: públicos mais antigos e fiéis, e leitores mais jovens e inconstantes. Não foi fácil para a velha guarda e o pessoal de novas mídias encontrarem o novo equilíbrio juntos, mas, sob a liderança de Döpfner, eles conseguiram.

Reorientando Em Torno dos Consumidores

Muitas empresas estabelecidas experimentam um período de crescimento rápido, interrompido por uma quebra precipitada no crescimento e um subsequente período de estagnação ou queda nas vendas. A intervenção correta, como defendi, não é tentar inovar para sair de uma estagnação no crescimento, mas sim primeiro reorientar a organização em torno dos clientes. As novas entrantes crescendo rapidamente são, por concepção, centradas no cliente, e não nos ativos brutos ou outros recursos que possuem. É *por isso* que elas têm um crescimento tão rápido. Ao longo do tempo, conforme crescem e se tornam estabelecidas, tentam manter, aumentar e alavancar seus recursos mais valiosos a todo custo, uma abordagem que as deixa vulneráveis às novas entrantes. As estabelecidas podem evitar uma estagnação, mas isso significa adotar medidas para evitar e abordar os obstáculos para a priorização do consumidor. Como sugeri, significa prestar atenção nos indivíduos e em suas prioridades profissionais.

No nível empresarial, os líderes devem afastar os gestores do pensamento focado em recursos e incentivá-los a recuperar o foco perdido nos clientes. Podem considerar implantar penalidades para os gestores que tentarem alavancar os maiores ativos da empresa nos novos projetos. A Blockbuster, por exemplo, poderia ter cobrado um "aluguel" alto de qualquer gestor que propusesse utilizar uma loja ou funcionários de loja para uma nova linha de negócios. A Microsoft poderia fazer o contrário do que era costume e cobrar dos chefes do Windows ou do Office um prêmio de seus orçamentos por tomar posse de novas ideias ou inovações nos laboratórios de P&D. Eles teriam que pagar uma taxa de posse por lamber e não comer o biscoito. Mas os líderes também devem encorajar o desenvolvimento e uso de outros ativos, especialmente aqueles que podem ajudar a empresa a atender aos novos consumidores. Uma opção é fazer isso implantando compensações internas que os gestores podem receber por investir nesses novos ativos. Da mesma forma que a Califórnia oferece compensações tributárias para pessoas que compram carros elétricos, a diretoria pode também oferecer fundos para os funcionários desenvolverem ou adquirirem novos recursos com o propósito de servir às novas necessidades dos consumidores. Obviamente, os líderes devem esperar que esses novos recursos tragam valor real e melhorado para os consumidores de uma destas três formas: mais atividades criadoras de valor, menos atividades cobradoras de valor ou a eliminação de atividades desgastadoras de valor.

Os CEOs devem implantar também incentivos adequados em todos os níveis da organização para garantir que executivos e gestores se beneficiem ao tomar decisões mais focadas nos interesses dos consumidores. Observe profunda e amplamente a estrutura de incentivos de sua empresa. De alguma forma, em algum lugar, as pessoas perderam o interesse nos consumidores. Elas gastam todo o seu tempo pensando nas concorrentes, nos colaboradores e em suas próprias carreiras. Faça valer a pena que eles comecem a pensar novamente no cliente. Quando os gestores da velha guarda na Westfield não conseguiram compartilhar seus recursos com os colegas nos novos negócios potencialmente disruptivos da empresa, foi porque não tinham incentivo para isso; sua progressão de carreira e remuneração dependiam de antigas métricas empresariais. Seus gestores estão mal motivados assim?

Caso sim, uma opção para consertar isso é atar uma parte da estrutura de bônus dos seus gestores da velha guarda às novas áreas e iniciativas que eles ajudaram a desenvolver usando seus próprios orçamentos. Tal manobra motivaria os funcionários que não estão diretamente ligados às principais inovações a apostarem em novas iniciativas na empresa. Com seus próprios recursos em jogo, os gestores se sentiriam mais comprometidos com as novas iniciativas e mais inclinados a apoiá-las. Uma coisa é certa: as táticas comuns que as empresas empregam para gerar inovação — incluindo palestras motivacionais do CEO, articulação de uma linda visão e alocação de recursos para a inovação — fracassarão se não houver incentivos adequados para impulsionar a colaboração entre executivos e gestores em benefício dos clientes.

Debata como ajustar os incentivos, mudando-os para as mesmas pessoas ou mudando as próprias pessoas. Afinal, a principal responsabilidade por sustentar o crescimento é da gerência. A motivação para recuperar o foco no cliente deve se originar no nível mais alto de uma organização, e os líderes sênior, incluindo o conselho diretivo, devem supervisionar pessoalmente a mudança. Além disso, esses líderes devem considerar a base total de clientes da empresa, colocando-a à frente de qualquer unidade de negócios específica. Quando o negócio de TV a cabo da Comcast sofreu uma estagnação no crescimento, seu CEO foi atrás da parceira de canal de uma das unidades de negócios prósperas da empresa, os serviços de internet. Para garantir que outros CEOs não cometam esse erro, os conselhos diretivos devem criar métricas relativas à saúde dos consumidores da empresa e de sua cadeia de valor, e não à saúde financeira de cada unidade de negócios isoladamente. Essa atitude, junto com o abandono de uma mentalidade centrada nos recursos, teria esclarecido ao CEO da Comcast sua principal responsabilidade para com seus clientes.

Por fim, uma empresa centrada no cliente tem um corpo diretivo e uma equipe de executivos que não somente entendem a disrupção digital em geral, em específico, o decoupling, como também apreciam a força que move todas as empresas saudáveis desde seus primórdios: uma sede por atender melhor às necessidades dos clientes. Empresas focadas no cliente também têm líderes que entendem a importância de ações rápidas e decisivas. No campo da medicina, pesquisas mostram que vítimas de derrames e infartos se recuperam muito melhor se receberem intervenção imediata. Acontece algo semelhante nas empresas. A gerência deve tratar uma estagnação no crescimento como motivo de grande preocupação ou a empresa poderá nunca se recuperar totalmente.

10

IDENTIFICANDO A PRÓXIMA ONDA DE DISRUPÇÃO

Este livro examinou uma onda atual de disrupção de mercado — o decoupling. Essa onda está crescendo rápido, mas um dia desaparecerá, como as anteriores. E depois, como podemos identificar a próxima onda? Onde a disrupção aparecerá a seguir, e quais novas oportunidades e ameaças ela trará?

Embora as empresas comumente tratem tais preocupações formando cenários detalhados de possíveis futuros, ultimamente tal abordagem começou a ser questionada. Pegue a madura e bem estabelecida indústria petrolífera. "O desafio no momento", disse o CEO da Shell, Ben van Beurden, em 2018, "é que não sabemos mais onde será o futuro."[1] Guy Outen, vice-presidente executivo de estratégia da empresa e responsável pela análise de cenários, explicou que o até então estável setor de energia havia mudado nos últimos anos de "complicado para complexo".[2] Nesse contexto, planejar para o futuro se tornou extremamente difícil e até mesmo fútil — como é hoje em muitos setores. Por isso, as abordagens de planejamento em longo prazo que exigem que os executivos da empresa olhem primeiro para o futuro, decidam qual posição querem que sua empresa ocupe e então trabalhem voltando no tempo para determinar quais ativos estratégicos são necessárias para atingir aquela posição raramente funcionam. Ou o futuro está muito incerto para que a diretoria entre em consenso ou não existem muitos detalhes visíveis sobre o futuro para permitir um planejamento estratégico preciso. No caso das futuras fontes de energia do mundo, por exemplo, a questão mais incerta não é se as fontes de energia renováveis crescerão em relação aos combustíveis fósseis, mas qual percentual do mercado geral representarão. Será 30%, 50%, 70%? E quando? Em 2020? 2050? 2100? Para empresas como Shell, GM, Boeing, Tesla e muitas outras, qualquer um desses cenários representaria uma rota de planejamento extremamente diferente a adotar hoje. No entanto, como dizem os dinamarqueses, é difícil fazer previsões, especialmente sobre o futuro.[3]

Em uma tentativa de facilitar o planejamento baseado em previsões, empreendedores e gestores têm buscado, de forma bastante compreensível, simplificar suas análises, concentrando-se apenas em seus próprios mercados ou setores. Pesquisas anuais da IBM mostraram que menos de um quarto dos CEOs buscaram ideias inovadoras fora de suas próprias empresas, fornecedores ou consumidores.[4] Do mesmo modo, quando questionados pela PwC sobre potenciais sócios ou aliados, metade dos CEOs não mencionou uma única empresa ou entidade de fora de seu próprio setor.[5] Executivos leem os relatórios de mercado de seus próprios setores, conversam com seus próprios fornecedores, participam de conferências de suas próprias indústrias e fazem pesquisas com consumidores de seus próprios produtos e serviços. Para eles, a hipótese de procurar em um lugar diferente é muito para gerir em um mundo cada vez mais incerto e de rápida mudança.

A teoria do decoupling nos aponta na direção de outra forma de nos preparar para o futuro, uma que não exige que restrinjamos nossa visão e também não nos força a fazer previsões rígidas sobre cenários em futuros distantes. Como vimos, a teoria considera a disrupção como um fenômeno orientado pelo consumidor. As necessidades do consumidor mudam e, com isso, aparecem novos comportamentos, pavimentando o caminho para que empresas novas e antigas ofereçam produtos mais adequados a essas novas necessidades. A teoria também nos leva a prestar atenção às mudanças grandes e generalizadas que afetam os consumidores, não pequenas mudanças que afetam apenas um mercado ou setor. Como discutimos, mudanças em como os consumidores procuram produtos e serviços devem afetar diversos mercados a fim de ter verdadeiros efeitos disruptivos. Ou então, serão apenas modas passageiras.

O foco em tendências orientadas pelo consumidor que sejam generalizadas e duradouras nos libera de ter que prever eventos futuros distantes. As grandes mudanças que certamente figurarão de forma proeminente daqui a muitos anos já estão aparecendo, se você sabe para onde olhar. Podemos nos preparar para o futuro estudando o presente — a chamada "previsão do presente". Essa é uma proposta muito mais simples e precisa do que a previsão do futuro, e na verdade já tem uma porção de fãs no mundo do marketing. Em 2009, o economista chefe do Google, Hal Varian, publicou um artigo controverso intitulado "Predicting the Present with Google Trends" ["Prevendo o Presente com Google Trends", em tradução livre], no qual mostrou como usar dados históricos (por exemplo, sobre termos de busca comuns no Google) para aprender sobre uma tendência nascente. Desde então, muitos pesquisadores usaram dados históricos e atuais para mostrar méritos de previsões do presente em domínios de atividades consumidoras, como viagens, imóveis, saúde e transportes. Em conjunto, esses pesquisadores mostraram que captar as tendências atuais é mais preciso quando os dados são abundantes e isso serve melhor às empresas do que tentar de forma imprecisa prever mudanças futuras que ainda não estão acontecendo. Como o poeta chinês do século VI a.C. Lao Tzu escreveu: "Aqueles que têm conhecimento não preveem. Aqueles que preveem, não têm conhecimento."[6]

A questão então se torna: como podemos monitorar melhor as tendências atuais do consumidor? Concentrar-se em um único setor é pouco, sobretudo porque as mudanças no comportamento do consumidor são notavelmente difíceis de observar. Consumidores individuais nem sempre escolhem racionalmente, pois estão propensos a vieses que lhes tornam menos consistentes e, assim, menos previsíveis.[7] Além disso, quando confrontados por muitas opções, ficam exaustos e fazem escolhas inadequadas.[8] Perguntar-lhes sobre seus comportamentos e preferências não é muito esclarecedor, pois eles lembram de suas escolhas de forma seletiva e valorizam ganhos de curto prazo acima dos de longo prazo, apesar de seu dito desejo pelo segundo. No nível coletivo, nosso comportamento cria ruído estatístico, o que dificulta a indicação de mudanças persistentes por parte dos identificadores de tendências. Para ter um pequeno exemplo, muitos de nós já nos desviamos de nossas preferências rotineiras e compramos aquele suco de uma fruta exótica ou aquele prato diferente em um restaurante apenas para nunca mais repetir esse ato. Da mesma forma, os mercados mostram movimentos espontâneos irregulares sem causa identificável.[9] As pedras de estimação e os anéis de humor, modas passageiras da década de 1970, ainda deixam muitos sociólogos perplexos até hoje. Às vezes, essas mudanças levam a ondas fortes e padronizadas de novos comportamentos que se somam para uma mudança maior, mas, na maior parte do tempo, vemos uma série de movimentos que vão e voltam sem motivo ou razão. Nas últimas décadas, o consumo de leite aumentou, apenas para cair novamente. Os jeans boca de sino já foram moda, saíram e voltaram novamente. Nós, consumidores, somos, de muitas maneiras, como tempestades que mudam de direção, com força e velocidade repentinas e inesperadas.

Tais dificuldades interpretativas significam que você provavelmente não identificará a próxima onda de disrupção rápido o bastante, caso se concentre exclusivamente em seu próprio setor. Ao mesmo tempo, aventurar-se além de nossos setores nos confronta novamente com o problema da complexidade. Existem indústrias demais a cobrir. Segundo uma classificação do Global Industry Classification Standard ([Padrão Global de Classificação de Indústrias, em tradução livre] desenvolvido pela MSCI e Standard & Poor's Financial Services), existem 11 macrossetores, 24 grupos de indústrias, 68 setores e 157 subsetores.[10] Sondar cada um desses mercados em busca de novas ondas que possam migrar para os nossos próprios exigiria um esforço hercúleo. Então, de que forma proceder?

As Sete Grandes

Acontece que podemos identificar ondas de disrupção global considerando uma lista pequena e gerenciável de indústrias que costumam ser monitoradas por analistas de mercado e pesquisa mundialmente. Uma família típica adquire milhares de bens e serviços ao longo do ano em centenas de categorias, mas a esmagadora maioria desses gastos — 94% em 2016 nos EUA[11] — ocorreu em apenas sete categorias, que chamo de As Sete Grandes. As Sete Grandes categorias correspondem a uma série de opções de consumo que as pessoas devem escolher no curso de suas vidas diárias: onde morar (moradia, produtos para a casa e manutenção), como se locomover (transporte aéreo e terrestre), o que comer (alimentos, bebidas e seus preparos), o que vestir (moda, cosméticos e higiene pessoal), como aprender (educações formal e informal), como se entreter (mídias, eletrônicos e esportes) e como se cuidar (tratamentos de saúde, físicos e mentais). Se quiser entender as potenciais mudanças em sua indústria, deve procurar sinais precoces nessas categorias. Isso acontece porque As Sete Grandes permitem identificar as grandes mudanças nas necessidades, desejos, preferências e comportamentos incubados nas famílias que podem se estender para outras categorias, inclusive a sua.

Mapeando a Mudança nas Indústrias

As mudanças nas Sete Grandes vão longe. Na verdade, As Sete Grandes são conhecidas por influenciar ou "contaminar" umas às outras, bem como outras indústrias aparentemente não relacionadas, no que tange às necessidades e aos comportamentos do consumidor. Uma vez que as pessoas decidem escolher um fornecedor de alimentos mais conveniente, por exemplo, elas tendem a buscar conveniência também em como se vestem, vivem, se locomovem, aprendem, se cuidam e se entretêm. Essas decisões raramente são feitas de forma isolada, "mercado a mercado". Veja os serviços sob demanda compartilhados, como Uber Pool e Airbnb. Um estudo do Pew Research Center descobriu que cerca de 20% dos americanos incorporaram rotineiramente quatro ou mais desses serviços em suas vidas diárias. Esse mesmo grupo de consumidores progrediu, depois, no sentido de adotar serviços de conveniência semelhante em outras indústrias.[12] O mesmo acontece nas necessidades de variedade (o que a equipe de marketing chama de comportamento de busca por variedade), exclusividade, valor por dinheiro e sustentabilidade. Uma vez que os consumidores se apegam a qualquer uma dessas necessidades específicas em uma categoria de bens das Sete Grandes, muitos rapidamente buscam o mesmo em outras categorias nas quais fazem compras com frequência.

Percebi um exemplo interessante desse "efeito contagioso" nas Sete Grandes em 2010, quando apresentei minha pesquisa na sede do Facebook e vi Mark Zuckerberg pessoalmente pela primeira vez. Como o grande líder que é, um elemento de sua personalidade não impressiona: seu modo de vestir. Zuckerberg vestia camiseta cinza, calças jeans e tênis Nike. Como descobri depois, ele veste o mesmo traje para trabalhar todos os dias, tendo adotado-o como seu "uniforme". Parece haver uma ética de simplicidade por trás dessa prática. Como Zuckerberg disse: "Eu realmente quero libertar minha vida de modo a ter que tomar o mínimo possível de decisões sobre qualquer coisa além de como servir melhor [o Facebook]."[13] Adotar um padrão, uma opção pronta para se vestir todas as manhãs, significa que Zuckerberg tem uma decisão pessoal a menos para tomar todos os dias.

Inicialmente considerei a prática de Zuckerberg como uma mera excentricidade, mas, conforme mais jovens que conhecia começaram a adotar seus próprios uniformes de trabalho padrão, percebi que seu comportamento gerou uma tendência mais ampla, que chamei de "defina e esqueça" [set it and forget it] (D/E). Zuckerberg e seus colegas estavam simplificando suas vidas, tomando um conjunto de decisões iniciais sobre o que vestir e se atendo a essas decisões por um longo período. Outros, incluindo Elon Musk e Barack Obama, após a presidência, também estavam seguindo o exemplo.[14] Enquanto isso, novos modelos de negócios estavam aparecendo para atender a essa nova necessidade dos clientes por simplicidade e facilidade na moda. Para os homens, o Trunk Club vendia trajes de trabalho completos, combinações de camisas, suéteres, calças, cintos e sapatos cuidadosamente escolhidos, tirando do cliente o transtorno de montar os trajes sozinhos. Serviços por assinatura, como Stance, ArmourBox e Scentbird, surgiram para oferecer aos consumidores meios fáceis de comprar itens que utilizam rotineiramente: roupas íntimas e meias, roupas de academia e perfumes, respectivamente. Defina e esqueça!

Os serviços por assinatura oferecem ótimos meios de satisfazer a mentalidade de definir e esquecer. Veja a categoria de alimentos. Nos últimos anos, serviços de assinatura de refeições, como Plated, Blue Apron, Chef'd, e centenas de outros, permitiram que indivíduos e famílias definissem um regime de entrega de refeições, especificando com antecedência os tipos de culinária, ingredientes, tamanhos de porções e frequência das entregas que desejavam. Os consumidores podem, assim, pressionar um botão e esquecer — ingredientes e receitas chegam em suas portas. Estabelecidas na indústria de mantimentos, incluindo supermercados como Walmart e Kroger, perderam essa onda por muitos anos, pois estavam concentrados exclusivamente em sua própria indústria. O Kroger introduziu seu primeiro serviço de assinatura de refeições apenas em meados de 2017, o Walmart, seis meses depois — cinco anos depois da fundação da líder do mercado, Blue Apron.[15]

Os serviços de assinatura de refeições não são o único modo pelo qual é possível hoje definir e esquecer a compra de alimentos. A Amazon Fresh libera os consumidores da necessidade de fazer uma lista de compras semanal e ir ao mercado. Em vez disso, eles revisam suas listas de compras apenas uma vez, especificando com que frequência querem que a Amazon entregue determinados itens em suas casas. Leite uma vez na semana? Ok. Creme dental uma vez a cada dois meses? Ok. O serviço online facilita as compras básicas recorrentes, com uma busca muito simples e recursos de histórico de pedidos.

Caso você se preocupe com as possíveis mudanças nos preços dos seus alimentos favoritos, existe um truque para isso também. O Brandless é um supermercado online que simplifica o ato de comparar preços. O supermercado médio nos EUA tem cerca de 45 mil itens diferentes, e os consumidores costumam perder um tempo precioso escolhendo entre diferentes tipos, tamanhos, marcas e preços das mercadorias a comprar.[16] O Brandless padroniza tudo. Primeiro, não existem marcas. Todos os produtos se chamam "Brandless" e são o equivalente online a uma loja de marcas genéricas. Também não existem opções de tamanho — o Brandless oferece apenas o tamanho mais popular. Por fim, tudo o que o Brandless vende em todas as categorias custa US$3 cada (para itens geralmente mais baratos que US$3, como caldo de legumes, são 3 por US$3). Sem precisar escolher entre marcas, tamanhos e preços, o ato de comprar fica mais simples e os consumidores sabem com bastante antecedência o quanto vão pagar pela compra. Vinte itens por semana? Faça as contas.

Graças à sua promessa de economia de tempo e esforço no longo prazo, as assinaturas, acopladas às listas automatizadas, estão dominando diversas categorias de compras de consumo, não apenas alimentos. Alguns serviços exigem mais esforço inicial: os consumidores devem examinar o serviço e decidir quais compras automatizar. Porém o esforço reduzido depois mais do que compensa (evidentemente, conforme os consumidores descobrem mais sobre seus gostos, fazem ajustes em suas assinaturas).

Em vez de comprar músicas separadamente, os consumidores da Geração Z costumam preferir assinar serviços de streaming, como o Spotify — um ótimo exemplo de D/E no entretenimento. Esses consumidores investem tempo inicialmente para criar playlists e compartilhá-las com seus amigos. Quando querem ouvir, tudo o que fazem é escolher entre uma porção de playlists. O Spotify tem cerca de 2 bilhões de playlists feitas por usuários, aspirantes a DJs e pela própria empresa. Em meados de 2017, a startup tinha 70 milhões de assinantes de música por streaming, comparado aos 30 milhões da Apple e aos menos de 20 milhões no caso da Amazon.[17] Mas serviços como esse não são os únicos exemplos de D/E no entretenimento. A Amazon oferece o serviço de assinatura de brinquedos STEM Club, focado em brinquedos que encorajam o aprendizado nos campos da ciência, tecnologia, engenharia e matemática. Apenas selecione a idade do seu filho e a frequência das entregas, e a empresa escolhe entre os brinquedos educacionais com melhor classificação entre os que vende e os envia periodicamente à sua casa. Os pais também podem D/E!

Uma vez que as pessoas desenvolvem um gosto inicial pela economia de tempo e esforço que a assinatura de produtos lhes confere, procuram assinaturas em outras partes de suas vidas de consumo, inclusive em moradia. Adquirir uma casa e mantê-la em bom estado é um dos processos mais caros e demorados para os consumidores. Startups digitais, como Thumbtack, TaskRabbit e Hello Alfred, facilitam reparos e tarefas residenciais, permitindo que os consumidores encontrem as melhores pessoas para a tarefa e as agendem em um horário definido. Defina e esqueça! Ainda que os consumidores precisem dar instruções e monitorar o desempenho, a potencial economia de tempo que obtêm é enorme.

Se você não possui uma casa, startups de co-living, como a Roam, oferecem um jeito intrigante de definir e esquecer. É possível alugar um apartamento muito pequeno (micro) em um centro urbano, sem precisar fazer manutenção. Sempre que quiser, pode juntar suas coisas e se mudar para outro apartamento em outra cidade sem precisar assinar um novo contrato. A Roam e outras startups semelhantes atendem às necessidades de engenheiros, designers, escritores, consultores e outros profissionais independentes que buscam aventura e podem trabalhar remotamente de qualquer lugar do mundo. Segundo o fundador da Roam, Bruno Haid: "O fato de juntar as minhas coisas e pular de um Airbnb para outro e ficar em casas de amigos foi se tornando um fardo com o tempo". Usando a Roam, você paga cerca de US$1.800 por mês e pode escolher morar seis meses em Londres, outros três em Bali, e depois os últimos meses do ano em Miami, tudo se inscrevendo apenas uma vez e pré-selecionando sua sequência de localidades e durações para o ano seguinte. A empresa até envia seus móveis e bens de um lugar para outro se você quiser.

Em todos os setores, negócios mais inteligentes começaram a se adequar ao desejo das gerações mais jovens por serviços do tipo "defina e esqueça" que simplificam suas vidas. Após o lançamento do Uber para viagens personalizadas e do Uber Pool para o compartilhamento de viagens com estranhos, a empresa de caronas está operando o Uber Commute em Washington, D.C. para ajudar a padronizar como vamos e voltamos de casa para o trabalho. Até mesmo players do setor de saúde estão aderindo à abordagem D/E. Nos EUA, 20% da população tomam mais de três comprimidos ao dia.[18] Para esses pacientes, pegar receitas, comprar e acompanhar quais remédios tomar, quando e em qual combinação, é uma tarefa e tanto. A startup PillPack simplifica tudo isso por meio de um produto por assinatura. Você se inscreve e fornece as receitas do médico com os remédios que precisa tomar. A PillPack os compra e reembala em sacos plásticos sequenciais armazenados em uma caixa dispensadora. Um aplicativo avisa a hora de tomar o próximo saquinho de comprimidos. Apenas retire-o da caixa e engula os comprimidos. Cada saquinho vem impresso com a data e o horário em que os medicamentos devem ser tomados. Chega de comprar remédios individualmente, se atrapalhar com os frascos e ficar sem determinado comprimido enquanto tem um monte de outros. Defina e esqueça.

Ainda preciso encontrar um bom exemplo de serviços ou assinaturas D/E em uma das Sete Grandes: como aprendemos. A educação de curta duração informal está cheia de serviços por assinatura, mas não há nenhum na educação formal de longo prazo, como faculdades, universidades ou pós-graduações. A maioria das faculdades tem programas de quatro anos, enquanto as pós-graduações costumam demorar dois. Essas ofertas supõem que os jovens recebem uma educação, absorvem o máximo de conhecimento possível, então empregam esse conhecimento na força de trabalho. Ao dar aulas para alunos de faculdades, universidades de administração e executivos sênior, percebi duas tendências. Primeiro, os estudantes de graduação e pós-graduação estão ficando impacientes com a educação plurianual sequencial que precisam ter para se graduar. Se pudessem, eles prefeririam fazer alguns cursos e depois entrar no mercado de trabalho, onde poderiam praticar o que aprenderam e também entender melhor qual tipo de conhecimento precisam para progredir. Percebi também que muitos executivos sênior querem voltar para a faculdade com mais frequência. O antigo modelo "aprenda primeiro, pratique depois" está ficando ultrapassado. As pessoas estão levando a sério a expressão que diz "a educação é uma meta vitalícia", uma que não podemos compartimentar temporariamente.

Essa necessidade de aprendizado contínuo é atraente para um modelo de serviço por assinatura, no qual os estudantes definiriam uma estrutura para receber educação e então esqueceriam. Eles não precisariam mais fazer provas, preencher inscrições, fazer entrevistas e realizar outras tarefas necessárias para voltar a estudar. Uma vez que fizessem a assinatura, poderiam simplesmente decidir quando voltar às salas de aula e quais cursos fazer. As pessoas deveriam ter liberdade para entrar e sair da educação formal, fazendo disciplinas ao longo de suas jornadas profissionais conforme vissem necessidade. Apesar de terem surgido novos modelos educacionais inovadores nos últimos anos (por exemplo, Minerva, Singularity University e Udacity), em 2019 apenas uma grande universidade renomada oferece educação em um modelo por assinatura, que eu saiba. A Ross School of Business havia lançado um programa vitalício com acesso a cursos, conteúdos e serviços de desenvolvimento profissional para ex-alunos da Universidade de Michigan. Minha empregadora, a Harvard University, pode em breve precisar evoluir seu modelo de negócios de quase quatro séculos ou corre o risco de sofrer disrupção dos consumidores que buscam simplicidade. A diretoria de Harvard se beneficiaria ao observar mais de perto as tendências atuais de como comemos, vivemos, nos vestimos, nos movemos, nos entretemos e nos cuidamos.

Ao observar as Sete Grandes em busca de novas ondas de disrupção, as empresas devem ter em mente um princípio específico da teoria do decoupling: atender no lado da demanda (ou seja, estudar os comportamentos e as motivações subjacentes dos consumidores), e não no lado do fornecimento (ou seja, estudar empresas e suas ofertas). O aumento no desejo por D/E representa uma onda crescente no comportamento do consumidor e, como sugeri, as empresas têm reagido a isso com produtos diferenciados e especializados, incluindo assinaturas, PaaS (product-as-a-service [produto como serviço]) e playlists (no caso de conteúdo). Não é a ascensão das assinaturas que é, digamos, disruptiva — é meramente uma forma de reação. O motivador subjacente é a emergente necessidade dos consumidores de garantir provedores e provisões com antecedência, incorrendo, assim, em um custo definido, de modo a receber um fluxo constante de valor no futuro próximo. Em todos os setores, os desenvolvimentos no lado do fornecimento representam uma reação atrasada às novas necessidades no lado da demanda. Observar as oportunidades no lado da demanda, em vez das reações no lado do fornecimento, nos permite, assim, ficar um grande passo à frente de nossas concorrentes.

É também muito arriscado entrar na onda do lado do fornecimento. Se vir que empresas em diversos setores estão lançando serviços por assinatura, você poderá ficar tentado a criar seu próprio serviço por assinatura. Mas você realmente viu uma nova onda? Não. Tantas empresas fracassaram em serviços por assinatura quantas tiveram sucesso. Assinatura de petiscos? Uma startup chamada Munchpak tentou, e fracassou. Assinaturas de produtos para artesanato? Uma startup chamada Adults & Crafts tentou, e fracassou. Assinaturas de cervejas artesanais? A Craft Beer Club tentou, e fracassou. O fato é que muitas pessoas não têm uma motivação forte para D/E quando se trata de petiscos, artesanato e álcool. Elas gostam de variedade e do processo de procurar novidades, e não buscam padronização antecipada a fim de mitigar um custo grande e perceptível levado para o futuro. Geralmente, as ofertas em diferentes categorias não nos permitem entender a principal causa ou os principais motivadores da demanda. E são exatamente esses motivadores que você deve explorar se quiser identificar e surfar uma onda de disrupção orientada pelo consumidor.

Aliás, um argumento semelhante se aplica quando se trata de identificar oportunidades de disrupção e abordá-las com novas tecnologias. Evite ver apenas a ascensão dos drones, realidade virtual, inteligência artificial, moedas digitais e outras ofertas tecnológicas no lado do fornecimento. Elas não são necessariamente ondas de disrupção. Pergunte a si mesmo: o que essas tecnologias estão entregando basicamente à grande variedade de consumidores em diversos mercados? Por que as pessoas as estão adotando, e por que agora? Quais mudanças subjacentes nas necessidades e nas preferências dos consumidores são responsáveis por essas tecnologias serem vistas como ofertas valiosas?

Onde o Potencial para Disrupção Está Crescendo?

Compreendendo as Sete Grandes, vamos agora explorar como detectar onde estão as maiores oportunidades de disrupção. O método que proponho é simples: identificando aumentos mensuráveis nos custos para os consumidores nas Sete Grandes, podemos detectar onde eles podem, em breve, mudar para um novo produto ou provedor de serviços disruptivo. Aumentos significativos de custos durante um período longo e sustentável geralmente levam os consumidores a fazerem grandes mudanças em onde e como procuram produtos e serviços. Nessas situações, existe uma oportunidade para as disruptoras entregarem reduções significativas de custos por meio de novos modelos de negócios (por ex., decoupling).

Nos EUA, o Bureau of Labor Statistics (BLS) compilou dados sobre os custos de muitos produtos e serviços de consumo durante as últimas décadas.[19] Com base nessa pesquisa, pude estimar a ascensão (ou a queda) nos custos das Sete Grandes ao longo dos últimos 20 anos. Vejamos essas tendências de custo em cada uma das sete categorias.

O *aprendizado do consumidor* (incluindo mensalidades da faculdade, educação primária e creche) viu aumentos de custos mais rápidos que qualquer uma das Sete Grandes: um aumento de 144% ao longo de duas décadas, em termos reais, após ajustes da inflação (*veja a Figura 10.1*).[20] Por isso, a educação representa, no meu ponto de vista, a maior oportunidade para uma mudança disruptiva. Mesmo que os dados não tenham correções por melhorias na qualidade desses produtos e serviços, podemos certamente questionar se tal qualidade se equiparou aos custos em geral. Alguns defendem que essa qualidade decaiu nas últimas décadas.[21] A oportunidade para os negócios disruptivos ou startups reduzirem esse custo monetário crescente é enorme, contanto que possam fazê-lo sem comprometer a qualidade.

O segundo mercado consumidor mais propenso à disrupção, conforme mensurado pelos rápidos aumentos de custos, é a *saúde do consumidor*, que abrange produtos e serviços de cuidados com a saúde e bem-estar. O custo real de saúde que os americanos têm aumentou 100% em termos reais, em média, e espera-se que cresça ainda mais rápido em países desenvolvidos que lutam com o envelhecimento da população.[22] Milhares de novas startups surgiram nesse espaço. Em conjunto, elas remodelarão o modo como pagamos pelos cuidados com a saúde nos próximos anos, e também nos guiarão para uma nova ênfase na prevenção de doenças, e não simplesmente em seu tratamento.

A terceira maior oportunidade para disrupção está na *moradia do consumidor* (abrangendo imóveis, manutenção e custos de refrigeração e aquecimento dos lares), na qual os preços subiram 63% em termos reais. Conforme os países enfrentaram as bolhas imobiliárias, os custos subiram ainda mais, gerando demandas reprimidas por abordagens alternativas tanto para a construção de casas (com disruptoras como WeLive e Common) quanto para a compra e venda de imóveis (com disruptoras como Redfin). As mudanças aqui provavelmente impactarão o tamanho, a localização e até mesmo a definição de nossos espaços particulares de moradia, afetando, assim, móveis, utensílios de cozinha e outros produtos que compramos para nossos lares.[23]

A quarta maior oportunidade para disrupção está na *alimentação do consumidor*. Os preços médios reais de alimentos subiram 56% desde 1997.[24] Ao longo dos últimos anos, o setor viu muitas entrantes na produção, distribuição e varejo de alimentos, com os consumidores passando a optar mais por alimentos naturais, orgânicos, locais, saudáveis e funcionais. Apesar de tais tendências não serem novas nessa indústria, elas se tornaram mais disseminadas, ameaçando grandes fabricantes de alimentos, como Nestlé, Kraft e Hormel. Fabricantes de alimentos produzidos em massa e em diversas categorias, antes tidas como corporações poderosas, logo verão suas onipresentes marcas mundiais se tornarem passivos, diferente dos ativos que um dia representaram.

A quinta maior oportunidade para disrupção está no *transporte dos consumidores*, incluindo veículos particulares, fabricação de carros, viagens aéreas e transporte público. Muito diferentes na superfície, essas indústrias viram seus custos aumentarem em cerca de 24% para o consumidor típico dos EUA.[25] Como o preço médio de um novo carro gira em torno de US$36 mil e o preço médio de um voo de ida e volta nos EUA custa cerca de US$350, os transportes são responsáveis por uma parte significativa dos gastos anuais dos consumidores em termos absolutos.[26] Debati nos capítulos anteriores sobre a disrupção no transporte em carros particulares. Nos próximos anos, provavelmente veremos uma disrupção considerável no transporte público e no transporte de encomendas.

Duas das Sete Grandes viram, na verdade, *diminuições* reais nos custos ao longo dos últimos 20 anos. Os custos para o consumidor em *vestuário* (por ex., roupas e calçados) diminuíram cerca de 4%, em parte por causa do aumento de produtores verticalmente integrados e fabricantes asiáticos.[27] Por último, os custos de *entretenimento do consumidor* (incluindo televisores, brinquedos, videogames e esportes) caíram cerca de 77%, principalmente por causa dos menores custos de eletrônicos e computadores.[28] A queda nos custos não dissipa necessariamente a possibilidade de disrupção nesses domínios. Mencionamos uma série de startups disruptivas nesses setores, incluindo Birchbox, Rebag, Twitch e Netflix. As startups que orientam a maior parte da disrupção recente nessas áreas, no entanto, tendem a oferecer produtos e serviços mais convenientes e que economizam mais tempo, ou até de maior qualidade, em vez de melhores preços.

Como mostra a *Figura 10.1*, o aumento dos custos monetários nos EUA ao longo das últimas duas décadas nas áreas de educação, saúde, moradia e alimentação chega a 50%, sugerindo que essas categorias mostram grande potencial para disrupção no futuro, por decoupling ou por outros meios. Startups ou novos empreendimentos corporativos que podem oferecer uma qualidade equiparável de produtos a preços menores provavelmente gerarão disrupção nesses mercados. Podemos ver uma disrupção mensurável no modo como nos movemos, vestimos e entretemos, mas isso provavelmente virá através de uma redução nos custos de tempo e esforço para os consumidores na aquisição, consumo e descarte (quando aplicável) de bens e serviços. A disrupção nos custos monetários provavelmente não será a principal motivação da disrupção, especialmente no setor de entretenimento, no qual os consumidores já tiveram reduções de custo significativas.

FIGURA 10.1 OS CRESCENTES CUSTOS MONETÁRIOS DAS SETE GRANDES (EM RELAÇÃO A 1997)

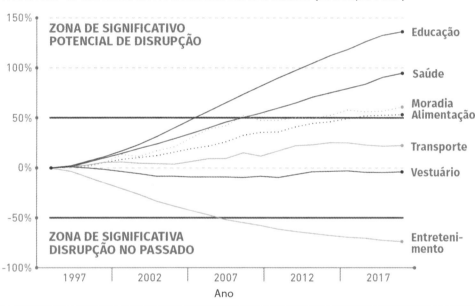

Fonte: Adaptado do U.S. Bureau of Labor Statistics.

Descrevi as tendências relacionadas a custos nas Sete Grandes apenas no mercado americano. Mas e os mercados mundiais? É notável a importância dos gastos com as Sete Grandes em todos os mercados. Elas representam 91% dos gastos no México, 87% na Alemanha e 86% no Japão. Onde quer que você olhe, a fatia das Sete Grandes nos orçamentos domésticos gira em torno de 86 a 94% de cada peso, euro, iene ou dólar gasto (*veja a última linha da Tabela 10.1*).

TABELA 10.1 DESPESAS DOMÉSTICAS DOS CONSUMIDORES POR DOMÍNIO E PAÍS EM 2016

CATEGORIA	AUSTRÁLIA	REPÚBL. TCHECA	ALEMANHA	IRLANDA	JAPÃO	MÉXICO	SUÉCIA	REINO UNIDO	EUA	MÉDIA
Alimentação	16,6%	24,4%	13,8%	14,7%	25,4%	28,6%	15,9%	11,7%	14,0%	15,9%
Vestuário	2,6%	3,6%	4,5%	3,9%	3,9%	3,2%	4,8%	5,5%	3,1%	3,9%
Moradia	36,4%	31,1%	30,7%	27,6%	29,5%	24,5%	31,4%	31,8%	33,0%	31,1%
Saúde	4,9%	2,4%	5,3%	5,1%	3,7%	3,9%	3,5%	1,8%	20,0%	3,9%
Transporte	14,9%	12,5%	17,3%	16,1%	13,6%	23,0%	15,7%	15,4%	15,8%	15,7%
Entretenimento	10,1%	17,4%	14,5%	22,2%	8,0%	6,6%	17,4%	19,0%	5,1%	14,5%
Educação	2,6%	0,5%	0,9%	2,7%	2,0%	1,5%	0,3%	1,8%	2,5%	1,8%
% dos Gastos Totais	88,1%	91,9%	87,0%	92,3%	86,1%	91,3%	89,0%	87,0%	93,5%	89,0%

Fonte: Adaptado de Australian Bureau of Statistics, Eurostat, OECD, U.S. Bureau of Labor Statistics.

Nos países mais desenvolvidos para os quais compilei os dados das Sete Grandes, as pessoas destinam a maior parte de seus gastos a duas categorias: moradia e alimentação. Em conjunto, elas representam 42% dos gastos na Irlanda e quase 56% na República Tcheca, mas percebi algumas diferenças notáveis. Por exemplo, os australianos gastam consideravelmente mais com moradia do que outros países, já que os custos nessa categoria são excepcionalmente altos lá.[29] Na Alemanha, onde o governo expandiu e melhorou o transporte público e aplicou altos impostos sobre veículos e combustíveis para desencorajar a compra de carros, as pessoas gastam uma parte consideravelmente maior de suas rendas (17%) em transporte.[30] Irlandeses, suecos e britânicos gastam consideravelmente mais, em termos relativos, com entretenimento; até 22% de sua renda. Como explicou um pesquisador, "Há um limite para a quantidade de coisas que as pessoas podem acumular. Elas estão gastando mais dinheiro com experiências — férias, visitas a lugares exóticos, participar de festivais de música... em vez de acumular mais coisas."[31] Os mexicanos gastam consideravelmente mais em alimentação, quase 29% de suas rendas. Dados internacionais sobre gastos com alimentação mostram que famílias em países mais pobres geralmente gastam frações maiores de suas rendas com alimentos, porém, em números absolutos, os mexicanos gastam metade do que os americanos gastam, e um terço do que os moradores de Hong Kong desembolsam.[32] Por fim, os americanos gastam consideravelmente mais com saúde, cerca de 20% de suas rendas; um percentual dez vezes maior do que os britânicos e quatro vezes maior do que os alemães.[33]

Dado que consumidores em diferentes países gastam quantias diferentes em categorias diferentes de bens e serviços, o local da oportunidade de disrupção é muito específico em cada país. E como o *grau* de aumento de preços é um indicador para a disrupção redutora de preços (pressupondo uma qualidade semelhante), devemos prestar atenção à ascensão real dos preços em cada país e domínio das Sete Grandes, em conjunto com a quantia de gastos relativos na categoria. Podemos considerar educação, moradia, saúde e alimentação como detentoras de grande potencial para a disrupção nos EUA, mas não podemos dizer o mesmo para outros países. Observando o aumento dos preços reais das Sete Grandes na Alemanha, percebemos que, ao longo dos últimos 20 anos, nenhum dos custos das Sete Grandes, exceto talvez a educação, subiu mais do que 50% em termos reais (*veja a Figura 10.2*). Isso pode se dar pelas universidades e hospitais públicos de alta qualidade que existem na Alemanha, todos financiados pelo Estado e praticamente gratuitos para os consumidores. Existem alternativas particulares, porém são menos populares, carecem de poder para elevar os preços e geralmente se especializam em nichos não atendidos pelo setor público. Oportunidades de disrupção baseadas em valor monetário parecem, então, menos abundantes na Alemanha do que nos EUA. Via de regra, uma disruptora na Alemanha teria que se contentar em explorar menos oportunidades ou buscar ofertas de disrupção com redução de esforço ou tempo naquele país.

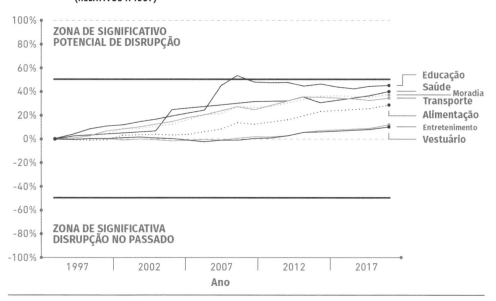

FIGURA 10.2 OS CRESCENTES CUSTOS MONETÁRIOS DAS SETE GRANDES NA ALEMANHA (RELATIVOS A 1997)

Fonte: Eurostat.

Enquanto na Alemanha apenas um dos domínios das Sete Grandes nos gastos dos consumidores (educação) entrou na zona de significativo potencial disruptivo, quatro domínios entraram nessa zona no Reino Unido: transporte, saúde, moradia e educação. Os preços reais de educação subiram tanto ali quanto nos EUA, já que o setor privado tem um papel maior na educação lá do que em outros países europeus e exerceu uma pressão considerável nos preços. O custo de moradia também subiu, em média, 75% em termos reais devido à alta demanda e baixa oferta de imóveis. Saúde e transporte viram aumentos de preços de mais de 50%, sendo que alimentação não ficou muito atrás. Apenas o vestuário teve uma redução substancial nos preços reais ao longo da última década. Em suma, o Reino Unido é uma terra de oportunidades para disrupção baseada em custos monetários (*veja a Figura 10.3*). Porém, de forma mais geral, uma oportunidade disruptiva em um país pode não constituir a mesma em outro. Ao menos onde estão envolvidos custos monetários, o potencial geral de disrupção é maior e mais amplo em alguns países do que em outros. Empreendedores e investidores que veem um modelo de negócios de sucesso em um país e buscam aplicá-lo em outro devem observar essas diferenças estruturais.

FIGURA 10.3 OS CRESCENTES CUSTOS MONETÁRIOS DAS SETE GRANDES NO REINO UNIDO (RELATIVOS A 1997)

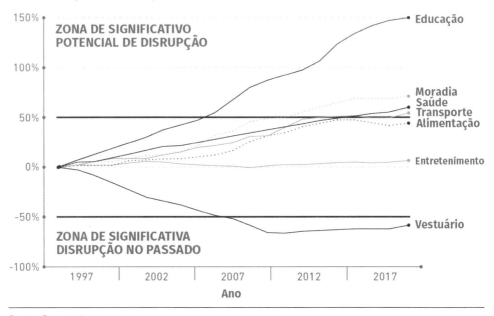

Fonte: Eurostat.

Projetando o Potencial da Disrupção Relacionado a Esforço e Tempo

Examinamos o potencial da disrupção relacionado a custos monetários, mas e o potencial relacionado a custos de tempo e esforço? Compilar dados precisos sobre o esforço que os consumidores incorrem a fim de adquirir e usar bens relativos às Sete Grandes é consideravelmente mais difícil, se não impossível, de fazer no nível do país. No entanto, nos EUA, podemos usar dados de alta qualidade do Bureau of Labor Statistics para entender onde os consumidores aplicam a maior parte de seu tempo. Desde janeiro de 2003, o BLS tem coletado dados mensalmente para o American Time Use Survey [Estudo de Uso do Tempo dos Americanos, em tradução livre]. Em 2016, a agência entrevistou 10.500 indivíduos, pedindo que mantivessem um registro das atividades realizadas entre as 4h00 do dia anterior à entrevista até as 4h00 do dia da entrevista. Os pesquisadores da agência, depois, codificaram essas descrições em cada uma das 399 atividades rotineiras, como dormir, trabalhar, assistir a televisão e filmes, comer e beber, e fazer faxina.[34] Em minha própria pesquisa, aprofundei-me mais nos dados para mapear as atividades das pessoas nas categorias de consumo das Sete Grandes e, então, avaliar se cada atividade criava ou desgastava valor do ponto de vista do consumidor. Por exemplo, passar um tempo comendo no restaurante constituiria uma atividade criadora de valor, mas o tempo gasto dirigindo até o restaurante constituiria uma atividade desgastadora de valor. Minha pesquisa resultou em uma análise de quanto esforço os americanos investem, em média, a cada semana para obter os benefícios desejados em todos os Sete Grandes domínios. Esses esforços também representam custos; apenas os pagamos com tempo e energia, e não com dinheiro.

Exceto pelo tempo gasto trabalhando e dormindo, os americanos passam a maior parte de seu tempo de lazer (28 horas ou 39% do tempo gasto com os domínios de consumo das Sete Grandes) se entretendo. Depois, vem a alimentação (incluindo compras em supermercados, organização da despensa, preparo de alimentos, servir e limpar a cozinha, não somente comer em si), somando em média 14 horas por semana ou cerca de 19% do tempo que gastamos com as Sete Grandes. O terceiro jeito mais comum que gastamos nosso tempo é participando de atividades como faxina, compra de móveis e utensílios para a casa, paisagismo, organização, realização de reparos no imóvel e comunicação com familiares que vivem conosco. Passamos em média nove horas por semana nessas atividades ou 12% do tempo gasto com as Sete Grandes. O transporte, incluindo deslocamentos e outros transportes viários, ocupa 8,1 horas por semana; vestuário, 7,8 horas; educação, 3,6 horas; e saúde, 1,9 horas por semana, respectivamente (*veja a Figura 10.4*).

FIGURA 10.4 **A DIFERENÇA RELATIVA DE CUSTOS DE TEMPO E ESFORÇO**

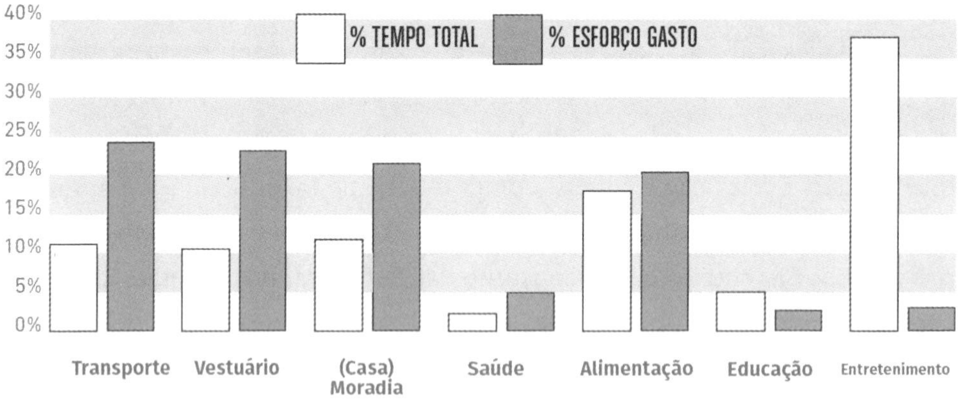

Nota: A porcentagem do esforço gasto soma 100% e do tempo total soma 100%.
Fonte: Adaptado do U.S. Bureau of Labor Statistics.

Ao realizar essas atividades, não devemos associar o tempo total que gastamos com elas ao tempo que realmente gastamos para obter benefícios. Por exemplo, o esforço que gastamos buscando conteúdo de entretenimento na verdade representa apenas 2% do esforço total que gastamos com todas as Sete Grandes. Esse tempo é improdutivo, mas aquele que gastamos nos entretendo representa 39% do tempo total que gastamos com as Sete Grandes. O motivo é que agora ficou fácil nos entreter, pois a maior parte dos vídeos que assistimos e de nossa socialização é feita de forma rápida e fácil em nossas casas ou online. Como no entretenimento, o tempo que gastamos aprendendo (o que abrange leitura; trabalhos feitos para um curso, graduação, certificação ou licenciatura; e o tempo necessariamente gasto em aula) é altamente produtivo. As residências americanas investem 5% de seu tempo total aprendendo, porém gastam apenas 2% de seu esforço total buscando fontes de aprendizado. A alimentação traz uma imagem mais equilibrada. Gastamos 19% de nosso tempo nesse domínio das Sete Grandes e despendemos 20% de nosso esforço total comprando alimentos, preparando-os e limpando. Ainda que a saúde não consuma tanto tempo gasto nos domínios das Sete Grandes, ela exige mais esforço em termos relativos. As residências americanas investem 5% de seu esforço, mas apenas 3% de seu tempo total cuidando da saúde. Serviços relacionados à saúde que economizam tempo dentro e fora de casa poderiam diminuir essa pequena diferença.

Três dos domínios das Sete Grandes forçam as residências americanas a despender quantidades muito maiores de esforço em relação ao tempo total gasto. O transporte é um desses gastos, representando 25% do esforço total com as Sete Grandes, mas apenas 11% de nosso tempo total. Do mesmo modo, vestuário e moradia consomem muito mais esforço do que tempo gasto, falando de forma relativa. Já que provavelmente podemos escolher quanto tempo gastar nessas atividades, mas não quanto esforço investir a fim de conseguir o benefício desejado, esses três domínios — transporte, vestuário e moradia — representam o maior consumo de custo de tempo para se obter benefício entre as Sete Grandes. Qualquer empresa que possa criar produtos e serviços para reduzir esse tempo improdutivo gasto na procura e na extração de benefícios desses domínios, sem reduzir o real benefício entregue, provavelmente atrairá a atenção das famílias americanas e talvez se mostre altamente disruptiva.

No domínio dos transportes, discutimos longamente sobre como os serviços de carona permitiram que os consumidores desfrutassem de uma experiência potencialmente melhor do que desfrutariam ao viajar de táxi. Entretanto, é na substituição da própria pessoa dirigindo — convertendo, assim, o tempo (e o esforço) na direção em um uso produtivo de tempo — que as caronas podem gerar uma disrupção drástica em como nos locomovemos. Para aqueles interessados em possuir carros, tecnologias de direção autônoma também podem ajudar a liberar tempo improdutivo (se essas tecnologias cumprirem suas promessas). Quando se trata de vestuário, a maior parte do tempo improdutivo aparece durante as tarefas de se banhar, vestir e arrumar, e também de lavar roupas. Startups como Rent the Runway lançaram serviços de aluguéis ilimitados de vestidos que permitem que as pessoas aluguem, usem e devolvam boa parte de seus guarda-roupas, diferente de possuir muitas peças e ter o trabalho de limpá-las. Da mesma forma, os serviços residenciais que mencionei — Thumbtack, Hello Alfred e TaskRabbit — ajudam a manejar o tempo necessário para limpar e fazer manutenção em sua própria casa. Mas, se você realmente quiser minimizar o trabalho necessário nesse domínio, não ter uma casa e usar um serviço de aluguel flexível de co-living como Roam, Common ou WeLive pode liberar muito tempo improdutivo.

Quando se trata de disrupção, nem todos os mercados são iguais, e nem todas as ferramentas de decoupling se aplicam igualmente em cada um deles. O potencial de disrupção baseado em custos monetários cresce muito em educação e saúde. Como os preços cobrados do consumidor nesses setores subiram drasticamente ao longo das últimas duas décadas, as empresas que oferecerem alternativas mais baratas alimentarão a disrupção orientada pelos consumidores. Já em transportes, moda e moradia, as empresas que melhor promoverão a disrupção não serão aquelas que conseguirão reduzir os custos financeiros, mas sim aquelas que reduzirão o tempo que os consumidores gastam colhendo os benefícios do consumo. Estou sugerindo que a alimentação e o entretenimento oferecem poucas oportunidades de disrupção? Definitivamente não. No entanto, em relação aos outros elementos das Sete Grandes, e quando se trata desses tipos de custos do consumidor, as oportunidades em alimentação e entretenimento são muito mais difíceis de identificar no nível do país. Será preciso investigar mais fundo e estudar os custos acumulados por subconjuntos da população.

ADOTANDO AS SETE GRANDES

Por nos permitir rastrear como as pessoas alocam a maior parte de seu dinheiro e tempo, as Sete Grandes podem nos ajudar a identificar a mudança precocemente, antes que se espalhe para centenas de outros mercados e setores. Estude as Sete Grandes e estará mais apto a identificar as nascentes ondas de disrupção, independentemente do setor. Eu mesmo achei as Sete Grandes extremamente úteis. Como expliquei no Capítulo 1, estava observando uma porção de mercados quando percebi startups desmantelando modelos de negócios existentes (decoupling) e depois reconfigurando suas partes (coupling). Na maioria dos casos, as estabelecidas estavam reagindo ao tentar colar de volta as partes desacopladas (recoupling). Eu não estava observando centenas de empresas para descobrir esses padrões de propósito, mas participando inconscientemente de sete domínios de consumo em especial. *Desvendando a Cadeia de Valor do Cliente* é fruto do acompanhamento das Sete Grandes. Generalizar todos os domínios de consumo deve lhe permitir identificar também a próxima onda de disrupção.

Conforme trabalhar com as Sete Grandes, concentre-se no presente, no qual os dados estão disponíveis, em vez do futuro. A previsão do presente, com o propósito de descobrir as ondas de disrupção nascentes, resume-se essencialmente em três passos: *ampliar sua visão* de forma gerenciável ao acompanhar as Sete Grandes, *determinar onde os custos são excessivamente altos* e *traduzir as tendências* nos domínios de modo a perceber grandes mudanças que estão perdurando e provavelmente afetarão seu próprio setor. Como vimos, existem custos monetários em alguns dos domínios das Sete Grandes muito mais altos do que em outros, enquanto alguns domínios têm uma lacuna maior entre tempo de esforço e tempo total gasto em determinada atividade. Esses dois fatores criam uma bela demanda reprimida para novos modelos de negócios e inovações. Essa demanda latente, por sua vez, tem o potencial para gerar disrupção nos mercados, inclusive no seu.

**Ampliar Sua Visão +
Determinar Onde os Custos São Excessivamente Altos +
Traduzir as Tendências nos Domínios**

Se você trabalha para uma empresa estabelecida, incorpore a previsão do presente em seu escopo de trabalho, e não deixe para a gerência superior a tarefa de alertar os outros sobre as tempestades vindouras. Se você ou outra pessoa na organização sentir que um grupo significativo de consumidores está mudando seu comportamento, em uma categoria adjacente ou uma mais distante, leve isso a sério. Leve mais tempo para coletar dados e identificar padrões de comportamento comuns que possam eventualmente chegar até você. Se estiver observando apenas seu próprio mercado ou um adjacente, pode não ter tempo suficiente para entender as novas necessidades dos consumidores e formar uma reação adequada.

Como o comportamento do consumidor nunca para de mudar, torne a identificação de ondas um processo rotineiro dentro de sua organização. Conduza um exercício de previsão do presente das Sete Grandes uma vez a cada um ou dois anos. Fazer isso em intervalos de seis meses ou menos é excessivo, pois provavelmente lhe permitirá apenas detectar mudanças menores e efêmeras. Em contrapartida, realizar previsões do presente com uma frequência muito baixa — uma vez a cada três anos ou mais — pode fazer com que você detecte grandes mudanças tarde demais. É óbvio que é preciso adequar seu processo de previsão do presente às demandas do seu setor. Caso atenda a mercados nos quais prevalecem os gostos dos consumidores com mudanças mais frequentes (por exemplo, música pop ou roupas para jovens), realize a identificação de ondas com maior frequência. Se atender a consumidores mais velhos, diminua a frequência, reduzindo as chances de os exercícios de previsão do presente retornarem as mesmas tendências repetidamente.

Seja qual for a frequência escolhida, inclua no processo pessoas internas e externas ao setor. Externos que não possuem visões e vieses que prevalecem em seu setor o ajudarão a ampliar sua visão (ação nº 1). Ao mesmo tempo, os internos geralmente farão um trabalho melhor em identificar onde os custos são excessivamente altos para os consumidores no setor (ação nº 2). Trabalhando juntos, internos e externos funcionam melhor do que qualquer grupo unificado na tradução de tendências entre outros mercados e o mercado dos internos (ação nº 3). A combinação da amplitude dos externos com a profundidade dos internos lhe concederá a maior chance de identificar a próxima onda de disrupção antes dos outros.

Encare a identificação de ondas como o próprio "sistema de radar" da sua empresa, semelhante ao que Governos e outros usam para identificar mudanças nos padrões climáticos. Um exercício de identificação de ondas não é diferente de um modelo de previsão de trajeto da tempestade (*veja a Figura 10.5*). Em vez de áreas geográficas, a identificação de ondas observa mercados ou setores. E, em vez de mudanças diárias no clima, a identificação de ondas detecta mudanças que ocorrem em longos períodos. Ainda assim, os dois sistemas dão aos usuários três insights: permitem a identificação da fonte de uma disrupção (no caso da identificação de ondas, os comportamentos intrínsecos dos consumidores que impulsionam a mudança), a taxa ou a intensidade de seu crescimento, e o caminho que parece estar tomando (no caso da identificação de ondas, quaisquer mercados novos que a onda atingir além daquele no qual apareceu originalmente).

Conforme os resultados dos exercícios de identificação de ondas chegarem, apresente-os aos executivos superiores e aos membros da diretoria. Dada sua diversidade, os membros da diretoria devem ser capazes de avaliar a importância de uma tempestade vindoura, decidindo se a diretoria deve abordá-la de forma enérgica e identificando o nível adequado de recursos que deve empregar ao formar uma reação. Dados esses parâmetros básicos, o CEO e sua equipe têm a responsabilidade de propor respostas específicas e planos de ação.

Se todos desempenharem seus papéis, e se as análises informativas de identificação de ondas continuarem chegando, sua empresa deverá evitar surpresas e catástrofes inesperadas. Será preciso se adaptar às mudanças, mas será possível fazê-lo de forma muito mais calma e informada. A próxima onda de disrupção não será tão disruptiva afinal.

FIGURA 10.5 **REPRESENTAÇÃO DO CAMINHO E DA INTENSIDADE DE UMA TEMPESTADE**

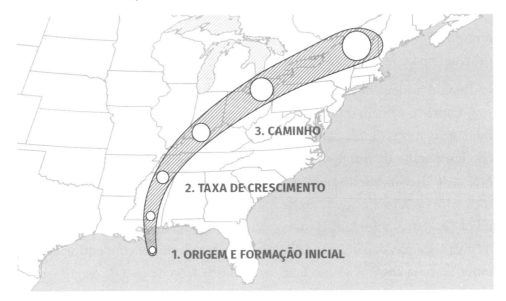

EPÍLOGO

Desvendando a Cadeia de Valor do Cliente apresenta uma nova abordagem à disrupção digital, uma enraizada não em um estudo de tecnologia ou estratégia empresarial generalizada, mas nas disciplinas de marketing e comportamento do cliente. Como vimos, analisar a disrupção pelo ponto de vista do consumidor em vez do da empresa e de suas concorrentes nos traz uma nova interpretação, bem como novas ferramentas para dominar tanto a disrupção quanto uma reação de uma estabelecida a ela. Porém a teoria do decoupling traz implicações ainda mais amplas para como pensamos os negócios.

Hoje, muitos de nós se distraem com a tecnologia e a inovação de formas que não são úteis. Quando leio sobre Steve Jobs, Jeff Bezos, Elon Musk e outros empreendedores tecnológicos brilhantes, geralmente duvido de mim mesmo. Essas figuras são os heróis do nosso tempo. Como outros empreendedores poderiam ficar à sua altura? Muitos executivos que conheço sentem-se inseguros dessa mesma forma, confidenciando para mim que jamais poderiam replicar as conquistas de um Jobs ou um Bezos. Conferências comerciais apenas agravam esses sentimentos, nas quais encontramos especialistas autoproclamados alardeando as últimas tendências tecnológicas: impressoras 3D, acessórios pessoais inteligentes, drones, realidade virtual, robôs, bots, blockchain, aprendizado de máquina e inteligência artificial. Para muitos de nós, é avassalador. O mundo parece estar mudando mais rápido do que nunca e se tornando cada vez mais complexo. A menos que nós e nossas empresas consigamos acompanhar, ninguém sobreviverá. Acadêmicos e consultores costumam sugerir esquemas complexos para reinventar empresas usando diversos tipos de tecnologias. Quanto mais vemos esses esquemas sobrecarregados, mais nos sentimos perdidos em relação a por onde começar.

Como uma pesquisa científica mostrou, nossos medos nos paralisam quando se tornam muito intensos, da mesma forma que o fazem a complexidade e a incerteza. Muitos líderes empresariais experimentam tal paralisia decisória. A solução é desconsiderar o ruído das tecnologias de ponta, inovações pioneiras e empreendedores visionários, e voltar aos fundamentos empresariais. Pode parecer contraditório fazer isso, mas é o único jeito de progredir sem medo. Ao escrever este livro, uma das minhas metas pessoais é desmistificar a disrupção simplificando e esclarecendo o fenômeno. Minha outra meta é redirecionar a atenção dos executivos e gestores, estimulando-os, assim, a agir. Da mesma forma que a tecnologia levou empresários a perderem de vista o básico sobre as empresas, também toda a atenção voltada aos criadores de tecnologias, startups tecnológicas e gigantes da tecnologia os levou a se concentrarem excessivamente em competir com essas supostas "armas de disrupção" em detrimento do cliente. Volte para o que você conhece, para o que realmente importa: negócios e consumidores.

Fazer isso exige executar outra mudança. Devemos aprender a "nos acalmar", deixando de lado a postura agressiva em relação à concorrência que muitas empresas adotam. Segundo o pensamento convencional, negócios são guerra. Uber, Facebook, Google e muitas outras grandes empresas ao redor do mundo têm salas de guerra.* Elas buscam conquistar territórios. Brigar. Aniquilar a concorrência. E, para conquistar esses objetivos, mobilizam diversas "armas estratégicas" à sua disposição. De fato, o elo entre os mundos da guerra e dos negócios é definitivamente a estratégia. Líderes empresariais se enxergam como generais, observando o campo de batalha, debruçando-se sobre seus planos e, em algum momento, liderando a batalha. É por acaso

---

* A sala de guerra da Uber, usada para combater a arquirrival Lyft e camuflar suas operações dos olhos das reguladoras de transportes, foi renomeada recentemente como "sala de paz", em resposta aos diversos escândalos internos que vieram a público.

que tantos líderes empresariais busquem inspiração estratégica no manual clássico de guerra do século V a.C. de Sun Tzu ou que leiam outros livros recentes com títulos como *Jogos de Guerra Empresariais*, *Guerra Assimétrica para Empreendedores* e *A Arma Secreta do CEO*?

A metáfora da guerra tem seus usos práticos. Quando Alfred Sloan construiu a GM, baseou explicitamente a organização da empresa na hierarquia militar. Generais (gerentes superiores) definiam as estratégias, e soldados (gerência média) seguiam suas ordens. Desde então, muitos outros executivos empregaram a analogia de guerra em diversos graus, percebendo-a como um modo claro de articular papéis e responsabilidades, e também de motivar pessoas. Confrontadas com a ameaça de um inimigo externo, muitas pessoas dentro das organizações estão mais inclinadas a deixar de lado suas necessidades pessoais e comprometer tempo, energia e dinheiro em uma causa comum que valha a pena.

Porém me pergunto se não levamos a analogia de guerra longe demais. Algumas das semelhanças que antes pareciam existir entre estratégia de guerra e estratégia empresarial já não existem mais. Na guerra tradicional, um número relativamente pequeno de antagonistas lutava uns com os outros, disputando uma quantidade fixa de territórios sob regras de conduta que eram bem compreendidas. Se você conquistasse o território, seu oponente o cedeu e vice-versa. Se agisse de determinada forma, seu oponente responderia de algum modo previsível. Há algumas décadas, a maioria das empresas operava dessa forma. Apenas algumas atuantes muito grandes concorriam umas com as outras em mercados únicos e bem definidos. A Coca-Cola lutava com a Pepsi. A Sony lutava com a Panasonic. A Mercedes lutava com BMW e Audi. A GE lutava com a Siemens. A concorrência era um tanto previsível devido ao tamanho e ao número de atuantes, e todas concorriam pelos mesmos espólios fixos.

Atualmente, muitas indústrias e mercados operam de forma diferente. A internet oferece um canal barato e acessível para distribuição, marketing e comércio, diminuindo drasticamente o custo de iniciar um negócio. Por causa disso, startups digitais inundaram mercados de bens de consumo, eletrônicos, transportes, industriais e de telecomunicação, para mencionar alguns. As grandes estabelecidas desses setores já não enfrentam uma ou algumas grandes "inimigas", mas dezenas ou centenas de inimigas pequenas e imprevisíveis. As tarefas de planejar, criar estratégias e executá-las já não procedem de cima para baixo, de forma hierárquica, deliberada e previsível. Em vez disso, funcionários de todos os níveis precisam planejar e executar contínua e iterativamente para acompanhar as mudanças que estão acontecendo ao seu redor. Nesse contexto, a metáfora da guerra já não oferece um jeito tão útil de conceitualizar opções, decisões e ações.

A metáfora da guerra também nos leva a afastar nossa visão dos consumidores. Quando empresas e seus líderes percebem que estão em guerra e precisam mobilizar armas para "matar" o inimigo, tratam o consumidor como um mero troféu que recebem por vencer a batalha ou como uma perda que sofrem no curso para aniquilar seus adversários. Os consumidores ficam à margem e os executivos concentram a maior parte de sua atenção nas concorrentes, agindo de formas extremamente agressivas, que são contraprodutivas e, muitas vezes, até mesmo escandalosas.

Uma importante linha de pesquisa psicológica mostrou que, quando pessoas em diversas capacidades têm um comportamento mais agressivo, elas tendem a perceber o mundo de forma diferente do que fariam em um estado menos agressivo. Quando dirigimos em um trânsito intenso, ficamos irritados e nos comportamos de forma agressiva; perdemos o foco em nosso "cliente": nossa segurança e a de nossos passageiros.[1] Da mesma forma, um comportamento agressivo no ambiente de trabalho reduz nosso foco nos reais clientes e suas necessidades. Desde os escândalos de fraude nas emissões dos motores a diesel da Volkswagen em 2016 ao escândalo em 2017 em torno da prática da Wells Fargo de abrir contas falsas para clientes inexistentes e os esforços controversos da Uber em combater sua arquirrival Lyft e camuflar suas operações dos olhos das reguladoras de transportes, uma atitude de impunidade por parte dos executivos levou a um desgaste ou ao descarte total do foco no cliente, o que, em contrapartida, afeta empresas e a sociedade. Em casos extremos, acadêmicos como Eugene Soltes, que estudou crimes do colarinho branco, revelaram ligações entre comportamentos altamente agressivos e ilegalidades empresariais.[2]

No entanto, os danos causados pela adesão à metáfora da guerra são ainda piores. Quando executivos e gestores tratam as concorrentes com agressividade, o pensamento agressivo se fortalece, influenciando profundamente as culturas organizacionais. A linguagem que os colegas usam uns com os outros fica mais áspera, mais antagonista, menos civilizada.[3] Prevalece o pensamento de nós contra eles e o medo generalizado de perda. Com o tempo, as empresas contratam pessoas mais agressivas e demitem aquelas menos agressivas, embrutecendo ainda mais a cultura. A diversidade de gêneros sofre, pois as mulheres tendem a se comportar de forma menos agressiva do que os homens. Se quiser entender por que tantos ambientes de trabalho fracassaram em reter suas líderes mulheres e promover um ambiente de trabalho mais cordial, não pode ignorar a mentalidade profundamente agressiva (a mentalidade de guerra sendo apenas uma manifestação) que está entranhada no pensamento e na prática empresarial em algumas grandes empresas ao redor do mundo.

Acredito que seja hora de atenuar e pacificar a prática empresarial. Essa afirmação não reflete apenas um julgamento de valor da minha parte, apesar de desejar ver mais mulheres em posições de gestão e liderança nas melhores empresas. Mas é, na verdade, uma questão prática. Pacificar o mundo corporativo levará, acredito, a menos escândalos, ambientes de trabalho menos tóxicos, menos desequilíbrio de gêneros e, por fim, a um foco muito maior em atender as necessidades e os desejos dos consumidores.

Não estou sugerindo que as empresas devam ser menos competitivas. Pelo contrário, elas devem continuar sendo altamente competitivas, porém sem buscar agressivamente a queda de suas concorrentes. Nos esportes, atletas bem-sucedidos como Tom Brady, Lindsey Vonn, LeBron James, as irmãs Williams e Roger Federer tratam os oponentes com dignidade, enxergando-os como fontes de aprendizado e inspiração, e até mesmo como possíveis colaboradores. Fazer isso gera uma competição *melhor*, e não menos competição. No fim das contas, isso levará a negócios melhores para todos.

A disrupção digital pode impor um grande desafio a princípio, mas também traz uma oportunidade de evoluir nossas mentalidades, e nossas empresas de formas poderosas. Coupling, decoupling e recoupling englobam uma potente ferramenta — um tridente que lhe permite fisgar muitos consumidores. Vamos agarrar essa oportunidade, pelo bem dos nossos consumidores e, por fim, pelo nosso também. Desejo a você muita sorte!

Thales S. Teixeira

Boston, 2019

NOTA SOBRE A TERMINOLOGIA

Três termos aparecem abundantemente neste livro: "disrupção", "decoupling" e "cadeia de valor do cliente". Como meu uso desses termos é novidade ou difere do uso anterior de outros autores, é válido discorrer um pouco sobre suas diferenças.

Disrupção

Desvendando a Cadeia de Valor do Cliente trata do fenômeno do decoupling, um tipo de inovação de modelo de negócios que pode se mostrar altamente disruptiva em certos mercados. Em 1995, Clayton Christensen publicou seu agora famoso artigo na *Harvard Business Review* definindo e explicando as "tecnologias disruptivas".[1] Esse artigo usou o termo "tecnologia/produto disruptivo" para se referir a uma classe especial de tecnologias que eventualmente formariam a base de sua teoria de inovação disruptiva.* Em seu livro best-seller de 1997, *O Dilema da Inovação*, Christensen apresentou o termo "inovação disruptiva", que foi posteriormente mais explicado em diversos livros e artigos do autor e de seus colegas.[2] Este livro é fiel à teoria de Christensen em seu uso do termo "inovação disruptiva."

Recentemente, um termo relacionado, "disrupção", ganhou vida própria. Segundo o dicionário *Webster*, "disrupção" significa "interromper o curso normal ou a unidade de algo, desmantelar, romper".[3] Na maioria de seus artigos recentes, Christensen parece sugerir que "disrupção" deveria se referir

---

* Existe apenas uma menção de "inovação disruptiva" no artigo.

apenas à sua teoria de inovação disruptiva.* Em um artigo de 2015, "What Is Disruptive Innovation?" [O que é Inovação Disruptiva, em tradução livre], Christensen e seus colegas usam "[teoria da] inovação disruptiva" e "disrupção" como sinônimos. Eu respeitosamente discordo da confluência desses termos. "Inovação disruptiva" é um termo muito específico e bem definido associado à teoria proposta por Christensen em seu livro de 1997. "Disrupção" é um substantivo de uso geral. Qualquer um pode falar de disrupção, disruptoras e tentativas de gerar disrupção sem conotação com qualquer coisa relacionada à teoria específica de Christensen.

"Disrupção" sequer apareceu no artigo original de 1995, tendo surgido apenas em publicações mais recentes de Christensen e seus colegas.[4] Em *O Crescimento pela Inovação*, o segundo livro de Christensen, ele atribuiu o adjetivo "disruptiva(o)" a diversos substantivos, entre eles "inovação", "estratégia", "modelo de negócios", "empresa" e "teoria". Na verdade, o autor partiu de uma definição específica das tecnologias disruptivas, um tipo de produto ou processo, para falar sobre abordagens disruptivas, tipos de estratégias e, por fim, um resultado, a disrupção de mercado. É aqui que reside o problema conceitual. Não devemos associar produtos, abordagens e resultados uns com os outros em bases iguais. Isso gera muitos problemas, entre eles o raciocínio circular: Christensen define "uma inovação disruptiva" (uma escolha) como causadora da "disrupção" (um resultado). Em outras palavras, uma tecnologia

---

* Aqui, discordo de Christensen quando ele escreve, "Disrupção é uma teoria" (Clayton M. Christensen e Michael E. Raynor, *O Crescimento pela Inovação: Como crescer de forma sustentada e reinventar o sucesso*). Sua teoria é mais estreita, sobre inovação disruptiva, e é apenas uma teoria sobre como a disrupção acontece.

é disruptiva se gera disrupção. O uso de Christensen desses termos associa uma causa (ou processo) a um efeito (ou resultado).*

Neste livro, respeitarei a definição do dicionário e usarei "disrupção" de forma coloquial para representar uma tentativa de interromper o curso normal de uma indústria (como em "gerar disrupção na indústria X") ou interromper o curso normal de uma empresa estabelecida (como em "gerar disrupção na empresa Y"). Em outras palavras, me refiro à "disrupção" como um resultado e falo de empresas causando "disrupção" em outras como um processo destinado a forçar a ocorrência de tal resultado.

Além disso, ao manter o uso popular, considero os primeiros sinais de que a disrupção está acontecendo como a transferência de uma quantidade substanciosa de fatia de mercado de uma empresa ou empresas para a disruptora em um período de tempo relativamente curto. Podemos debater a definição precisa das palavras "substanciosa" e "curto". Para meus objetivos, é importante apontar que, para um observador externo, a transferência é relativamente rápida e mensurável. Em outras palavras, "disrupção" é uma descontinuidade abrupta que interrompe o curso normal dos ganhos e a manutenção da fatia de mercado das participantes originais em um mercado definido. Nesse sentido, dizer que "a startup A está gerando disrupção no mercado de varejo" deve significar que a startup A está tentando interromper, ou está no processo de interrupção, a posse histórica da fatia de mercado naquele setor. Seria mais preciso, embora mais complicado, se referir à startup

---

* Outro problema que surge, e uma crítica geral à teoria da inovação disruptiva, é que, como os autores dizem, "o termo 'inovação disruptiva' engana quando usado para se referir a um produto ou um serviço em determinado ponto fixo, em vez de à evolução daquele produto ou serviço ao longo do tempo" (Clayton M. Christensen, Michael E. Raynor e Rory McDonald, "What Is Disruptive Innovation?", *Harvard Business Review*, dezembro, 2015). Os autores prosseguem alegando que inovações disruptivas são assim classificadas com base "no caminho que trilharam da margem para o centro". Portanto, alguém só pode determinar se uma nova tecnologia ou modelo de negócios é uma inovação disruptiva após o fato, após observar sua trajetória. A classificação de uma inovação é determinada pelo ponto para onde ela segue, seu caminho, e não pelas características intrínsecas que a inovação possui. Mesmo assim, "algumas inovações disruptivas têm sucesso; outras, não". Essa definição a leva a se tornar uma teoria descritiva, muito útil por sinal, mas sem um poder preditivo firme.

A como "aspirante a disruptora", captando meramente sua intenção de gerar disrupção. Por outro lado, dizer que "a startup B gerou disrupção no setor de táxis de São Francisco" supõe que a transferência da fatia de mercado realmente aconteceu. Esse foi realmente o caso da Uber em algumas, mas não em todas, cidades do mundo em que entrou. Então, diferente do que Christensen e seus colegas escreveram mais recentemente, acredito que é preciso dizer que a Uber gerou disrupção no setor de táxis.*

Decoupling

Defino "decoupling" como a ruptura dos elos entre as atividades de consumo adjacentes que foram tradicionalmente oferecidas aos consumidores por uma estabelecida. Como uma classe de inovação de modelo de negócios implementada pelas empresas, o decoupling é análogo à inovação disruptiva de Christensen, mas diferente em seu mecanismo causal. A disrupção é um resultado produzido por diversos mecanismos, inclusive inovações disruptivas, desregulamentação, aparecimento de novos modelos de negócios ou decoupling, para mencionar alguns.† Em certos casos, o decoupling pode levar à disrupção, ou seja, a transferência rápida e mensurável da fatia de mercado de uma estabelecida (desacoplada) para uma entrante (desacopladora). Mas qualquer modelo de negócios baseado no decoupling só pode ser julgado como disruptivo, ou não, em relação a uma estabelecida ou mercado bem definido. Para saber mais sobre esse tópico, consulte "Nota sobre as Diferenças entre Decoupling e Inovação Disruptiva".

---

* Christensen, Raynor e McDonald, em "What Is Disruptive Innovation?", alegam que a Uber não está gerando disrupção no setor de táxis. Discordo, e os dados mostram uma migração rápida das fatias de mercado das operadoras de táxi para a Uber em muitas cidades pelo mundo. Isso é suficiente para alegar algum nível de disrupção. É uma inovação disruptiva? Christensen, que cunhou o termo, é mais adequado para responder a essa pergunta. Ele e seus colegas defendem que não é.

† Aqui Christensen e eu concordamos um com o outro. Não somente as tecnologias, mas também os modelos de negócios podem ser disruptivos, em alguns casos até mais do que as novas tecnologias. Porém, devido às nossas diferenças em definir o termo "disruptiva", ele quer dizer que os modelos de negócios podem ser classificados como inovações disruptivas, enquanto eu quero dizer que eles podem gerar disrupção nos mercados.

O decoupling é uma entre muitas teorias de disrupção, com aplicação especial na disrupção digital. Conforme detalho neste livro, o decoupling não se trata de concorrência devido a produtos de qualidade final drasticamente diferente para os consumidores. Projetar um produto superior ou um serviço melhor não constitui decoupling por si só. E diferente de outras formas de inovação de modelo de negócios, como a desagregação, o decoupling acontece no nível da cadeia de valor do cliente, e não no nível do produto.

Cadeia de Valor do Cliente (CVC)

Então o que é uma cadeia de valor? Michael Porter definiu esse termo em seu livro de 1985, *Vantagem Competitiva,* apresentando-o como as atividades distintas e inter-relacionadas que uma empresa realiza e que criam valor.[5] Uma cadeia de valor é composta de atividades primárias, como operações e marketing, e atividades de apoio, como gestão de RH e compras. Para entender a disrupção, considero *atividades* como a unidade de análise. No entanto, diferente da visão centrada na empresa de Porter, adoto uma visão centrada no cliente e defino a cadeia de valor do cliente como *as atividades distintas que os consumidores realizam a fim de atender suas necessidades e desejos de consumo.* Podemos agrupar essas atividades genericamente em estágios mais amplos que comumente chamamos de atos de procurar, avaliar, comprar, usar e descartar bens e serviços. Todas as atividades do consumidor geram valor ou custo para os clientes. Uma atividade pode, mas não precisa, criar valor, e tais atividades costumam gerar um custo para o cliente. Por exemplo, testar produtos em lojas cria valor para o cliente, mas também exige tempo e esforço. A atividade de ir pessoalmente à loja, por outro lado, gera apenas custos.

A cadeia de valor do cliente tem semelhança com outros conceitos comumente usados em marketing, tais como, "Funil do Consumidor", "Jornada do Consumidor", "Jornada de Decisão do Consumidor" de McKinsey e

"Processo de Tomada de Decisão" da Harvard Business School.[*6] Como essas interpretações, a cadeia de valor do cliente compreende uma série de atividades distintas, geralmente realizadas sequencialmente pelo consumidor. Um aspecto que separa a cadeia de valor do cliente (CVC) é que ela engloba toda a experiência de consumo de ponta a ponta; os outros termos se referem principalmente à parte de compra do processo. Além de necessária e informativa, a CVC também incorpora o uso e o descarte dos produtos (por ex., devolver, revender ou jogar fora). Outro aspecto singular da CVC é que diferentes tipos de valor (criado, cobrado, desgastado) são associados a cada atividade. Como mostrei, a CVC pode servir como uma unidade de análise útil para o decoupling, nos ajudando a entender como o processo funciona e o que os executivos podem fazer para responder a ele.

---

* No passado, eu me referiria à CVC como o processo de tomada de decisão, como ensinamos aos alunos de MBA em Harvard. Mas com tantos de meus alunos, clientes e membros de plateia se referindo a ele como "cadeia de valor do cliente", decidi me juntar ao público.

NOTA SOBRE AS DIFERENÇAS ENTRE DECOUPLING E INOVAÇÃO DISRUPTIVA

Em minhas apresentações para executivos de empresas e público em geral, os membros da plateia às vezes me perguntavam como o decoupling se compara à teoria de inovação disruptiva de Clayton Christensen. Teorias são difíceis de comparar quando falam de diferentes fenômenos e os abordam sob diferentes ângulos. No entanto, nesta seção, darei o meu melhor para comparar e contrapor alguns aspectos concomitantes entre minha teoria e a de Christensen, com a ressalva de que ele atualizou e evoluiu os princípios básicos de sua teoria ao longo dos anos em resposta a novas observações e críticas anteriores.

A teoria original de Christensen sobre inovação disruptiva descreve uma dinâmica segundo a qual uma entrante, geralmente uma empresa pequena ou recém-formada, consegue superar empresas estabelecidas usando o que ele chamou a princípio de "tecnologia disruptiva" e posteriormente ampliou para incluir "inovação disruptiva".[1] Essa teoria começa supondo que as estabelecidas se concentram em melhorar seus produtos para seus consumidores mais lucrativos. Ao fazer isso, elas se excedem no atendimento às necessidades de alguns segmentos consumidores e ignoram as necessidades de outros, criando, assim, uma oportunidade para desafiantes entrarem na ponta inferior do mercado (por ex., produtos de menor desempenho a preços menores, representados pelas flechas paralelas na parte inferior da *Figura A.1*) e mirarem os consumidores negligenciados. As estabelecidas, buscando maior lucratividade, tendem a se concentrar na ponta mais alta do mercado (representadas pelas flechas paralelas no topo da *Figura A.1*) e inicialmente desconsideram as concorrentes da ponta inferior. As entrantes, em algum momento, sobem no mercado conforme aumentam sua capacidade de oferecer produtos de melhor desempenho (representadas pela flecha curva na *Figura A.1*). Elas começam a concorrer com a estabelecida na ponta mais alta do mercado enquanto ainda reinam como líderes absolutas na ponta inferior. Por fim, os consumidores dominantes migram em massa para a entrante e a estabelecida, que não tem para onde fugir, perde uma fatia de mercado significativa para a disruptora (*veja a Figura A.1*). Esse fenômeno ocorre apenas se a concorrente usa uma tecnologia (ou inovação) disruptiva que a estabelecida desprezou em algum momento. Um exemplo comumente citado é a disrupção de fabricantes de placas-mãe e minicomputadores nos anos de 1970 e 1980 pelas fabricantes de PCs.

FIGURA A.1 REPRESENTAÇÃO DA TEORIA DA INOVAÇÃO DISRUPTIVA DE CHRISTENSEN

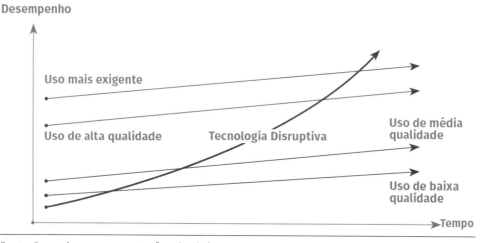

Fonte: Baseada nas apresentações de Christensen.

A teoria da inovação disruptiva de Christensen possui três características-chave que valem ser ressaltadas. Primeiro, define claramente onde a concorrente entra na dimensão de desempenho do produto: na base de uma dimensão chave de desempenho, abaixo da estabelecida (*ponto temporal A na*

Figura A.2). Sendo assim, a Tesla, com seus carros elétricos sofisticados, não seria uma inovadora disruptiva.[2] Segundo, a teoria de Christensen especifica a trajetória da concorrente no que diz respeito à sua dimensão primária. A melhoria de desempenho do produto da concorrente começa lentamente e acelera (*ponto temporal B na Figura A.2*). Logo, a Uber não seria considerada disruptiva, como o próprio Christensen defendeu.[3] Por fim, a teoria especifica a reação da estabelecida. O desempenho de seu produto melhora, mas não tão rápido quanto o da concorrente devido às diferentes escolhas tecnológicas subjacentes. Em algum ponto, o desempenho do produto da concorrente ultrapassa o da estabelecida, permitindo que a primeira domine a segunda, resultando em uma disrupção das fatias de mercado (*ponto temporal C na Figura A.2*). Ao longo dos anos, Christensen forneceu mais detalhes sobre onde, como e por que essa dinâmica acontece. Não discorrerei sobre essas contingências aqui. Todavia, sua teoria pode ser descrita, em grande parte, por sua explicação de onde a concorrente entra, qual é a sua trajetória em relação à estabelecida e qual a resposta da última.

FIGURA A.2 **REPRESENTAÇÃO DOS TRÊS PRINCIPAIS ELEMENTOS DA TEORIA DA INOVAÇÃO DISRUPTIVA DE CHRISTENSEN**

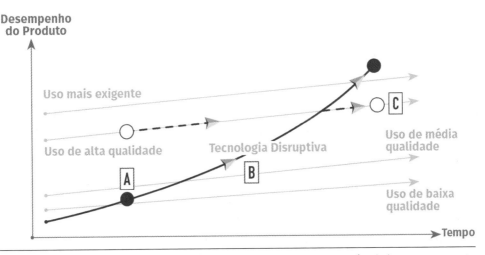

O círculo preto representa a posição relativa da concorrente, enquanto o círculo branco representa a posição relativa da estabelecida durante dois períodos de tempo. A flecha sólida representa a trajetória da concorrente e a flecha tracejada representa a trajetória da estabelecida.

A teoria do decoupling também se baseia em inúmeras suposições importantes. A primeira e mais importante supõe que a disrupção digital ocorre graças às decisões dos consumidores. Por isso, a dinâmica das jogadoras, concorrentes e estabelecidas ocorre (e deve ser vista) no nível da cadeia de valor do cliente. Essas dinâmicas poderiam se originar nas diferenças de desempenho dos produtos, como na teoria de Christensen, mas não precisam. As diferenças dos modelos de negócios entre a estabelecida e a concorrente também podem resultar em diferenças em como o valor é criado para os consumidores, como é cobrado e desgastado. Excluindo esse problema, se reestruturássemos a teoria do decoupling à luz desses três elementos que descrevem a teoria da inovação disruptiva de Christensen, então as respostas dadas pela teoria do decoupling seriam as seguintes (*Figura A.3*):

FIGURA A.3 **REPRESENTAÇÃO DOS TRÊS PRINCIPAIS ELEMENTOS DA TEORIA DO DECOUPLING**

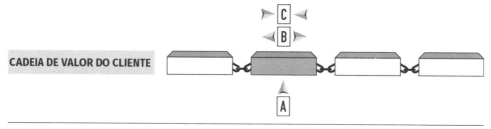

O retângulo sombreado representa a atividade oferecida pelo concorrente e os retângulos brancos representam as atividades oferecidas pela estabelecida. As setas B representam a trajetória da concorrente, enquanto as setas C representam a trajetória da estabelecida.

1. **Onde a concorrente entra?** Resposta: Em uma das atividades da cadeia de valor do cliente (por *decoupling*).

2. **Qual é a eventual trajetória da concorrente?** Resposta: Captar as atividades adjacentes da cadeia de valor do cliente (por *coupling*).

3. **Qual é a resposta mais comum da estabelecida?** Resposta: Geralmente tentar retomar as atividades perdidas (por *recoupling*).

Ainda que as respostas para essas perguntas não sejam, na minha opinião, elementos relevantes da teoria do decoupling, elas devem permitir que os leitores comparem o decoupling e a teoria de inovação disruptiva. Nos exemplos da Tesla e da Uber, apenas a segunda está gerando disrupção no mercado de transportes. Ela o faz desacoplando a procura dos consumidores por meios de transporte particulares, oferecendo apenas as caronas em si. A Tesla compete com outras fabricantes de carros em design, desempenho de sua tecnologia e atributos de marca, mas não o faz por meio do decoupling. Como a tabela a seguir ilustra, podemos considerar algumas empresas ou tecnologias bem-sucedidas (em 2018) como exemplos da inovação disruptiva de Christensen, mas não da teoria do decoupling e vice-versa. Note que o sucesso de mercado não significa por si só que uma empresa é disruptiva de acordo com qualquer uma dessas duas teorias. Por fim, podemos identificar empresas individuais que ilustram as duas teorias. Segundo Christensen, a Netflix usou o streaming como uma tecnologia para gerar disrupção no mercado de aluguel de vídeos. Mas, antes de sua fase de vídeos sob demanda, a Netflix desacoplou o ato de alugar um filme em DVD do ato de ir até a loja.

EXEMPLOS	DISRUPTIVA SEGUNDO A TEORIA DA INOVAÇÃO DISRUPTIVA?	DISRUPTIVA SEGUNDO A TEORIA DO DECOUPLING?
Tesla	Não	Não
Uber	Não	Sim
PCs	Sim	Não
Netflix	Sim	Sim

Então, qual é a principal diferença entre decoupling e todas as outras teorias de disrupção, incluindo a de Christensen? Nas outras teorias, as estabelecidas que sofreram disrupção perdem *consumidores* para as concorrentes devido ao melhor desempenho de seus *produtos* (no caso da teoria de Christensen, usando inovações disruptivas). No decoupling, as estabelecidas que sofreram disrupção perdem *atividades do consumidor* para as concorrentes, principalmente porque as concorrentes diminuem os *custos* dessas atividades para os consumidores. De forma mais prática, muitas teorias focam a atenção dos executivos em uma tecnologia como determinante para a disrupção, e os encorajam a acompanhar os desenvolvimentos de todas as tecnologias comprovadas e não comprovadas. O desafio é avaliar, antes do fato, quais tecnologias podem um dia se tornar "disruptivas". A teoria do decoupling concentra sua atenção nos consumidores e em seu processo de fazer escolhas. O desafio aqui é determinar quais atividades não conseguem atender os consumidores devido a excessivos custos monetários, de esforço ou tempo. Esses elos fracos criam oportunidades para as aspirantes a disruptoras atacarem.

NOTA SOBRE CÁLCULO DE MAR™ E TMAR™

Market at Risk (MaR™)

Comece avaliando se o consumidor enxerga um custo de decoupling total menor (negativo) ou maior (positivo) usando a seguinte fórmula:

$$\text{Custo}_{decoupling} = \text{Custo}_{desacopladora}(\text{Dinheiro, Tempo, Esforço}) - \text{Custo}_{estabelecida}(\text{Dinheiro, Tempo, Esforço})$$

Depois, defina as sensibilidades implícitas de seus consumidores-alvo a esses três custos. É possível fazê-lo por meio de uma pesquisa ou por uma análise multiatributo. Agora, multiplique os dois fatores para calcular o potencial de a desacopladora roubar consumidores de determinada estabelecida:

$$\text{Potencial da Desacopladora} = \text{Custo}_{decoupling} \times \text{Sensibilidade}_{custos}{}^{*}$$

Por fim, para chegar ao Market at Risk de qualquer estabelecida, multiplique o potencial da desacopladora pela fatia de mercado da estabelecida. Matematicamente temos:

$$\text{Market at Risk} = \text{Potencial da Desacopladora} \times \text{Fatia de Mercado}_{estabelecida}$$

O MaR representa as *potenciais perdas máximas*, supondo que todos os consumidores no mercado conhecem e comparam as ofertas da estabelecida e

---

* Para ser preciso, a operação matemática necessária é para integrar o custo de decoupling à distribuição de sensibilidade no intervalo de 0 até os pontos de diferença do custo. Sendo assim, o Potencial da Desacopladora se torna um número entre 0 e 1.

a da disruptora com base apenas nos custos monetários, de tempo e esforço, sem considerar outras dimensões de escolha. O MaR também não considera fatores de execução, como gastos com marketing, canais de distribuição e disponibilidade de fundos. De certa forma, o MaR representa o valor de potencial disruptivo do modelo de negócios da disruptora, e não o valor de um negócio disruptivo em si.

Total Market at Risk (TMaR™)

De forma um tanto análoga, podemos realizar o mesmo cálculo MaR para uma disruptora em relação todas as estabelecidas do setor uma por vez, somando-as para determinar o TMaR ou, por outro lado, o potencial total de disrupção da desacopladora:

$$\text{Total Market at Risk} = \sum_{\text{Estabelecidas}} \text{Potencial da Desacopladora} \times \text{Fatia de Mercado}_{\text{Estabelecida}} *$$

---

* O símbolo $\sum$ representa a somatória, por ex., $\sum_i x_i = x_1 + x_2 + x_3 + x_4 + \ldots$

NOTAS

Introdução

1. Paula Gardner, "Borders CEO Recalls 'Painful Time' 5 Years After Book Seller's Bankruptcy Filing", MLive, 16 de fevereiro de 2016.
2. Rahul Gupta, "Nokia CEO Ended His Speech Saying This 'We Didn't Do Anything Wrong, but Somehow, We Lost'", LinkedIn, 8 de maio de 2016.
3. Khadeeja Safdar, "J. Crew's Mickey Drexler Confesses: I Underestimated How Tech Would Upend Retail", *Wall Street Journal*, 24 de maio de 2017.
4. Clayton M. Christensen, Michael Raynor e Rory McDonald, "What Is Disruptive Innovation?", *Harvard Business Review* 93, nº 12 (dezembro de 2015): 44-53.
5. Motoko Rich, "For the Future of Borders, a Focus on Innovation", *New York Times*, 19 de julho de 2006.

Capítulo 1

1. Emily Jane Fox, "Best Buy: Earnings 'Clearly Unsatisfactory'", CNN, 20 de novembro de 2012, http://money.cnn.com/2012/11/20/news/companies/best-buy-earnings/, acessado em 7 de maio de 2014.
2. Andrea Chang, "Retail Groups Lash Out After Amazon Announces Price Check App Promotion", *Los Angeles Times*, 7 de dezembro de 2011.
3. Google Shopper Marketing Agency Council, "Mobile In-Store Research, How In-Store Shoppers Are Using Mobile Devices", 26 de abril de 2013, http://ssl.gstatic.com/think/docs/mobile-in-store_research-studies.pdf.
4. Nick Wingfield, "More Retailers at Risk of Amazon 'Showrooming'", *New York Times*, 27 de fevereiro de 2013.
5. Miguel Bustillo, "Phone-Wielding Shoppers Strike Fear into Retailers", *Wall Street Journal*, 15 de dezembro de 2010.
6. Christopher Matthews, "Are We Witnessing the Death of the Big-Box Store?", *Time*, 24 de maio de 2012.
7. Miguel Bustillo, "Best Buy CEO Resigns", *Wall Street Journal*, 11 de abril de 2012.

8. Thomas Lee, "Best Buy's New Chief Is Selling from Day 1", *Star Tribune*, 9 de setembro de 2012.
9. Maxwell Wessel, "Best Buy Can't Match Amazon's Prices, and Shouldn't Try", *Harvard Business Review*, 10 de dezembro de 2012.
10. "Continuing Operations Store Count and Retail Square Footage 2005–2011", site "Investor Relations" em Bestbuy.com, http://s2.q4cdn.com/785564492/files/doc_financials/2017/q3/Store-Count-and-Square-Footage-Q3FY17.pdf, acessado em 17 de março de 2017.
11. Lee, "O Novo Diretor da Best Buy Está Vendendo Desde o 1º Dia".
12. Stephanie Clifford, "Mobile Deals Set to Lure Shoppers Stuck in Line", *New York Times*, 19 de novembro de 2011; Matt Schifrin, "How Best Buy Can Beat Showrooming", *Forbes*, 5 de julho de 2012; "Turning the Retail 'Showrooming Effect' into a Value-Add", Wharton Business School, University of Pennsylvania, 26 de setembro de 2012, http://knowledge.wharton.upenn.edu/article/turning-the-retail-showrooming-effect-into-a-value-add.
13. Larry Downes, "Why Best Buy Is Going out of Busines… Gradually", *Forbes*, 2 de janeiro de 2012.
14. Drew Fitzgerald, "Fear of Showrooming Fades", *Wall Street Journal,* 4 de novembro de 2013.
15. Wessel, "A Best Buy Não Consegue Acompanhar os Preços da Amazon".
16. "Evolution of International Fixed Voice Revenue for Select European Countries, 2000 to 2013", em "The Impact of VoIP and Instant Messaging on Traditional Communication Services in Europe", IDATE, setembro de 2015.
17. "A Year of Birchbox: A Full Review of the Subscription Service", *Beauty by Arielle* blog, 1 de julho de 2013, http://www.beautybyarielle.com/2013/01/a-yearof-birchbox-full-review-of.html.
18. Isso mudou desde então. Em 2017, a Birchbox oferecia produtos em tamanho normal para venda.
19. "Interview: Philippe Pinatel, SVP and GM of Sephora Canada, Talks Beauty E-Commerce", *Cosmetics Magazine*, agosto de 2015.
20. Lauren Keating, "Report Finds That Only 1.9 Percent of Mobile Gamers Make In-App Purchases", *Tech Times*, 25 de março de 2016.
21. Infelizmente a Aereo não durou muito, pois o Departamento de Justiça dos EUA decidiu depois que seu modelo de negócios era ilegal e ordenou seu fechamento.
22. Site da empresa: https://www.motifinvesting.com/benefits/what-we-offer.

23. "American Time Use Survey Summary — 2015 Results", U.S. Bureau of Labor Statistics, 24 de junho de 2016.
24. Matt Phillips, "No One Cooks Anymore", *Quartz*, 14 de junho de 2016.
25. Site pessoal de Chef Steve: https://www.mygourmetguru.com, acessado em 17 de março de 2017.
26. Natt Garun, "7 Bizarre Airbnb Rentals That Are Almost Too Weird to Believe", *Digital Trends*, 6 de maio de 2013, http://www.digitaltrends.com/web/7-bizarre-airbnb-rentals-that-are-almost-too-weird-to-believe, acessado em 25 de março de 2017; oferta de 2017 da Maserati Ghibli na Turo.com: https://turo.com/rentals/cars/nj/fort-lee/maserati-ghibli/230992, acessado em 25 de março de 2017.
27. Catherine Shu, "Spoiler Alert App Makes Donating Food as Easy as Tossing It in a Dump", TechCrunch, 6 de julho de 2015.
28. Jen Wieczner, "Meet the Women Who Saved Best Buy", *Fortune*, 25 de outubro de 2015.
29. Miriam Gottfried, "How to Fight Amazon.com, Best Buy–style", *Wall Street Journal*, 20 de novembro de 2016.
30. Wieczner, "Conheça a Mulher que Salvou a Best Buy".

Capítulo 2

1. Alejo Nicolás Larocca, *My Pan-Am Story: Forty Years as a Stewardess with the "World's Most Experienced Airline"* (Buenos Aires: Editorial Dunken, 2015), 75–76.
2. William Stadiem, *Jet Set: The People, the Planes, the Glamour, and the Romance in Aviation's Glory Years* (New York: Ballantine Books, 2014).
3. Sophie-Claire Hoeller, "Vintage Photos from the Glory Days of Aviation", Business Insider, 15 de julho de 2015.
4. Christopher Muther, "What Happened to the Glamour of Air Travel?", *Boston Globe*, 6 de setembro de 2014; Mark Thomas, "Air Transport: Market Rules", Fact Sheets on the European Union, European Parliament, março de 2017, http://www.europarl.europa.eu/atyourservice/en/displayFtu.html?ftuId=FTU_5.6.7.html.
5. Patricia O'Connell, "Full-Service Airlines Are 'Basket Cases,'" *BusinessWeek*, 12 de setembro de 2002.
6. Siobhan Creaton, *Ryanair: How a Small Irish Airline Conquered Europe* (London: Aurum Press, 2005).

7. "Ryanair: The Godfather of Ancillary Revenue", relatório da Idea Works Company, 19 de novembro de 2008.
8. "Ryanair: Annual Report for the Year Ended March 31, 2016", site Investor Relations da Ryanair, https://investor.ryanair.com/wp-content/uploads/2016/07/Ryanair-Annual-Report-FY16.pdf.
9. "Leading Airline Groups Worldwide in 2015, Based on Net Profit (in Billion U.S. dollars)", Statista.com. Outra possível explicação para a lucratividade da Ryanair são seus menores custos gerais, incluindo salários de pilotos, como descrito por Liz Alderman e Amie Tsang em seu artigo, "Jet Pilot Might Not Seem like a 'Gig,' but at Ryanair, It Is", *New York Times*, 16 de novembro de 2017.
10. A fim de analisar se o acúmulo de patentes leva as startups tecnológicas a aumentarem suas receitas, coletei dados históricos sobre patentes concedidas pelo Escritório de Patentes dos EUA às empresas mais inovadoras em 2015 (às quais foram concedidas 40 patentes ou mais naquele ano). Dessa amostra, selecionei para uma análise mais profunda as empresas de tecnologia digital que eram startups em 1995 ou depois, o período inicial coberto pelo conjunto de dados. Combinei esses dados com as receitas anuais das empresas que haviam se tornado públicas ou publicado suas receitas anuais até 2015. Vinte empresas tinham dados suficientes para a realização de uma análise de regressão, entre elas Google, Amazon, Facebook, Yahoo, Salesforce.com, eBay, LinkedIn, Zynga, PayPal, Rakuten e 10 outras. Para cada uma, foi estimado um par de regressões para comparar se as receitas impulsionaram as patentes ou se foi o contrário. O modelo de melhor ajuste traria a resposta. Descobri que o poder explicativo médio de um modelo que admitisse que receitas cumulativas explicavam as patentes concedidas, ano a ano, era de 84% (conhecido como R-quadrado), enquanto o R-quadrado para os modelos que admitiam o relacionamento contrário, de que era o número cumulativo de patentes que explicava o aumento na receita ano após ano, era em média de apenas 42%. Depois, Uma análise adicional empresa a empresa mostrou que para 17 das 20 empresas, a melhor explicação era de que o número de patentes concedidas era consequência das receitas, e não sua causa. Logo, enquanto algumas grandes empresas de tecnologia podem ter algumas patentes que lhes permitem aumentar as vendas de inovações tecnológicas próprias, em geral isso não é suportado pelas startups de tecnologia digital que analisei. Essa descoberta não se aplica a empresas de tecnologia estabelecidas em 1995, como Microsoft ou Intel.
11. Dan Milmo, "Ryanair Plan for Standing-Only Plane Tickets Foiled by Regulator", *Guardian*, 28 de fevereiro de 2012. O'Leary tem procurado consistentemente

por novos meios em que a Ryanair possa oferecer seu serviço de forma mais semelhante a uma experiência em um ônibus. Ele virou notícia ao propor ideias para medidas de maior corte de custos, como cobrar dos passageiros por usar o banheiro durante os voos ou introduzir passagens sem assento. Segundo os jornais britânicos, ele propôs que os passageiros que comprassem as passagens mais baratas para Londres — vendidas a partir de 1 euro — voassem em cabines em pé, "igual ao metrô de Londres, com corrimãos e tiras". Em uma conferência da indústria aérea em Londres no final de 2016, O'Leary surpreendeu seus concorrentes ao expor uma nova visão de como a Ryannair poderia tornar o ato de voar gratuito dentro dos próximos 5 a 10 anos. Em vez de ganhar dinheiro com passagens, explicou, obteríamos lucro ao fechar negócios com aeroportos para receber uma parte do dinheiro gasto em restaurantes, bares e lojas. Nesse cenário, defendeu, os voos poderiam ser gratuitos e estariam sempre cheios. Para ler mais, veja o artigo de Chris Leadbeater, "Ryanair CEO: 'How I Plan to Make Air Travel Free Within 10 Years'", *Daily Telegraph*, 23 de novembro de 2016.

12. Ramon Casadesus-Masanell, concordando que "não existe definição amplamente aceita" de um modelo de negócios, opta por se concentrar em grandes empresas estabelecidas. Ele vê as empresas como máquinas: é preciso entender como são montadas e funcionam. As peças de uma empresa são as decisões que os gestores tomam, enquanto o modo como funcionam são as consequências dessas decisões. Entre as muitas escolhas de um modelo de negócios, Casadesus-Masanell ressalta três: o que a empresa prioriza, o que possui de valor e como suas pessoas são organizadas. É isso que ele quer dizer por políticas, ativos e governança. Para ele, essa definição de modelo de negócios é um jeito útil de os executivos de grandes empresas identificarem como funciona a empresa inteira.

Para empreendedores começando seus próprios negócios, a definição de Casadesus-Masanell não é especialmente útil. Para eles, Alexander Osterwalder, autor de Business Model Canvas [Canvas do Modelo de Negócios, em tradução livre], tem uma definição prontamente aplicável de um modelo de negócios. Ele vê os modelos de negócios como blocos de construção interdependentes. Caso você fosse construir um prédio, começaria com a base econômica de sua empresa: de onde vem o dinheiro (receitas) e para onde ele vai (custos). Então o construiria para cima. No lado da receita, seria preciso determinar quem pagará (segmento do consumidor), o que eles receberão (proposta de valor), como atingi-los (canal) e como isso evoluirá (relacionamentos). Pelo lado do custo, seriam definidos parceiros, atividades e recursos necessários para oferecer valor a seus consumidores. Essa definição de um modelo de negócios funciona bem para os construtores. Mas e se sua empresa precisar de um conserto parcial?

Clayton Christensen, o pai da teoria da inovação disruptiva, percebendo a complexidade da tarefa de definir um modelo de negócios que possa ser amplamente aplicável, propõe apenas quatro blocos de construção. Duas prioridades de atenção: o valor para o consumidor e o lucro para a empresa. Os outros dois são relativos à execução: os recursos disponíveis e os processos necessários para entregar as prioridades. Christensen faz um ótimo trabalho ao simplificar os componentes em uma porção teórica, de qual valor será criado para os clientes e como a empresa ganhará dinheiro e uma porção de execução.

Por fim, a definição mais adequada depende do que você pretende fazer com ela. Se pretende realizar uma exaustiva reavaliação de suas principais suposições operacionais com a gestão sênior de uma grande empresa, a definição de Casadesus-Masanell poderia ser a mais adequada para usar em um modelo de negócios. Por outro lado, se você está nos estágios iniciais de uma pequena empresa, então a definição de Osterwalder pode ser melhor. E, se já pensa em execução, a definição de Christensen permite isso prontamente.

Devido à sua simplicidade e ampla aplicabilidade, neste livro opto por usar, com adaptações mínimas, a definição de Allan Afuah da Universidade de Michigan em seu livro *Business Model Innovation: Concepts, Analysis, and Cases* (Nova York: Routledge, 2014).

13. Charles Baden-Fuller e Mary S. Morgan, "Business Models as Models", *Long Range Planning* 43, nº 2 (2010): 156–171.
14. "Join Costco", site da Costco, https://www.costco.com/join-costco.html.
15. "Costco Wholesale, Annual Report 2016", relatório do ano fiscal fechado em 28 de agosto de 2016, http://phx.corporate-ir.net/phoenix.zhtml?c=83830&p=irol-reportsannual.
16. "The First 'Fare Wars'", em "America by Air", Smithsonian National Air and Space Museum, https://airandspace.si.edu/exhibitions/america-by-air/online/heyday/heyday03.cfm, acessado em maio de 2017.
17. David J. Teece, "Business Models, Business Strategy and Innovation", *Long Range Planning* 43, nº 2 (2010): 172–194.
18. Feng Li, "Digital Technologies and the Changing Business Models in Creative Industries", artigo apresentado na 48th Hawaii International Conference on System Sciences, 2015.

19. "Now or Never: 2016 Global CEO Outlook", KPMG International, junho de 2016, https://home.kpmg.com/content/dam/kpmg/pdf/2016/06/2016-global-ceo-outlook.pdf.
20. Ramon Casadesus-Masanell e Feng Zhu, "Business Model Innovation and Competitive Imitation: The Case of Sponsor-Based Business Models", *Strategic Management Journal* 34, nº 4 (2013): 464-482.
21. Geoffrey A. Fowler, "There's an Uber for Everything Now", *Wall Street Journal*, 5 de maio de 2015.
22. David Harrison, "Complementarity and the Copenhagen Interpretation of Quantum Mechanics", UPSCALE, Departmento de Física, Universidade de Toronto, 2002, https://faraday.physics.utoronto.ca/PVB/Harrison/Complementarity/CompCopen.html.
23. "Conheço apenas dois jeitos de ganhar dinheiro: agregando e desagregando", disse Jim Barksdale em Londres em 1995, promovendo a empresa de navegador de internet Netscape para os investidores. Essa se tornou uma das citações mais famosas da era digital, pois refletiu uma importante observação de que era muito mais fácil agregar e desagregar produtos digitais que produtos físicos. Veja também Justin Fox, "How to Succeed in Business by Bundling — and Unbundling", *Harvard Business Review*, 24 de junho de 2014.
24. Lucy Küng, Robert Picard e Ruth Towse, *The Internet and the Mass Media* (Los Angeles: Sage, 2008), 143-144.
25. Alex Pham, "EMI Group Sold as Two Separate Pieces to Universal Music and Sony", *Los Angeles Times*, 12 de novembro de 2011. A EMI Group Limited não existe mais como empresa independente desde 2016.
26. Anita Elberse, "Bye Bye Bundles: The Unbundling of Music in Digital Channels", *Journal of Marketing* 74, nº 3 (2010).
27. "Unbundle Products and Services: Giving You Just What You Want, Nothing More", parte da série "Patterns of Disruption", Deloitte University Press, 2015, https://dupress.deloitte.com/content/dam/dup-us-en/articles/disruptive-strategy-unbundling-strategy-stand-alone-products/DUP_3033_Unbundle-products_v2.pdf.
28. "1999 Form 10-K", New York Times Company, 14 de março de 2017, e "2016 Form 10-K", New York Times Company, 2 de fevereiro de 2017, http://investors.nytco.com/investors/financials/quarterly-earnings/default.aspx.
29. "EMI's Southgate Expresses Confidence in Global Music Market", *Billboard*, 8 de março de 1997, 1; Ben Sisario, "EMI Is Sold for $4.1 Billion in Combined

Deals, Consolidating the Music Industry", *New York Times*, 11 de novembro de 2011.

30. "Investor Factbook 2009/2010", site de McGraw-Hill Companies Investor Relations, http://media.corporate-ir.net/media_files/IROL/96/96562/reports/MHP09Book/corporate-segment-information/eleven-year-revenue.html; "Annual Report as of December 31, 2016", McGraw-Hill Education Inc., http://investors.mheducation.com/financial-information/annual-reports/default.aspx.

31. Robert Gellman, "Disintermediation and the Internet", *Government Information Quarterly* 13, nº 1 (1996): 1–8.

32. David Oliver, Celia Romm Livermore e Fay Sudweeks, *Self-Service in the Internet Age: Expectations and Experiences* (London: Springer Science & Business Media, 2009), 100–101.

33. Justin Walton, "Top 5 Apps for Stock Traders", Investopedia, 13 de novembro de 2015, http://www.investopedia.com/articles/active-trading/111315/top-5-apps-stock-traders.asp.

34. O decoupling não é um fenômeno totalmente novo. Em um artigo de 2003 na *Harvard Business Review* chamado "The Customer Has Escaped", Joseph Nunes e Frank Cespedes fizeram alusão a alguns exemplos não digitais de "ofertas de desagregação", como chamaram. Porém, conforme o sócio geral da Google Ventures (GV), Tyson Clark, explicou-me em uma correspondência pessoal: "Me surpreendeu que 'decoupling' e 'desagregação' estivessem sendo usados como sinônimos (incorretamente) na GV quando observamos empresas que estavam, na verdade, tentando separar, como você [Thales Teixeira] coloca, as atividades criadoras de valor das atividades destruidoras de valor. É uma distinção poderosa."

35. Thales Teixeira, Nobuo Sato e Akiko Kanno, "Managing Consumer Touchpoints at Nissan Japan", Harvard Business School Case 516-035, setembro de 2015.

36. Teixeira, Sato e Kanno, "Managing Consumer Touchpoints at Nissan Japan".

37. Christina Rogers, Erik Holm e Chelsey Dulaney, "Warren Buffett Buys New-Car Retail Chain", *Wall Street Journal*, 2 de outubro de 2014.

38. Turo, site da empresa, https://turo.com/how-turo-works, acessado em março de 2017.

39. BlaBlaCar, site da empresa, https://www.blablacar.co.uk, acessado em agosto de 2016.

40. Mike Spector, Jeff Bennet e John D. Stoll, "U.S. Car Sales Set Record in 2015", *Wall Street Journal*, 5 de janeiro de 2016.

41. Segundo Allan Afuah em seu livro *Business Model Innovation*, o Google não inventou os motores de busca ou os anúncios patrocinados, mas foi melhor na inovação do modelo de negócios, monetizando os motores de busca por meio de leilões.
42. Trov, site da empresa, http://trov.com, acessado em março de 2017.
43. "Trov, Total Equity Funding", perfil da empresa na Crunchbase, https://www.crunchbase.com/organization/trov#/entity, acessado em março de 2017.
44. "37 Cart Abandonment Rate Statistics", Baymard Institute, https://baymard.com/lists/cart-abandonment-rate, acessado em março de 2017.
45. "Klarna: No Sale Left Behind", CNBC, 7 de junho de 2016, http://www.cnbc.com/2016/06/07/klarna-2016-disruptor-50.html.
46. Parmy Olson, "How Klarna Plans to Replace Your Credit Card", *Forbes*, 7 de novembro de 2016.
47. Jim Collins, *Empresas Feitas Para Vencer: Por que algumas empresas alcançam a excelência... e outras não*. Alta Books, 2018
48. Teece, "Modelos de Negócios, Estratégia Empresarial e Inovação".
49. Veja a entrevista em https://youtu.be/20d-6nXK3q0.
50. Como mostrou uma pesquisa, os executivos também reagem à disrupção ao culpar as leis e o comportamento do consumidor pelas mudanças. Veja o artigo da Economist Intelligence Unit, "Thriving Through Disruption", setembro–outubro de 2016, http://eydisrupters.films.economist.com/thriving.
51. Afuah, *Business Model Innovation*.

Capítulo 3

1. Airbnb, site da empresa, https://www.airbnb.com/about/about-us, acessado em julho de 2018.
2. Marriott International, site da empresa, https://hotel-development.marriott.com, acessado em março de 2017.
3. Greg Bensinger, "New Funding Round Pushes Airbnb's Value to $31 Billion", *Wall Street Journal*, 9 de março de 2017.
4. Griselda Murray Brown, "How Demand Is Rising Among Wealthy Buyers for 'Hotel-Serviced Living'", *Financial Times*, 25 de outubro de 2013.
5. 2014 Annual Member Survey of the United States Tour Operators Association, citado no relatório "The Rise of Experiential Travel", da Skift, 2014.

6. "Unbundling the Hotel: The 62 Startups Marriott and Hilton Should Be Watching", CB Insights, 16 de junho de 2016, https://www.cbinsights.com/blog/unbundling-the-hotel.
7. Peter F. Drucker, *Management*, rev. ed. (Nova York: Collins, 2008), 98. Na página 61 dessa obra seminal, Drucker explicou: "É o cliente que determina o que uma empresa é. É apenas a vontade do consumidor de pagar por um bem ou um serviço que converte recursos econômicos em riqueza, coisas em bens. O que o consumidor compra e considera como valor nunca é o produto. É sempre a utilidade, ou seja, o que o produto ou o serviço faz por ele. Como seu propósito é criar um cliente, a empresa tem duas, e apenas essas duas, funções básicas: *marketing* e *inovação*."
8. Adam Lashinsky, "Amazon's Jeff Bezos: The Ultimate Disrupter", *Fortune*, 16 de novembro de 2012.
9. iHeartCommunications Inc., Form 10-K, March 10, 2017, https://www.sec.gov/Archives/edgar/data/739708/000073970817000005/ihcomm 201610-k.htm; iHeartMedia Inc., site da empresa, http://iheartmedia.com/Corporate/Pages/About.aspx, acessado em março de 2017. A iHeartMedia, proprietária da iHeart Radio, pediu falência no início de 2018.
10. Pandora Media Inc., "About Pandora Media", https://www.pandora.com/about, acessado em agosto de 2016.
11. Pandora Media Inc., Resultados Financeiros do 4° Trimestre e Todo o Ano de 2016, p. 1, http://investor.pandora.com/interactive/newlookandfeel/4247784/Pandora_Q4_Financial_Results_Press_Release.pdf.
12. Twitch, site da empresa, http://twitchadvertising.tv/audience/, acessado em julho de 2018.
13. Steam, site da empresa, http://store.steampowered.com/, acessado em agosto de 2016.
14. Ben Gilbert, "Meet Gabe Newell, the Richest Man in the Video Game Business", Business Insider, 18 de janeiro de 2017. A Steam é propriedade privada da Valve Corporation, que não divulga os números financeiros. Sergey Galyonkin, analista e especialista da indústria de videogames, estimou em US$3,5 bilhões o valor dos jogos vendidos na Steam em 2016. As comissões da Steam eram de 30% em média e sua receita anual pode ser de cerca de US$1,05 bilhão. Em transações recentes de fusões e aquisições no setor de videogames, empresas como Mojang, PopCap, Playdom e SuperCell foram vendidas com múltiplos de receita de 7,4 a 9,4. Isso faria o negócio da Steam sozinho valer US$7,8–9,9 bilhões.

15. Juro Osawa e Sarah E. Needleman, "Tencent Seals Deal to Buy 'Clash of Clans' Developer Supercell for $8.6 Billion", *Wall Street Journal*, 21 de junho de 2016.
16. Waze, site da empresa, https://data-waze.com/2016/09/13/waze-releases-2nd--annual-driver-satisfaction-index, acessado em março de 2017.
17. Dara Kerr, "Google Reveals It Spent $966 Million in Waze Acquisition", CNET, 25 de julho de 2013.
18. Dollar Shave Club, site da empresa, https://www.dollarshaveclub.com, acessado em março de 2017.
19. Segundo uma fonte, "PCEs são operações cognitivas simples, como ler um valor, comparar dois valores ou somá-los de cabeça, e são usados na pesquisa científica para medir o custo de esforço, por exemplo, ao escanear ou ler uma tabela de dados, [ou] comparar ou somar números. PCEs são especialmente úteis para mensurar o esforço de comportamento do consumidor em contextos restritos, como interfaces de computador ou páginas da Web." Antonio Hyder, Enrique Bigné e José Martí, "Human-Computer Interaction", em *The Routledge Companion to the Future of Marketing*, editado por Luiz Mountinho, Enrique Bigné e Ajay K. Manri (London: Routledge, 2014), 302.
20. Beth Kowitt, "Special Report: The War on Big Food", *Fortune*, 21 de maio de 2015.
21. Aaron Smith, "Shared, Collaborative and On Demand: The New Digital Economy", *Pew Research Center*, 19 de maio de 2016.

Capítulo 4

1. Stewart Alsop, "A Tale of Four Founders—and Four Companies", *Alsop Louie Partners*, blog, setembro de 2012, http://www.alsop-louie.com/a-tale-of-four--founders-and-four-companies.
2. Eric Johnson, "How Twitch's Founders Turned an Aimless Reality Show into a Video Juggernaut", *Recode*, 5 de julho de 2014.
3. Alsop, "A Tale of Four Founders".
4. Jessica Guynn, "It's Justin, Live! All Day, All Night!", *San Francisco Chronicle*, 30 de março de 2007.
5. Guynn, "It's Justin, Live! All Day, All Night!"
6. Jesse Holland, "Courts Find Justin.TV Not Guilty of 'Stealing Cable' in Lawsuit Filed by UFC", SB Nation/MMA Mania, 22 de março de 2012.

7. Andrew Rice, "The Many Pivots of Justin.TV: How a Livecam Show Became Home to Video Gaming Superstars", *Fast Company,* 15 de junho de 2012.
8. Oscar Williams, "Twitch's Co-founder on the Curious Appeal of Watching Gamers Game", *Guardian,* 17 de março de 2015.
9. Lisa Chow, "Gaming the System (Season 3, Episode 2)", Gimlet Media podcast, 22 de abril de 2016.
10. Drew FitzGerald e Daisuke Wakabayashi, "Apple Quietly Builds New Networks", *Wall Street Journal,* 3 de fevereiro de 2014.
11. Bree Brouwer, "Twitch Claims 43% of Revenue from $3.8 Billion Gaming Content Industry", TubeFilter, 10 de julho de 2015.
12. Chris Welch, "Amazon, Not Google, Is Buying Twitch for $970 Million", *The Verge,* 25 de agosto de 2014.
13. Erin Griffith, "Driven in the Valley: The Startup Founders Fueling GM's Future", *Fortune,* 22 de setembro de 2016.
14. Infelizmente, isso não foi suficiente e, em 2016, a Washio saiu do mercado depois de apenas três anos em serviço e gastando US$17 milhões dos investidores. Enquanto isso, a TaskRabbit se disse lucrativa em 2016 em todas as 19 cidades nas quais o serviço operava. Segundo a Bloomberg, demorou oito anos para a empresa atingir uma receita de US$25 milhões. Desde seu lançamento, a TaskRabbit levantou US$50 milhões em capital de risco. Em setembro de 2017, foi adquirida pela IKEA.
15. Claire Suddath, "The Butler Didn't Do It: Hello Alfred and the OnDemand Economy's Limits", *Bloomberg BusinessWeek*, 21 de janeiro de 2016.
16. Matt Greco, "Watch Me Play Video Games! Amazon's Twitch Platform Draws Users and Dollars", CNBC, 14 de maio de 2016.
17. Arthur Gies, "Here Are the Winners of Valve's $20+ Million 2016 International Dota 2 Championships", *Polygon,* 13 de agosto de 2016.
18. Em junho de 2016, a Prologis gerenciava 1.959 imóveis logísticos com espaço total de cerca de 628 milhões de metros quadrados em 18 países: https://www.prologis.com/node/4436, acessado em junho de 2016.
19. Shelfmint, site da empresa http://www.shelfmint.com, acessado em junho de 2016.
20. Em 2016, a Storefront de São Francisco se fundiu à startup francesa Oui Open a fim de acelerar sua expansão global. Um modelo de negócios semelhante aplicado ao setor de mantimentos foi adotado pela Shelfmint, uma startup de Nova York fundada em 2014.

21. A Kearon Row fechou em março de 2017.
22. Fundada em 2009, a Trunk Club levantou US$12,44 milhões em capital de risco antes de ser adquirida pela varejista de moda Nordstrom por US$350 milhões, em 2014. A Keaton Row levantou US$17,3 milhões dos investidores entre seu lançamento em 2011 e 2015. Em 2016, a empresa mudou seu modelo de negócios. Em vez de servir como uma plataforma para estilistas terceirizados nos EUA, ela empregou alguns especialistas internos em seu escritório em Nova York e os usou para oferecer todos os serviços de estilismo a seus consumidores.
23. Para saber como os investidores avaliam as startups que geram disrupção nos mercados com diferentes tipos de decoupling, analisamos uma amostra de 325 empresas dos EUA que tiveram sua última rodada de financiamento em 2016 e foram avaliadas em US$10 milhões ou mais, segundo a CB Insights. Identificamos 55 startups oferecendo produtos B2C ou serviços que usaram o decoupling para sua entrada inicial no mercado. Depois, analisamos a influência das startups da cadeia de valor do cliente típica para classificá-los conforme os tipos de atividades sendo desacopladas observando sua principal proposta de valor. Descobrimos 12 startups desacoplando atividades criadoras de valor, 29 startups desacoplando atividades desgastadoras de valor e 14 startups desacoplando atividades cobradoras de valor. As startups que não integraram a análise não eram desacopladoras, empregavam mais de um tipo de desacopladora ou não podiam ser classificadas com base nas propostas de valor ao consumidor declaradas em seus sites. Os números médios de avaliação foram calculados usando os dados da CB Insights sobre a última rodada de financiamento ou preços de aquisição. Desde então, algumas startups se tornaram públicas, mas essas avaliações de mercado não foram consideradas.
24. Peter Bright, "Microsoft Buys Skype for $8.5 Billion. Why, Exactly?", *Wired*, 10 de maio de 2011; Catherine Shu, "Japanese Internet Giant Rakuten Acquires Viber for $900M", TechCrunch, 13 de fevereiro de 2014; Matt Weinberger, "Amazon's $970 Million Purchase of Twitch Makes So Much Sense Now: It's All About the Cloud", Business Insider, 16 de março de 2016.
25. Douglas MacMillan, "Dropbox Raises About $250 Million at $10 Billion Valuation", *Wall Street Journal*, 17 de janeiro de 2014; Ingrid Lunden, "Spotify Is Raising Another $500M in Convertible Notes with Discounts on IPO Shares", TechCrunch, 27 de janeiro de 2016 (em 2018, o Spotify havia se tornado público e foi avaliado em quase US$30 bilhões); NASDAQ, "Zynga Inc. Class A Common Stock Quote and Summary Data", 24 de junho de 2016; Lora Kolodny, "Jay-Z Backed JetSmarter Raises $105 Million to Become Uber for

Private Jets", TechCrunch, 12 de dezembro de 2016; Erin Griffith, "Exclusive: Birchbox Banks $60 Million", *Forbes*, 21 de abril de 2014.

26. Thales S. Teixeira e Peter Jamieson, "The Decoupling Effect of Digital Disruptors", Harvard Business School Working Paper nº 15-031, 28 de outubro de 2014, 8; Claire O'Connor, "Rent the Runway to Hit $100M Revenues in 2016 Thanks to Unlimited Service", *Forbes*, 15 de junho de 2016.

27. Visão geral da FreshDirect, Crunchbase, https://www.crunchbase.com/organization/fresh-direct#/entity, acessado em julho de 2016.

28. Dan Primack, "Unilever Buys Dollar Shave Club for $1 Billion", *Fortune*, 19 de julho de 2016.

Capítulo 5

1. William Lidwell e Gerry Manacsa, *Deconstructing Product Design: Exploring the Form, Function, Usability, Sustainability, and Commercial Success of 100 Amazing Products* (Beverly, MA: Rockport, 2011), 166–167.

2. Jeremy Coller e Christine Chamberlain, *Splendidly Unreasonable Inventors* (Oxford: Infinite Ideas, 2009), 3–4.

3. Randal C. Picker, "The Razors-and-Blades Myth(s)", John M. Olin Law and Economics Working Paper nº 532, Universidade de Chicago, Faculdade de Direito, setembro de 2010.

4. Jack Neff, "Gillette Shaves Prices As It's Nicked by Rivals Both New and Old", *Advertising Age*, 9 de abril de 2012; Emily Glazer, "A David and Gillette Story", *Wall Street Journal*, 12 de abril de 2012.

5. Henry Chesbrough e Richard S. Rosenbloom, "The Role of the Business Model in Capturing Value from Innovation: Evidence from Xerox Corporation's Technology Spin-off Companies", *Industrial and Corporate Change* 11, nº 3 (2002): 529–555.

6. Dados de mercado segundo a empresa de pesquisas Slice Intelligence, citada em Jaclyn Trop, "How Dollar Shave Club's Founder Built a $1 Billion Company That Changed the Industry", *Entrepreneur*, 28 de março de 2017.

7. A Dorco, da Coreia, é fornecedora da maioria das lâminas do Dollar Shave. Ben Popken, "Does Dollar Shave Really Shave?", *Market Watch*, 20 de abril de 2012.

8. "DollarShaveClub.com — Our Blades Are F***ing Great", YouTube, 6 de março de 2012, https://www.youtube.com/watch?v=ZUG9qYTJMsI.

9. O site do Dollar Shave Club lista as seguintes vantagens: sem custos ocultos, cancele a qualquer momento e garantia de 100% do dinheiro de volta: https://www.dollarshaveclub.com/blades, acessado em julho de 2017.
10. "Management's Discussion and Analysis of Financial Condition and Results of Operations", em "Effects of Merger Proposed Between the Gillette Company and the Procter & Gamble Company", Gillette, 2004, https://www.sec.gov/Archives/edgar/data/41499/000114544305000507/d16016_ex13.htm. A P&G não diferencia os lucros na unidade da Gillette. Todo seu negócio de cuidados pessoais, incluindo barbeadores elétricos Braun e produtos para barbear, divulgaram uma margem de lucro líquido de 22% em 2016. "Annual Report 2016", site da empresa Procter & Gamble http://www.pginvestor.com/Cache/1500090608.PDF?O=PDF&T=&Y=&D=&FID=1500090608&iid=4004124.
11. U.S. Patent and Trademark Office, http://www.patentview.org.
12. Jessica Wohl, "P&G Buys High-End Brand the Art of Shaving", Reuters, 3 de junho de 2009.
13. Anthony Ha, "Dollar Shave Club Launches Razor Subscription Service, Raises $1M from Kleiner (and Others)", TechCrunch, 6 de março de 2012.
14. Em 2016, a fatia de mercado da Gillette nos EUA havia encolhido em um terço, para 54%, e o Dollar Shave Club foi adquirido pela arquirrival da P&G, Unilever, por US$1 bilhão. Para obter mais detalhes, consulte o artigo de Mike Isaac e Michael J. de la Merced, "Dollar Shave Club Sells to Unilever for $1 Billion", *New York Times*, 20 de julho de 2016.
15. "Give Commercials the Finger: TiVo Introduces TiVo BOLT", nota de imprensa, TiVo, 30 de setembro de 2015, http://ir.tivo.com/Cache/1001214134.PDF?O=PDF&T=&Y=&D=&FID=1001214134&iid=4206196.
16. Amanda Kooser, "Store Charges $5 'Showrooming' Fee to Looky-Loos", CNET, 26 de março de 2013; Thales S. Teixeira e Peter Jamieson, "The Decoupling Effect of Digital Disruptors", Harvard Business School Working Paper nº 15-031, 28 de outubro de 2014, 9.
17. Matthew Inman, "Why I Believe Printers Were Sent from Hell", The Oatmeal, http://theoatmeal.com/comics/printers, acessado em 4 de janeiro de 2018.
18. Jeff J. Roberts, "What Today's Supreme Court Printer Case Means for Business", *Fortune*, 21 de março de 2017.
19. Kyle Wiens, "The Supreme Court Just Bolstered Your Right to Repair Stuff", *Wired*, 1º de junho de 2017.

20. Em 29 de novembro de 2016, a Lexmark International Inc. foi adquirida por um consórcio de investidores composto por Apex, PAG Asia Capital e Legend Holdings.
21. A primeira vez que ouvi sobre a ideia de reequilíbrio foi de Eduardo Navarro quando ele era o CSO da Telefónica. Eles a aplicaram a uma decisão de preço de telefonia bastante restrita. Aqui, proponho o conceito amplamente como reequilíbrio de valor.
22. Mitchell Smith, "Shop Owner Shrugs Off Criticism of $5 Browsing Fee", *Brisbane Times*, 27 de março de 2013.
23. Segundo seu site, "A Celiac Supplies opera como um centro educacional para indivíduos, grupos escolares e setor hospitalar. A Celiac Supplies não vende mais produtos sem glúten, agora é um serviço de consultoria para dietas sem glúten e pessoas com problemas, combinando mais de uma alergia em suas dietas. Aplicam-se taxas para serviços de consultoria." http://www.celiac supplies.com.au/, acessado em 10 de outubro de 2017.

Capítulo 6

1. Noel Randewich, "Tesla Becomes Most Valuable U.S. Car Maker, Edges Out GM", Reuters, 10 de abril de 2017.
2. Jeff Dunn, "Tesla Is Valued as High as Ford and GM — but That Has Nothing to Do with What It's Done So Far", Business Insider, 11 de abril de 2017.
3. Julia C. Wong, "Tesla Factory Workers Reveal Pain, Injury and Stress: 'Everything Feels like the Future but Us'", *Guardian*, 18 de maio de 2017.
4. Tom Krisher e Dee-Ann Durbin, "Investors Pick Tesla's Potential Instead of GM's Steady Sales", *Toronto Star*, 1º de junho de 2017. O artigo cita um analista que diz: "Os mercados financeiros estão muito mais interessados em investir no potencial daquilo que pode ser enorme do que na realidade daquilo que já é lucrativo e provavelmente continuará sendo pelos próximos anos."
5. Brooke Crothers, "GM, Worried About Market Disruption, Has an Eye on Tesla", CNET, 18 de julho de 2013. Ironicamente, acompanhar a Tesla significou olhar para o passado da GM. A GM foi pioneira na eletrificação, lançando o EV1, o primeiro carro totalmente elétrico produzido em massa em 1996 como resposta às leis de emissão de gases de efeito estufa da Califórnia. O produto não foi lucrativo, então, quando o Estado afrouxou suas leis, a GM recolheu os carros, levou-os para o deserto do Arizona e os destruiu. Vinte anos depois, a GM voltou ao jogo com o Chevrolet Bolt.

6. Tom Krisher, "GM Starts Producing 200-Mile Electric Chevrolet Bolt", Associated Press, 4 de novembro de 2016; Sarah Shelton, "1 Million Annual US Plug-in Sales Expected by 2024", HybridCars.com, 11 de junho de 2015.
7. "Driving Forward: The Future of Urban Mobility", relatório publicado na Knowledge@Wharton Series, Universidade da Pensilvânia, fevereiro de 2017, 1–2.
8. Jim Edwards, "Uber's Leaked Finances Show the Company Might — Just Might — Be Able to Turn a Profit", Business Insider, 27 de fevereiro de 2017.
9. Rachel Holt, Andrew Macdonald e Pierre-Dimitri Gore-Coty, "5 Billion Trips", Uber Newsroom, 29 de junho de 2017.
10. "Summary of Travel Trends", em *2009 National Household Travel Survey*, U.S. Department of Transportation, junho de 2011, 31–34.
11. "Form 10-K (Annual Report) for Period Ending 12/31/2016", Avis Budget Group, 21 de fevereiro de 2017, 18; Catherine D. Wood, "Disruptive Innovation. New Markets, New Metrics", ARK Investment Management, novembro de 2016, 6–7.
12. Johannes Reichmuth, "Analyses of the European Air Transport Market: Airline Business Models", Deutsches Zentrum fur Luftun Raumfahrt e.V., 17 de dezembro de 2008, 9.
13. Shaun Kelley e Dany Asad, "Airbnb: Digging In with More Data from AirDNA", industry overview report by Bank of America Merrill Lynch, 27 de outubro de 2015, 6.
14. Zach Barasz e Brook Porter, "Are We Experiencing Transportation's Instagram Moment?", TechCrunch, 26 de abril de 2016.
15. Caitlin Huston, "Watch Uber's Self-Driving Cars Hit the Road in Pittsburgh", *Market Watch*, 15 de setembro de 2016.
16. Adam Millard-Ball, Gail Murrary, Jessica ter Schure, Christine Fox e Jon Burkhardt, "Car-Sharing: Where and How It Succeeds", U.S. Transportation Research Board, Washington, DC, 2005, 4–11; Pierre Goudin, "The Cost of Non-Europe in the Sharing Economy", European Parliamentary Research Service, janeiro de 2016, 86.
17. David Kiley, "Why GM Wants to Take Over Lyft and Why Lyft Is Saying No", *Forbes*, 16 de agosto de 2016.
18. Carol Cain, "Why Maven Is Such a Good Bet for GM", *Detroit Free Press*, 17 de junho de 2017.
19. Na verdade, a General Motors pagou aos fundadores da Cruise Automation quase US$600 milhões em dinheiro e ações da GM, e o restante em pagamentos posteriores e compensações de empregados sob a condição de os fundadores

continuarem com a empresa por determinado período de tempo. Bill Vlasic, "G.M. Wants to Drive the Future of Cars That Drive Themselves", *New York Times,* 4 de junho de 2017.

20. Cruise Automation, perfil da empresa, Crunchbase, https://www.crunch base.com/organization/cruise/investors, acessado em maio de 2017; Alan Ohnsman, "Cruise's Kyle Vogt: GM Will Deploy Automated Rideshare Cars 'Very Quickly'", *Forbes,* 13 de março de 2017.

21. Cadie Thompson, "Your Car Will Become a Second Office in 5 Years or Less, General Motors CEO Predicts", Business Insider, 12 de dezembro de 2016.

22. *Tesla Motors vs. Anderson, Urmson e Aurora Innovation,* caso 17CV305646, apresentado à Suprema Corte da Califórnia em Santa Clara, 25 de janeiro de 2017, https://www.scribd.com/document/337645529/Tesla-Sterling-Anderson-lawsuit.

23. John Howard e Jagdish Sheth, "A Theory of Buyer Behavior", *Journal of the American Statistical Association,* janeiro de 1969, 467–487; George Day, Allan Shocker e Rajendra Srivastava, "Customer-Oriented Approaches to Identifying Product Markets", *Journal of Marketing* 43, n° 4 (1979): 8–19.

24. John Hauser e Birger Wernerfelt, "An Evaluation Cost Model of Consideration Sets", *Journal of Consumer Research* 16 (março de 1990): 393–408.

25. Joseph Alba e Amitava Chattopadhyay, "Effects of Context and Part-Category Cues on Recall of Competing Brands", *Journal of Marketing Research* 22, n° 3 (1985): 340–349.

26. John R. Hauser e Birger Wernerfelt, "An Evaluation Cost Model of Consideration Sets", *Journal of Consumer Research* 16, n° 4 (1990): 393–408.

27. John Dawes, Kerry Mundt e Byron Sharp, "Consideration Sets for Financial Services Brands". *Journal of Financial Services Marketing* 14, n° 3 (2009): 190–202.

28. Clayton M. Christensen, Michael Raynor, e Rory McDonald, "What Is Disruptive Innovation?", *Harvard Business Review* 93, n° 12 (dezembro de 2015): 44–53.

29. Clayton M. Christensen, O *Dilema da Inovação: Quando Novas Tecnologias levam Empresas ao Fracasso,* (M.Books), 28–30.

30. Zheng Zhou e Kent Nakamoto, "Price Perceptions: A Cross-National Study Between American and Chinese Young Consumers", *Advances in Consumer Research* 28 (2001): 161–168; Eugene Jones, Wen Chern e Barry Mustiful, "Are Lower-Income Shoppers as Price Sensitive as Higher-Income Ones? A Look at Breakfast Cereals". *Journal of Food Distribution Research,* fevereiro de 1994, 82–92.

31. Theo Verhallen e Fred van Raaij, "How Consumers Trade Off Behavioural Costs and Benefits", *European Journal of Marketing* 20, n° 3-4 (1986): 19-34; Carter Mandrik, "Consumer Heuristics: The Tradeoff Between Processing Effort and Value in Brand Choice", *Advances in Consumer Research* 23 (1996): 301-307.
32. Donald Ngwe e Thales S. Teixeira, "Improving Online Retail Margins by Increasing Search Frictions", working paper, julho de 2018.
33. Os três maiores bancos em termos de valor (em milhões de libras esterlinas) de portfólios de empréstimos a consumidores (ao final de seu respectivo ano fiscal de 2016) dados aqui foram identificados usando a Capital IQ Inc., uma divisão da Standard & Poor's, e filtrando por empresas nessa base de dados que foram incorporadas no Reino Unido e cujo total de portfólios de empréstimo ao final de seu respectivo ano fiscal de 2016 foram maiores que zero. Após excluir as instituições que não tinham portfólios de empréstimo a consumidor ou não divulgaram números de seus portfólios na base de dados da Capital IQ, os três maiores bancos foram HSBC Bank, Barclays Bank e Lloyds Bank. O autor usou os dados de empréstimo ao consumidor, como apresentados na Capital IQ, para essas entidades bancárias específicas em vez das empresas matrizes ou holdings (HSBC Holdings, Barclays e Lloyds Banking Group, respectivamente). Ainda que todos esses bancos fossem incorporados no Reino Unido, não ficou claro quanto de seus portfólios de empréstimos a consumidores foi concedido a consumidores dentro desse grande país. A Capital IQ definiu empréstimos a consumidores como "empréstimos concedidos a indivíduos para a compra de bens duráveis domésticos e residenciais sob consignação. Isso inclui todas as formas de crédito parcelado diferentes de Empréstimos por Hipoteca Residencial e Créditos de Longo Prazo". Fonte: Capital IQ Company Screening Report, "Consumer Loans [FY 2016] (£GBPmm, Historical Rate)". Capital IQ Inc., acessado em 19 de julho de 2017.
34. O autor calculou o mercado total de crédito ao consumidor (e as fatias de mercado individuais dos bancos e de cartões de crédito em conjunto) com o propósito dessa análise MaR da seguinte forma. Primeiro, pegou os valores totais, em milhões de libras esterlinas, dos oito maiores portfólios de empréstimo ao consumidor de bancos incorporados no Reino Unido ao final de seu respectivo ano fiscal de 2016 — HSBC Bank (£114.314), Barclays Bank (£56.729), Lloyds Bank (£20.761), Royal Bank of Scotland (£13.780), Bank of Scotland (£10.667), National Westminster Bank (£10.273), Santander UK (£6.165) e Nationwide Building Society (£3.869) — e os somou, chegando a um mercado total de quase £236,6 bilhões em empréstimos a consumidores. Para essa análise, o autor define o mercado total de empréstimos ao consu-

midor como os empréstimos ao consumidor cumulativos apenas desses oito bancos (ou seja, um mercado de £236,6 bilhões). Esse número não incorpora os empréstimos ao consumidor concedidos por outros bancos ou instituições financeiras, e pode incluir empréstimos concedidos a consumidores fora do Reino Unido. O autor, então, calculou cada uma das fatias desses oito bancos do mercado de £236,6 bilhões. Depois, incorporou os dados de cartão de crédito. O Bank of England declarou a quantia total (em milhões de libras) de créditos ao consumidor pendentes, excluindo os empréstimos estudantis (não ajustados sazonalmente) para cada mês de 2016, e separou quanto da quantia total pendente era de cartões de crédito. O autor tirou a média dos totais mensais de todos os 12 meses de 2016 e chegou a uma média de £65.213 milhões da quantia total de crédito pendente, excluindo os empréstimos estudantis atribuídos a cartões de crédito ao longo de 2016, e uma média de £186.668 milhões para a quantia total de crédito ao consumidor pendente, excluindo os empréstimos estudantis ao longo de 2016. Assim, os cartões de crédito contabilizaram 34,9% do mercado de crédito ao consumidor, excluindo os empréstimos estudantis ao longo de 2016. Quando a fatia de mercado de 34,9% dos cartões de crédito foi somada aos £236,6 bilhões do mercado de empréstimos ao consumidor descritos anteriormente, a fatia de mercado total dos empréstimos ao consumidor foi reduzida a cerca de 65% do mercado de crédito ao consumidor sob consideração. As fatias individuais dos bancos do mercado de crédito ao consumidor foram então reduzidas de acordo. Por exemplo, a fatia de mercado do Barclays Bank foi reduzida de 23,9 para 15,6% quando o mercado sob consideração foi ampliado para incluir os cartões de crédito. Apesar de os dados dos empréstimos ao consumidor e cartões de crédito virem de fontes diferentes, podem incluir empréstimos a consumidores fora do Reino Unido e medir períodos de tempo diferentes e, dessa forma, não podem ser reconciliados uns com os outros; combinar esses dois conjuntos de dados confere a melhor aproximação da fatia de mercado individual dos bancos no mercado de crédito ao consumidor somado à fatia dos cartões de crédito do mercado de crédito ao consumidor.

Os dados de empréstimo ao consumidor para cada banco foram obtidos no Capital IQ Company Screening Report, "Consumer Loans [FY 2016] (£GB-Pmm, Historical rate)", Capital IQ Inc., uma divisão do Standard & Poor's, acessado em 19 de julho de 2017. Os dados da fatia de mercado dos cartões de crédito foram calculados a partir do Bank of England, Bankstats, A Money & Lending, A5.6, "Consumer Credit Excluding Student Loans", pasta do Excel, planilha "NSA Amts Outstanding", atualizada pela última vez em 29 de junho de 2017, http://www.bankofengland.co.uk /statistics/pages/bankstats/current/default.aspx, acessado em julho de 2017.

35. O custo efetivo total (CET) de 22,2% para cartões de crédito no Reino Unido em 2016 foi calculada pelo autor com base em dois números publicados pela Moneyfacts.co.uk em 2016: um custo efetivo total (CET) para cartões de crédito de 21,6% em 29 de fevereiro e uma taxa de 22,8% em 6 de setembro. Moneyfacts.co.uk, "Credit Card Interest Rate Hits an All Time High", 29 de fevereiro de 2016; Moneyfacts.co.uk, "Credit Card Interest Hits New Record High", 6 de setembro de 2016.

36. Thales Teixeira, Rosalind Picard e Rana el Kaliouby, "Why, When, and How Much to Entertain Consumers in Advertisements? A Web-Based Facial Tracking Field Study", *Marketing Science* 33, n° 6 (2014): 809–827.

37. John R. Hauser, "Consideration-Set Heuristics", *Journal of Business Research* 67, n° 8 (2014): 1688–1699.

38. "Know Your Industries: 90+ Market Maps Covering Fintech, CPG, Auto Tech, Healthcare, and More", CB Insights, agosto de 2017.

39. "Most Popular Father's Day Gifts", MarketWatch, 14 de junho de 2013.

40. Peter Henderson, "Some Uber and Lyft Riders Are Giving Up Their Own Cars: Reuters/Ipsos Poll," Reuters, 25 de maio de 2017. (Em inglês)

41. Sophie Kleeman, "Here's What Happened to All 53 of Marissa Mayer's Yahoo Acquisitions", Gizmodo, 15 de junho de 2016.

42. Seth Fiegerman, "End of an Era: Yahoo Is No Longer an Independent Company", CNN, 13 de junho de 2017.

Capítulo 7

1. Para outros exemplos, veja Thales S. Teixeira e Morgan Brown, "Airbnb, Etsy, Uber: Growing from One Thousand to One Million Customers", Harvard Business School Case 516-108, junho de 2016 (revisado em janeiro de 2018), e Thales S. Teixeira e Morgan Brown. "Airbnb, Etsy, Uber: Acquiring the First Thousand Customers", Harvard Business School Case 516094, maio de 2016 (revisado em janeiro de 2018).

2. Austin Carr, "19_Airbnb: For Turning Spare Rooms into the World's Hottest Hotel Chain", *Fast Company*, 7 de fevereiro de 2012.

3. Jordan Crook e Anna Escher, "A Brief History of Airbnb", TechCrunch, 28 de junho de 2015.

4. Michael Blanding, "How Uber, Airbnb, and Etsy Attracted Their First 1.000 Customers", *HBS Working Knowledge*, 13 de julho de 2016; Teixeira e Brown. "Airbnb, Etsy, Uber: Acquiring the First Thousand Customers".
5. Teixeira e Brown, "Airbnb, Etsy, Uber: Growing from One Thousand to One Million Customers".
6. Teixeira e Brown, "Airbnb, Etsy, Uber: Acquiring the First Thousand Customers".
7. Teixeira e Brown, "Airbnb, Etsy, Uber: Growing from One Thousand to One Million Customers".
8. Thales S. Teixeira e Michael Blanding, "How Uber, Airbnb and Etsy Turned 1.000 Customers into 1 Million", *Forbes*, 16 de novembro de 2016.
9. Blanding, "How Uber, Airbnb, and Etsy Attracted Their First 1.000 Customers".

Capítulo 8

1. Chris Zook e Jimmy Allen, "Strategies for Growth", Insights, Bain & Company, 1º de novembro de 1999.
2. Zook e Allen, "Strategies for Growth".
3. Chris Zook e James Allen, "Growth Outside the Core", *Harvard Business Review*, dezembro de 2003.
4. Tracey Lien, "Uber Conquered Taxis. Now It's Going After Everything Else", *Los Angeles Times*, 7 de maio de 2016.
5. Alexander Valtsev, "Alibaba Group: The Most Attractive Growth Stock in 2016", Seeking Alpha, 29 de março de 2016.
6. Constance Gustke, "China's $500 Billion Mobile Shopping Mania", CNBC, 14 de março de 2016.
7. Heather Somerville, "Airbnb Offers Travel Services in Push to Diversify", Reuters, 17 de novembro de 2016.
8. Leigh Gallagher, "Q&A with Brian Chesky: Disruption, Leadership, and Airbnb's Future", *Fortune*, 27 de março de 2017.
9. Christopher Tkaczyk, "Kayak's Vision for the Future of Online Travel Booking", *Fortune*, 18 de agosto de 2017.
10. Walter Isaacson, *Steve Jobs* (Nova York: Simon & Schuster, 2011).
11. Isaacson, *Steve Jobs*.

Capítulo 9

1. Victor Luckerson, "Netflix Accounts for More than a Third of All Internet Traffic", *Time*, 29 de maio de 2015.
2. Mathew Ingram, "Here's Why Comcast Decided to Call a Truce with Netflix", *Fortune*, 5 de julho de 2016.
3. Georg Szalai, "Comcast CEO Touts 'Closer' Netflix Relationship, Talks Integrating More Streaming Services", *Hollywood Reporter*, 20 de setembro de 2016.
4. Matthew S. Olson, Derek C. M. van Bever e Seth Verry, "When Growth Stalls", *Harvard Business Review* 86, nº 3 (março de 2008): 50–61.
5. Eddy Hagen (@insights4print), "#Innovation? Not everybody wants/needs it: Netflix still has nearly 4 million subscribers to DVD by mail... https://www.recode.net/2017/10/5/16431680/netflix-streaming-video-subscription-price-change-dvd-mail", Twitter, 6 de outubro de 2018, https://twitter.com/insights4print/status/916261769517158400.
6. Robbie Bach declarou: "Em minha experiência, lamber o biscoito não é exclusivo da cultura da Microsoft."
7. Gary Rivlin, "The Problem with Microsoft", *Fortune*, 29 de março de 2011.
8. No início de 2017, o Westfield Digital Labs foi renomeado como Westfield Retail Solutions. Veja Adrienne Pasquarelli, "No ETA for the Mall of the Future: Westfield Rebrands Digital Labs Unit", AdAge, 8 de fevereiro de 2017.
9. Alguns meses depois da entrevista com Kaufman, a maior sociedade de investimentos imobiliários da Europa propôs adquirir a operadora de shoppings.
10. Kaufman desenvolveu esse ponto, salientando: "Como fazer as pessoas fazerem aquilo que precisamos que façam? O que elas ganham com isso? Não é por falta de entusiasmo, mas por falta de incentivos. A meu ver, é por isso que a maioria das estratégias fracassa. Os problemas organizacionais ficam no caminho da rapidez. Os agentes de mudança não só estão lutando com a velocidade do mercado, como também são puxados para trás internamente pela inércia da organização. Muitas vezes, em minha experiência, eles têm as ideias certas, mas a organização não consegue sair da frente deles. A resistência organizacional acontece porque os incentivos não estão alinhados no nível individual. Pense nos funcionários como consumidores. Como você está modelando o comportamento deles? Como está incentivando o comprometimento da parte tradicional da empresa a investir nas novas e altamente incertas iniciativas? No Vale [do Silício], eles têm opções [de ação]. É preciso alinhar incentivos para que todos tenham participação."

11. Geoff Colvin, "How Intuit Reinvents Itself", *Fortune*, 20 de outubro de 2017.
12. Colvin, "How Intuit Reinvents Itself".
13. Colvin, "How Intuit Reinvents Itself".
14. "Intuit's First 'Founders Innovation Award' Winner, Hugh Molotsi", postado pela Intuit Inc., 31 da agosto de 2011, YouTube, https://www.youtube.com/watch?v=GtgseZmJH4I.
15. David Kirkpatrick, "Throw It at the Wall and See If It Sticks", *Fortune*, 12 de dezembro de 2005.
16. Fora a demissão de 399 funcionários em 2015, que foi devido a um "realinhamento", segundo o porta-voz da empresa.
17. Lara O'Reilly, "The 30 Biggest Media Companies in the World", Business Insider, 31 de maio de 2016.
18. Robert A. Burgelman, Robert E. Siegel, e Jason Luther, "Axel Springer in 2014: Strategic Leadership of the Digital Media Transformation", Stanford GSB, E522, 2014.
19. Burgelman, Siegel e Luther, "Axel Springer in 2014".
20. Robert A. Burgelman, Robert Siegel e Ryan Kissick, "Axel Springer in 2016: From Transformation to Acceleration?", Stanford GSB, E610, 2016.
21. Burgelman, Siegel e Luther. "Axel Springer in 2014".

Capítulo 10

1. Jeffrey Ball, "Inside Oil Giant Shell's Race to Remake Itself for a LowPrice World", *Fortune*, 24 de janeiro de 2018.
2. Ball, "Inside Oil Giant Shell's Race to Remake Itself for a Low-Price World".
3. Esse é um daqueles ditados que foram atribuídos a quase todo mundo, segundo o site Quote Investigator (https://quoteinvestigator.com/2013/10/20/no-predict/#return-note-7474-2), essa versão é uma tradução de Karl Kristian Steincke, *Farvel Og Tak: Minder Og Meninger* (Copenhagen: Fremad, 1948), 227.
4. "Expanding the Innovation Horizon: The Global CEO Study 2006", IBM Global Business Services, 22.
5. "Marketplace Without Boundaries? Responding to Disruption", 18th Global CEO Survey, PriceWaterhouseCoopers, 2015, 18.
6. Roger T. Ames e Max Kaltenmark, "Laozi", *Encyclopaedia Britannica*, https://www.britannica.com/biography/Laozi.

7. Amos Tversky e Daniel Kahneman, "The Framing of Decisions and the Psychology of Choice", *Science* 211 (30 de janeiro de 1981): 453–458.
8. Richard Thaler e Cass Sunstein, *Nudge: Improving Decisions About Health, Wealth and Happiness* (New Haven, CT: Yale University Press, 2008), 81–102.
9. John Kemp, "Spontaneous Change, Unpredictability and Consumption Externalities", *Journal of Artificial Societies and Social Simulation* 2, n° 3 (1999).
10. Site da MSCI, uma das proprietárias do padrão de classificação GICS, https://www.msci.com/gics, recuperado em novembro de 2017.
11. Dados de 2016 de lares americanos com base na Consumer Expenditure Survey, Bureau of Labor Statistics, U.S. Department of Labor, disponível em https://www.bls.gov/cex/tables.htm.
12. Aaron Smith, "Shared, Collaborative and On Demand: The New Digital Economy", Pew Research Center, 19 de maio de 2016.
13. Heather Saul, "Why Mark Zuckerberg Wears the Same Clothes to Work Every Day", *Independent*, 26 de janeiro de 2016.
14. Brian Moylan, "How to Perfect the Art of a Work Uniform", *New York Times*, 5 de junho de 2017.
15. Bryan Pearson, "Kroger's Meal Kits Could Make a Meal of the Industry", *Forbes*, 17 de maio de 2017; Shannon Liao, "Walmart Now Sells Meal Kits, Just like Amazon and Blue Apron", The Verge, 7 de dezembro de 2017.
16. Michael Ruhlman, *Grocery: The Buying and Selling of Food in America* (Nova York: Abrams, 2017).
17. "Having Rescued Recorded Music, Spotify May Upend the Industry Again", *Economist*, 11 de janeiro de 2018.
18. Emily Dreyfuss, "The Pharmacy of the Future Is Ready for Your Bathroom Counter", *Wired*, 15 de junho de 2017.
19. O Bureau of Labor Statistics (BLS) compilou os dados de preços de carros novos, brinquedos, TVs, softwares, energia doméstica, transporte público, educação, mensalidades de faculdade, creche, alimentos e bebidas, moradia e cuidados médicos. O BLS divulga o Índice de Preços ao Consumidor (IPC) mensal de bens e serviços individuais para o consumidor urbano nos níveis nacional, estadual e municipal. Os dados usados nessa sequência, com base na média nacional de consumidores urbanos dos EUA, são de dezembro de 1997 (que recebeu o valor zero). O IPC é apresentado anualmente, o qual derivamos como a média mensal dos IPCs em determinado ano. Os dados estão disponíveis em https://beta.bls.gov/dataQuery/search, acessado em dezembro de 2017.

20. Por exemplo, a mensalidade média de faculdades públicas de quatro anos dos EUA subiu de US$4.740 (dólares em 2017) em 1997–98 para US$9.970 em 2017–18 (um aumento de 110%), e a mensalidade média de faculdades privadas aumentou em 20 anos de US$21.160 para US$34.740 (um aumento de 65%). Fonte: "Trends in College Pricing 2017", College Board, 2017.

21. "Not What It Used to Be: American Universities Represent Declining Value for Money to Their Students", *Economist*, 1º de dezembro de 2012.

22. Por exemplo, o prêmio médio de assistência médica para cobertura familiar aumentou nos EUA de US$9.249 em 2003 para US$18.764 em 2017, segundo dados divulgados pela Kaiser Employer Survey ao National Conference of State Legislators. Fontes: "Data Brief: Paying the Price", Commonwealth Fund, agosto de 2009, e "Health Insurance: Premiums and Increases", National Conference of State Legislators, http://www.ncsl.org/research/health/health-insurance-premiums.aspx, acessado em abril 2018.

23. Por exemplo, o valor médio das casas nos EUA subiu de US$119.600 em 2000 para US$199.200 em 2017, segundo o U.S. Census e a empresa de análises imobiliárias Zillow. Fonte: Emmie Martin, "Here's How Much Housing Prices Have Skyrocketed over the Last 50 Years", CNBC, 23 de junho de 2017.

24. Os maiores impulsionadores do aumento dos preços de alimentos nos EUA ao longo dos últimos 20 anos foram os preços do petróleo (aumentando os custos do frete), mudanças climáticas (gerando mais secas), subsídios à produção de milho para biocombustíveis (tirando o produto do nicho alimentar), limites de estocagem de alimentos pela OMC (levando à volatilidade de preços) e pessoas preferindo carnes em suas dietas. K. Amadeo, "Why Food Prices Are Rising, the Trends and 2018 Forecast", The Balance, 19 de março de 2018.

25. Por exemplo, segundo análises da Schroders, uma empresa de gerenciamento de ativos, enquanto o acesso a um carro novo nos EUA melhorou significativamente desde a década de 1990, o custo total de propriedade cresceu de 40 a 50% entre as décadas de 1990 e 2010 por causa dos maiores preços de combustíveis, pedágios, tarifação do congestionamento, cobranças de estacionamento etc. Veja K. Davidson, "The End of the Road: Has the Developed World Reached 'Peak Car'?," Schroders, janeiro de 2015.

26. O preço médio de transação para veículos leves nos EUA foi de US$36.113 em dezembro de 2017, segundo Kelley Blue Book, uma empresa de informações do mercado automobilístico. A média nacional de tarifas de itinerário doméstico no quarto trimestre de 2017 foi de US$347, segundo o Bureau of Transportation Statistics.

27. Os preços de roupas caíram conforme a produção se mudou para mercados de mão de obra mais barata, varejistas de baixo custo ganharam fatia e houve mudanças sociais, como menos pessoas precisando de roupas específicas para o trabalho. Veja L. Rupp, C. Whiteaker, M. Townsend, and K. Bhasin, "The Death of Clothing", *Bloomberg Businessweek*, 5 de fevereiro de 2018.
28. A queda nos preços de bens eletrônicos foi motivada por inovações tecnológicas que trouxeram componentes mais baratos, a proliferação de dispositivos e a concorrência entre fabricantes e varejistas. Por exemplo, entre 1997 e 2005, os preços de PCs e equipamentos periféricos caíram 96%, os preços das TVs caíram 95%, os preços de equipamentos de áudio caíram 60% e os preços de equipamentos e suprimentos fotográficos ficaram 57% mais baixos. Veja "Long-Term Price Trends for Computers, TVs, and Related Items", *Economics Daily*, U.S. Bureau of Labor Statistics, 13 de outubro de 2015.
29. Em uma recente pesquisa internacional, todas as 22 áreas metropolitanas da Austrália foram consideradas inacessíveis para famílias de classe média e 15 delas foram classificadas como muito inacessíveis. A acessibilidade à moradia de classe média é classificada usando uma "média múltipla", que é o preço médio de uma casa dividido pela renda média da família. O indicador foi recomendado pelo Banco Mundial e pela ONU. Os mercados são classificados como acessíveis quando a média múltipla é de 3 ou menos. Os mercados se tornam muito inacessíveis quando ultrapassam a média múltipla de 5,1 ou mais. A média múltipla para todas as 22 áreas metropolitanas da Austrália é 5,9. Fonte: "14th Annual Demographia International Housing Affordability Survey: 2018". 12. O preço médio das casas em Sidney disparou entre 1980 e 2016, de AU$64.800 para AU$999.600. Veja M. Thomas, "Housing Affordability in Australia", Parliament of Australia, https://www.aph.gov.au/About_Parliament/Parliamentary_Departments/Parliamentary_Library/pubs/BriefingBook45p/HousingAffordability, acessado em abril de 2018.
30. Para obter mais análises das diferenças entre os sistemas de transporte americanos e alemães, veja R. Buehler e J. Pucher, "Demand for Public Transport in Germany and the USA: An Analysis of Rider Characteristics", *Transport Reviews* 32, n° 5 (2012): 541–567.
31. Citação de Toby Clark, diretor de pesquisa para a Europa na Mintel, em A. Monaghan, "Britons Spend More on Food and Leisure, Less on Booze, Smoking and Drugs", *Guardian*, 16 de fevereiro de 2017.
32. Os dados sobre gastos de consumidores com alimentos, bebidas alcoólicas e tabaco consumidos em casa em 2016 foram coletados pela Euromonitor In-

ternational e calculados pelo Economic Research Service do Departamento de Agricultura dos EUA: https://www.ers.usda.gov/data-products/food-expenditures.aspx.
33. Dados internacionais de 2016 da Base de Dados Global de Gastos com Saúde da OECD em http://stats.oecd.org/Index.aspx?DataSetCode=SHA, acessado em abril de 2018.
34. A metodologia de pesquisa do Uso de Tempo do Americano está descrita em "Technical Note", em "American Time Use Survey — 2016 Results", Bureau of Labor Statistics, U.S. Department of Labor, 27 de junho de 2017, 5-9.

Epílogo

1. Uma longa linha de estudos psicológicos mostrou que, quando as pessoas demonstram uma agressão aumentada, elas se comportam de forma diferente, não prestando atenção nos outros ao seu redor e se esquecendo de suas necessidades.
2. Eugene F. Soltes, *Why They Do It: Inside the Mind of the White-Collar Criminal* (Nova York: PublicAffairs, 2016).
3. A. H. Buss e M. Perry, "The Aggression Questionnaire", *Journal of Personality and Social Psychology* 63, nº 3 (1992): 452-459.

Nota sobre Terminologia

1. J. L. Bower e C. M. Christensen, "Disruptive Technologies: Catching the Wave", *Harvard Business Review* 73, nº 1 (1995).
2. Clayton M. Christensen, *O Dilema da Inovação: Quando Novas Tecnologias levam Empresas ao Fracasso*, (M.Books).
3. "Disrupt", Merriam-Webster.com, acessado em julho de 2018.
4. Veja, por exemplo, Clayton M. Christensen e Michael E. Raynor, *The Innovator's Solution: Creating and Sustaining Successful Growth* (Boston: Harvard Business School Press, 2003). Em artigos mais recentes, Christensen usa o termo "teoria da disrupção" para se referir à sua teoria sobre inovação disruptiva. Eu acho isso errado, pois cria confusão ao supor que a palavra "disrupção" deva ser usada apenas ao se referir a essa teoria específica sobre como, em alguns casos, as estabelecidas perdem uma fatia de mercado significativa para as novas entrantes que usam determinado tipo de inovação.
5. M. E. Porter, *Vantagem Competitiva: Criando e Sustentando um Desempenho Superior*, (Elsevier).

6. David Court, Dave Elzinga, Susan Mulder e Ole Jørgen Vetvik, "The Consumer Decision Journey", *McKinsey Quarterly*, junho de 2009; Thales S. Teixeira, "Marketing Communications", Harvard Business School Background Note 513-041, agosto de 2012.

Nota Sobre as Diferenças entre Decoupling e Inovação Disruptiva

1. Joseph L. Bower e Clayton M. Christensen, "Disruptive Technologies: Catching the Wave", *Harvard Business Review* 73, n° 1 (1995): 43.
2. "Tesla's Not as Disruptive as You Might Think", *Harvard Business Review*, maio de 2015, 22.
3. Clayton M. Christensen, Michael E. Raynor e Rory McDonald, "What Is Disruptive Innovation?", *Harvard Business Review*, dezembro de 2015, 44.

ÍNDICE

A
Adam Smith, 193
Airbnb, 64, 195
Alibaba, 218, 227
Amazon, 3, 77, 91, 136
    aplicativo móvel, 19
Análise
    focada no cliente, 87
    quantitativa inicial, 174
    SWOT, 4
Apple, 225
    iCloud, 225
    iMovie, 225
    iPhone, 225
    iTunes, 225
Árvore de decisão, 175
Atividade
    acopladas, 125
    cobradora de valor, 129, 155, 223, 251
    criadora de valor, 155, 223, 251
    desgastadora de valor, 129, 155, 251
Axel Springer, 247

B
Best Buy, 12
Birchbox, 17, 77
Blockbuster, 235
Blue Apron, 259
Borders, 1
Brandless, 260

C
Cadeia de Valor do Cliente (CVC), 7, 18, 70, 101, 128, 141, 194, 220, 292
Cálculo do Market at Risk, 174, 178
Celiac Supplies, 128
Chef'd, 25
Cinco Forças de Michael Porter, 67
Clayton Christensen, 2, 162
Coca-Cola, 210
Comcast, 229
Conjunto de consideração, 158, 162
Consumo colaborativo, 29
Costco, 42, 58
Coupling, 3, 217, 226, 277
Crescimento por coupling, 216

Custo
   de compra, 79
   de esforço, 80
   de integração, 216
   de procura, 79
   de tempo, 80
   de uso, 79
   monetário, 80

D

David Teece, 44
Decoupling, 20, 28, 125, 216, 253, 277, 290
   cobrador de valor, 74
   criador de valor, 73
   de consumo, 3
   desgastador de valor, 74
   digital, 113
   passos, 101
   preventivo, 136
   teoria, 188
Desacopladoras, 101
   cobradoras de valor, 111
   criadoras de valor, 111
   desgastadoras de valor, 111
Desacoplar preventivamente, 133
Disney, 210
Disrupção, 68, 95, 206, 253, 287
   de modelo de negócios, 160
   digital, 28, 39, 89, 102, 117, 252, 281
   do mercado, 2
   tecnológica, 160
Disruptoras
   automotivas, 52
   digitais, 48
Dollar Shave Club, 79, 112, 121, 157
DRI, 225
DVRs, 21

E

eBay, 194
Economia
   compartilhada, 63
   digital, 39, 57
Efeito cascata, 51
Electronic Arts, 18
Equivalente digital, 96
Era digital, 38
Estágios ao comprar, 158
   comparação, 158
   filtragem, 158
Estratégia corporativa tradicional, 68
Excedente do consumidor, 142

F

Facebook, 4
Fenômenos disruptivos, 14
Fidelity, 210
Fintech, 81
Forças
   de especialização, 76, 79
   de integração, 76, 79

Four Seasons Hotels, 64
Fresh Direct, 112

G

Gap, 190
General Motors, 21, 151, 159
Gillette, 156
Globo, 15
Google, 215
    Gmail, 215
    Google Flights, 215
    Google Maps, 215

H

Hire-A-Chef, 25

I

iHeartMedia, 71
Impression Products, 131
Inovações
    disruptivas, 2, 162
    sustentáveis, 162
Intuit, 243

J

J. Crew, 1
Jeff Bezos, 69
Justin.TV, 92

K

Kindles, 47
King Camp Gillette, 119
Klarna, 55

L

Lei da entropia, 140

M

Macy's, 189
Mapas de panorama, 178
MaR, 299
Mark Zuckerberg, 258
Maven, 154
Mecanismos de autosseleção, 165
Mercados de consumo., 38
Michael Porter, 4, 7, 291
Mickey Drexler, 1
Microsoft, 213, 239
Mike Edwards, 1
Modelo
    de negócios, 2, 40, 49, 61, 69, 95, 134, 238
    Freemium, 18
    Mídia paga, 43
    SaaS, 30
    Suporte de anúncios, 43
Motif, 23

N

Netflix, 4, 74, 297
Nokia, 1
Nordstrom, 190

O

Ofertas de nicho, 190
Oportunidades de disrupção, 265

P

Pandora Radio, 71
PayPal, 81
Potencial de disrupção, 160, 171, 276
Previsão
    do futuro, 255
    do presente, 255
Processos cognitivos elementares (PCE), 80
Prologis, 106

R

Rebag, 186, 201
Recoupling, 127, 145, 176, 181, 277
Reequilíbrio, 135, 142
Rent the Runway, 112
Responsabilidades conjuntas, 249
Risco de disrupção, 179
RocketVisor, 26
Ryanair, 36, 58

S

SaaS, 30
Salary Finance, 166
Salesforce.com, 25
Saúde do consumidor, 266

Segmentos adjacentes
    canais, 211
    consumidores, 211
    geografias, 211
    indústrias, 211
Sephora, 17, 77
Showrooming, 12, 29, 83, 126
Sinergia, 214
Spoiler Alert, 30
Spotify, 260
Startups, 3
Steam, 74
Stephen Elop, 1
Steve Jobs, 225
Storefront, 106
SuperCell, 74

T

TaskRabbit, 96
Telefónica, 15, 138
Teoria
    da Inovação Disruptiva, 287
    de especialização, 192
    do decoupling, 206, 213, 233, 254, 296
    dos jogos, 4
Tesla, 151, 160
TMaR, 300
Transferência de valor, 180
TransferWise, 23

Três grandes ondas da internet, 47
    Decoupling, 49
    Desagregação, 47
    Desintermediação, 48
Trov, 54
Tsunami digital, 1
Twitch, 73, 94

U

Uber, 22, 45, 52, 153, 212, 290
    UberEats, 212
    UberEverything, 212
    UberRush, 212

V

Vale do Silício, 91, 187
Vantagem competitiva, 58
Vazamento, 141, 208
Verizon, 179

W

Walmart, 41, 76, 190, 211, 259
Warren Buffett, 51, 209
Washio, 96
Waze, 75
Webrooming, 29
Westfield Corporation, 241
Wikipédia, 115

Y

Yahoo, 179
YouTube, 15

Z

Zipcar, 22, 52

SOBRE O AUTOR

THALES TEIXEIRA é Professor Associado de Administração da Lumry Family na Harvard Business School. Especialista em estratégia de marketing digital e e-commerce, Teixeira é pioneiro na economia da atenção, um campo emergente que explora como usar a atenção dos consumidores de forma eficaz para conquistá-los e engajá-los (www.economicsofattention.com, em inglês). Seu trabalho foi amplamente publicado em grandes periódicos como *Harvard Business Review, Forbes, Economist, e New York Times*. O professor Teixeira trabalha como revisor para o Food and Drug Administration e para inúmeros periódicos acadêmicos. Entre seus clientes mais recentes estão grandes empresas como BMW, Siemens, Bayer, Nike, YouTube, e Microsoft, além de aconselhar inúmeras startups. Costuma palestrar em empresas e grandes conferências, incluindo apresentações anteriores a convite do Facebook, da National Retail Federation Week, Netflix, Unilever, Google, Cannes Lions Festival, e Walt Disney Studios. O Professor Teixeira tem título de PhD pela Universidade de Michigan. Ele é originalmente do Brasil.

CONHEÇA OUTROS LIVROS DA ALTA BOOKS

Negócios - Nacionais - Comunicação - Guias de Viagem - Interesse Geral - Informática - Idiomas

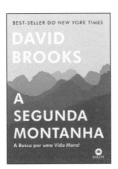

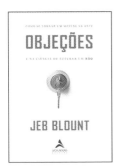

Todas as imagens são meramente ilustrativas.

SEJA AUTOR DA ALTA BOOKS!

Envie a sua proposta para: autoria@altabooks.com.br

Visite também nosso site e nossas redes sociais para conhecer lançamentos e futuras publicações!
www.altabooks.com.br

/altabooks ▪ /altabooks ▪ /alta_books

ALTA BOOKS
EDITORA

Impressão e Acabamento | Gráfica Viena
Todo papel desta obra possui certificação FSC® do fabricante.
Produzido conforme melhores práticas de gestão ambiental (ISO 14001)
www.graficaviena.com.br